# LA VILLA
# DES PETITS BONHEURS

De la même autrice, aux éditions Charleston :

*Rendez-vous au café du bonheur*, 2020

*Noël au café du bonheur*, 2021

*Le Doux Parfum de la vérité*, 2021

Titre original : *The House of New Beginnings*


Traduit de l'anglais (Royaume-Uni) par Laura Bourgeois


10, place des Cinq-Martyrs-du-Lycée-Buffon
75015 Paris – France
www.editionscharleston.fr

ISBN : 978-2-36812-977-7
Maquette : Patrick Leleux PAO

Lucy Diamond

# LA VILLA
# DES PETITS BONHEURS

Roman

*Traduit de l'anglais*
*par Laura Bourgeois*

CHARLESTON
POCHE

*Pour Martin, avec tout mon amour.*
*À nos années pleines de bonheur*
*dans la maison du numéro 3.*

# REMERCIEMENTS

Il semblait logique d'écrire mes remerciements pour *La Villa des Petits Bonheurs* au milieu d'une marée de cartons et de rouleaux de gros scotch – car nous aussi allons bientôt déménager dans une nouvelle maison, pour notre nouveau départ. J'espère que mes voisins seront aussi charmants que les personnages de ce livre…

Les nouveaux départs sont bien mignons, mais rien ne vaut la satisfaction de travailler avec une équipe géniale au fil des ans… et je ne pourrais pas rêver à une meilleure que celle de Pan Macmillan. Mes remerciements s'adressent en particulier à Caroline Hogg, supportrice de haut niveau et éditrice inspirante, qui apporte tant à chacun de mes livres. Je suis également reconnaissante à Anna Bond, Katie James, Alex Saunders, Jeremy Trevathan, Stuart Dwyer, Jo Thomson, Emma Bravo, Kate Bullows, Kate Tolley, Nicole Foster, et à toute leur équipe adorable.

Un grand bravo à la brillante et fabuleuse Lizzy Kremer de chez David Higham Associates. Merci pour ta créativité, tes conseils, et ta franchise. Tu es la meilleure.

Mille mercis à Jo White et Kate Harrison pour leur accueil chaleureux à Brighton, leurs recommandations en matière de pub, et nos excellentes soirées. Un merci tout particulier au public de la bibliothèque de Gateshead, qui a été le premier à entendre des passages de ce livre, et y a réagi à la mesure de mes espoirs – merci aussi pour vos suggestions de titres qui ont été grandement appréciées !

Toute ma gratitude et mon amour vont à Martin, Hannah, Tom et Holly, pour leur soutien constant et leur enthousiasme quand il s'agit de brainstormer des idées d'intrigue à table.

Enfin, merci à vous qui avez choisi ce livre. J'espère qu'il vous plaira.

*Tableau d'affichage*
*de la résidence SeaView House*

RAPPEL
À tous les résidents

*MERCI de bien vouloir ramasser le courrier lorsqu'il arrive par la fente de la porte et de le redistribuer dans les casiers à lettres prévus à cet effet. NE PAS laisser s'accumuler le courrier par terre. Ceci constitue une infraction au règlement sur l'encombrement des lieux, et présente un risque d'incendie. Veuillez procéder au tri en fonction des assignations suivantes :*

Appartement 1 – Rosa Dashwood
Appartement 2 – Joanna et Beatrice Spires
~~Appartement 3 – Michael Donovan et Dominic Sanders~~
Appartement 4 – Charlotte Winters
Appartement 5 – Margot Favager

*Angela Morrison-Hulme*
*Gestionnaire de biens*

# PROLOGUE

Charlotte rêvait encore de Kate. Dans un magnifique jardin aux magnolias en fleur, entourées de tulipes roses qui ondoyaient sous la brise printanière, bercées par le chant des oiseaux, elles se retrouvaient, rien que toutes les deux.

— Kate ! s'étonna Charlotte, tu es là ! J'ai dû mal comprendre. Depuis tout ce temps, tu es là, et personne ne m'a rien dit !

Elle ne pouvait s'arracher à la contemplation du visage de Kate. Ses petites lèvres charnues comme un pétale de rose, la rondeur de ses pommettes, ses cheveux bruns duveteux.

— Je pensais t'avoir perdue, s'émerveilla-t-elle.

Elle la serra contre son cœur, inspirant son odeur réconfortante de savon. En collant le doux visage de Kate contre le sien, elle ne savait pas s'il fallait rire ou pleurer de soulagement. C'était la meilleure sensation au monde.

— Dire que tu étais là depuis tout ce temps. Pourquoi personne ne m'a prévenue ?

« Et les titres du journal de sept heures ce matin… », annonça une voix austère.

Soudain, une lumière éblouissante, comme si le soleil ressortait de derrière un nuage. Charlotte n'y accorda aucun intérêt. *Je m'en fiche*, pensa-t-elle en resserrant son étreinte autour de sa fille.

« … Un homme de quarante-neuf ans se trouve en ce moment même en garde à vue pour le meurtre d'un officier de police », continua la voix.

Un vent froid balaya le jardin onirique, arrachant aux tulipes leurs pétales soyeux. Quand Charlotte baissa la tête, Kate avait disparu.

— Non ! protesta Charlotte.

Elle fit volte-face, en proie au désespoir.

— Kate !

« … Le pape François est attendu aujourd'hui pour prononcer un discours sur… »

— Non ! cria Charlotte à nouveau.

Autour d'elle, le rêve se brisait en mille éclats de verre brillants. Si seulement elle pouvait y retourner un instant, songea-t-elle en ramenant la couette sur sa tête pour étouffer le son de la radio. Si elle pouvait juste retrouver ce jardin, rien qu'avec Kate, au moment où tout rentrait dans l'ordre. Où elle était heureuse.

« … Le Premier Ministre sous le feu des critiques ce matin en raison de… »

*Laissez-moi tranquille.* Elle tendit le bras et donna un coup violent sur le bouton *snooze* de son réveil. Les pensées concernant le Premier Ministre n'avaient pas le droit de s'inviter dans son lit. Parce que, évidemment, elle était au lit. Pas dans un jardin. À trente-huit ans, Charlotte se réveillait seule dans un petit appartement vide, comme tous les matins maintenant.

Quant à Kate… elle était bel et bien partie, et ne reviendrait jamais.

# 1

Georgie Taylor tira sur le frein à main, coupa le moteur, et croisa le regard du gnome aux cheveux verts suspendu au rétroviseur central.

— Alors ça ressemble à ça, Brighton, dit-elle au sujet miniature.

Elle fit rouler une épaule, puis l'autre, pour dénouer les tensions de la route – dans une vague imitation d'un échauffement du cours de yoga qu'elle n'avait suivi qu'une fois.

— On est bien loin de la maison, pas vrai ?

Le gnome, bien sûr, ne répondit rien. Simon, le petit-ami de Georgie, n'aurait eu qu'un soupir de dédain s'il l'avait surprise en pleine conversation avec la créature à la coupe de cheveux excentrique. Mais Georgie s'était attachée à l'expression bienveillante du gnome, à ses grands yeux en plastique qui ne jugeaient jamais ses créneaux atroces et sa marche arrière de traviole. Parfois, après une manœuvre abominable, elle lui jetait un petit coup d'œil complice, comme s'ils avaient partagé une épreuve – à ne surtout jamais rapporter à Simon. Une sorte de secret professionnel… pour gnome. Peut-être qu'elle se prenait la tête pour rien, à bien y réfléchir.

Bref, elle y était. Dukes Square, sa nouvelle adresse, sa nouvelle ville, sa nouvelle vie ! *Salut Brighton,* songea-t-elle en s'extirpant de la voiture, les jambes engourdies après cinq heures de route pour descendre au sud de l'Angleterre. En bas de la place, une rue à la circulation chargée menait à la plage qu'on apercevait au loin. Le soleil d'avril faisait scintiller l'océan comme un millier de sequins en mouvement. Quelques minutes plus tôt, elle avait roulé devant la fête foraine permanente de la jetée de Brighton, avec ses montagnes russes et ses baraques à souvenirs, puis le long du front de mer, avec ses lampadaires victoriens ornementés et ses rambardes vert d'eau. Elle sentait l'odeur des frites, des algues et de l'essence, si loin du parfum de l'herbe mouillée des vallées du Yorkshire. Malgré l'inquiétude qui l'avait saisie quand elle avait mis son ancienne vie en cartons, elle ressentit tout d'un coup une petite étincelle d'excitation. Le littoral ! Ils allaient vivre en bord de mer, tous les deux, dans un petit nid d'amour rien qu'à eux. Une nouvelle aventure, une nouvelle page qui se tournait, de merveilleux souvenirs en perspective !

Coucou ! écrivit-elle à Simon. Je suis arrivée !
Tu es en route ?

Elle scruta l'horizon en attendant sa réponse. Le sourire aux lèvres, elle l'imagina gravir la colline pour la rejoindre, et elle courir à sa rencontre au ralenti, les bras tendus. Des retrouvailles appropriées, somme toute, après deux semaines sans se voir. Deux semaines d'insomnie pour elle, à guetter les bruits bizarres que produisait la maison dans l'obscurité, et à s'inquiéter d'avoir laissé une fenêtre ouverte quelque part. Deux semaines qu'il dormait dans un hôtel chic de Brighton, pour entamer son nouveau boulot. Deux semaines, ça faisait long, quand on avait passé toute sa vie adulte avec la même personne.

Georgie et Simon avaient commencé à sortir ensemble au lycée, ne s'étaient pas quittés pendant leurs études à l'université de Liverpool, puis étaient rentrés à Stonefield une fois leur diplôme en poche. Ils avaient tous les deux trouvé du travail dans leur ville natale : elle en tant que bibliothécaire, lui comme architecte. Si Georgie faisait une bien piètre bibliothécaire – pour être honnête, elle préférait de loin les jours pluvieux et peu fréquentés qui lui permettaient de suçoter des bonbons en lisant des polars –, Simon, au contraire, s'était avéré brillant dans son domaine. Depuis cinq ans, son style très distinctif était convoité par des clientèles très diverses dans le nord de l'Angleterre, et à présent un ancien patron lui avait demandé son expertise pour un projet dans cette satanée ville de Brighton : transformer un immense manoir victorien délabré, en bordure de la ville, en un hôtel majestueux de modernité. Ce serait son projet le plus ambitieux jusque-là, et Simon était comblé d'avoir vu ses dessins sélectionnés parmi une féroce concurrence.

— Ils veulent que je chapeaute tout le projet, je serais fou de refuser, avait-il déclaré, les yeux brillants. Ce n'est que pour six mois environ, et ça pourrait vraiment me faire connaître. C'est peut-être le grand tournant de ma carrière.

En petite amie généreuse et enthousiaste, Georgie était contente pour lui – et fière aussi. Évidemment qu'elle voulait qu'il « se fasse connaître », bien sûr qu'elle espérait qu'il prendrait ce fameux tournant. Mais parce qu'elle était aussi un être humain, elle n'arrivait pas à faire totalement cadrer ce nouveau rebondissement avec la vie parfaite qu'elle envisageait pour eux – le chien, les enfants, la grande maison de campagne dans le Yorkshire, peut-être un deuxième chien pour équilibrer… Alors elle était restée perplexe.

— Et, euh… je suis censée faire quoi pendant que tu déménages là-bas pour six mois ? T'attendre en me tournant les pouces ? avait-elle demandé en tâchant de modérer l'irritabilité dans sa voix.

La question l'avait vexé. Il avait cette expression agacée, sans la regarder en face, comme si l'idée de prendre en compte sa bien-aimée dans sa décision n'avait pas traversé son esprit une seule fois. Comme s'il n'en avait rien à faire !

— Il y a le téléphone, et on peut se skyper… ? avait-il proposé d'un ton hésitant.

— Pendant *six mois* ?

Elle l'avait dévisagé, scandalisée par sa nonchalance face à la perspective de passer tant de temps séparés. Pendant ce temps-là, à Stonefield, sa meilleure amie Amelia se fiançait (le jour de la Saint-Valentin, la veinarde) et parlait déjà robe de mariée.

Leurs amis Jade et Sam devaient se marier dans l'été, eux aussi. Quand Simon l'avait prévenue qu'il avait une grande nouvelle pour ce soir-là, Georgie avait supposé que son tour était enfin venu, qu'il allait la demander en mariage. Elle s'était sentie toute chose. Par le passé, elle avait (souvent) imaginé sa propre réaction : un cri de joie quand elle se jetterait à son cou, ou une danse exubérante, peut-être même un bond victorieux, les deux poings en l'air. Finalement, elle allait devoir attendre un peu pour le découvrir.

Il y avait eu un blanc, trop long, pendant lequel il avait esquissé une grimace hésitante, comme s'il cherchait la bonne réponse.

— Tu pourrais… venir avec moi ? avait-il fini par proposer.

Sauf qu'elle ne voulait pas le suivre par obligation, c'était bien le problème. Surtout quand la proposition avait été formulée avec si peu d'enthousiasme, et après coup. Elle aurait de loin préféré qu'ils restent tous les deux ici, à Stonefield, pour jouer à la petite famille dans leur minimaison mitoyenne avec son poêle chaleureux, retrouver leurs potes le vendredi soir au pub, et entendre les cloches de l'église carillonner tous les dimanches matin. (Bon, O.K., peut-être qu'elle pouvait se passer des cloches de l'église, à la réflexion. Elles étaient casse-pieds à vous réveiller si tôt, et carrément violentes un matin de gueule de bois.) Partir à l'aventure dans une ville où elle n'avait jamais mis les pieds et n'avait ni travail ni amis ? L'enfer. Le problème, c'était qu'à chaque fois qu'elle s'imaginait son copain seul à Brighton au milieu de toutes sortes de tentations pendant qu'elle restait coincée au Nord, elle n'était pas certaine d'y voir une meilleure alternative.

— Tu devrais le tenir à l'œil, avait prévenu Amelia, accompagnant sa sentence d'un petit *tss* sceptique tout en jouant avec la bague à son annulaire.

Elle avait participé à l'enterrement de vie de jeune fille de sa cousine à Brighton un an plus tôt et s'estimait depuis experte de la ville.

— C'est de la folie là-bas, le samedi soir. Crois-moi. Des EVJF dans tous les sens, des EVG aussi. Fesses à l'air et débauche en veux-tu en voilà. Personnellement, jamais je n'y laisserais Jason sans surveillance pendant cinq minutes, encore moins pendant six mois.

Georgie était la première à admettre que son petit ami avait du succès auprès des femmes, avec ses larges épaules de rugbyman, ses cheveux blonds et son sourire charmeur. Aussi, la vision de Simon entouré de célibataires fêtardes, voire chopé au lasso par une cow-girl en petite tenue, avait suffi à conclure l'affaire. Elle allait déménager avec lui, en petite amie loyale qui le soutenait dans ses projets. Sans compter qu'il ferait la même chose pour elle, pas vrai ? Lui aussi la suivrait à l'autre bout du pays si la situation était inversée, non ? Oui, bien sûr qu'il le ferait pour elle.

Bref. Ils avaient sauté le pas, et voilà. Simon avait emménagé quinze jours plus tôt, le temps pour elle de donner sa démission à la bibliothèque, de mettre leurs affaires au garde-meubles – ou de les entasser dans le garage de ses parents, même combat – et de trouver des locataires pour occuper leur maison pendant six mois. Entre-temps, Simon leur avait déniché un nouvel endroit où vivre, et c'est ainsi qu'elle se retrouvait là, dans la capitale de la débauche – même si le quartier bourgeois dans lequel elle venait de débarquer lui semblait bien plus respectable que dans son imagination.

La grande place, située en haut d'une colline, était bordée sur trois côtés par des maisons style Régence, peintes en blanc et crème avec des baies vitrées incurvées. Au centre, un immense espace vert. Parmi toutes ces portes, laquelle était la sienne ? (« Sérieusement ? Tu vas le laisser choisir votre appart ? Sans même le visiter avant ? » s'était écriée Amelia, une main portée à la gorge – car elle avait toujours été du genre à en faire des caisses. « Tu lui fais sacrément confiance dis donc… » Vu son expression, Georgie avait compris qu'elle la trouvait naïve à la limite de l'inconscience.)

Mais Georgie avait confiance. Elle avait donné à Simon des critères très précis : la maison devait avoir vue sur mer, ou a minima de très grandes fenêtres pour qu'elle puisse regarder ce qui se passait dehors. Une salle à manger spacieuse et coquette pour recevoir des amis (non pas qu'ils en aient ici, mais Georgie avait toujours été du genre à se faire des copines dans les toilettes d'un restaurant, dans le bus, et même dans l'ascenseur de Debenhams – véridique !). Une chambre assez grande pour accueillir tous ses livres (« Tu n'as pas besoin d'apporter tous tes livres, avait-il protesté. — Bien sûr que si ! » avait-elle aussitôt rétorqué, scandalisée qu'il puisse envisager le contraire.) Un salon avec une cheminée traditionnelle (« Pour faire griller des châtaignes, avait-elle suggéré rêveusement. — En avril ? avait-il demandé, sceptique. — Bon, d'accord. Pour faire l'amour au coin du feu. » Curieusement, l'argument du sexe avait été bien mieux reçu.) Oh, et un jardin au cas où ils adopteraient un chien, ce qui était sa dernière condition. (« On ne va pas prendre un chien. » Simon était catégorique, mais Georgie, qui adorait les animaux, n'imaginait rien qui puisse rendre une maison plus chaleureuse qu'un chiot aux yeux brillants, aussi avait-elle ignoré cette dernière protestation. Simon avait juste besoin d'un peu de temps pour se faire à une idée, parfois.)

Sans nouvelles de son petit ami, elle entreprit de remonter la rue pour trouver leur nouvelle maison, le numéro 11 apparemment. (« Ooh ! c'est un chiffre porte-bonheur », avait interprété Amelia dès que Georgie lui avait transmis la nouvelle adresse. Amelia était férue d'astrologie et prenait la chose très au sérieux. À l'école, on l'avait surnommée la voyante. « En astrologie, la onzième maison correspond à l'amitié, à l'espoir, aux vœux, aux objectifs et aux idéaux. On ne pourrait rêver plus prometteur ! »)

Sept… neuf… Onze… voilà. Une porte d'entrée noire et imposante, trois étages, et ce magnifique bow-window au rez-de-chaussée – le genre de maison ancienne d'où l'on pouvait imaginer sortir des ladies de l'époque victorienne, leurs longs jupons balayant les marches blanches du perron dans un froissement de taffetas. *Tadaaa*, voulut-elle envoyer à Amelia. Elle brandit son téléphone pour prendre en photo la demeure, pile au moment où une Land Rover poussiéreuse aux vitres teintes fit une embardée sur la route, bloquant la vue. La voiture s'engouffra sur une place de parking (avec un panache enviable, il fallait bien le dire ; nul besoin de la compassion d'un gnome au volant de cette voiture-là), puis la portière s'ouvrit sur une femme à la chevelure cuivrée, lunettes de soleil et robe asymétrique noire, un énorme sac à main zébré à l'épaule, et qui était visiblement en plein remontage de bretelles au téléphone.

— Ne revenez pas me voir en pleurnichant, je vous aurais prévenu, déclara-t-elle vertement en traversant la chaussée.

Georgie déglutit en voyant la femme s'élancer à grands pas vers le numéro 11.

— Eh bien, ce n'est pas mon problème, conclut-elle avant de raccrocher brusquement.

La femme consulta sa montre, afficha une moue impatiente, et se planta devant le perron les bras croisés.

Si Georgie ne se trompait pas, cette femme particulièrement intimidante avait toutes les chances d'être sa nouvelle propriétaire. Mais vu que Simon n'avait toujours pas répondu à ses textos – sans parler de faire son apparition –, il n'y avait qu'un moyen de s'en assurer.

— Timing parfait ! s'exclama la femme avec un grand sourire bordé de rouge à lèvres vif quand Georgie approcha.

La femme avait des yeux aussi bleus que la mer, et ils scintillaient avec une vivacité pétillante, manifestant un intérêt aiguisé pour Georgie.

— Bonjour, je suis Angela Morrison-Hulme, la propriétaire de la résidence. Ravie de faire votre connaissance.

Georgie regretta aussitôt son jean délavé, sa marinière et ses vieilles baskets qui lui avaient semblé appropriés pour un trajet de quatre cents kilomètres. Elle ne sentait probablement pas la rose non plus, à la réflexion.

— Moi de même, bredouilla-t-elle. Je ne sais pas trop où est Simon, mais il ne devrait pas tarder. Je suis Georgie Taylor. Bonjour.

Contrairement à sa nouvelle pouilleuse de locataire, Angela exhalait un parfum capiteux qui valait sans doute une petite fortune.

— Bien, bien, Georgie Taylor. Je ne peux pas me permettre de faire le pied de grue toute la journée le temps que votre petit copain se décide à venir, alors laissez-moi vous donner ça.

Elle décrocha deux jeux de clés du lourd trousseau cliquetant qui émergea des profondeurs de son sac à main.

— Ça, c'est la clé de la villa, compris ? Et la plus petite est celle de votre appartement. Si vous les perdez, ce sera vingt livres pour en obtenir de nouvelles, et en plus de ça vous courrez le risque de déclencher mon tempérament explosif, alors tâchez de vous en abstenir, compris ?

Elle s'esclaffa pour lui signifier que c'était une plaisanterie. En tout cas, c'était ce qu'espérait Georgie.

— On visite ?

Après un dernier coup d'œil vers le front de mer pour vérifier que Simon n'arrivait pas en courant – malheureusement rien à l'horizon –, Georgie déchargea une valise et un sac de sport de son coffre et suivit sa nouvelle propriétaire dans l'entrée de la villa.

— Waouh ! s'extasia-t-elle en découvrant le hall. Un haut plafond surplombait un escalier en colimaçon recouvert d'un tapis rouge. La rambarde en chêne avait été polie par des centaines de mains au fil du temps, et ses barres en fer forgé lui conféraient un chic à la parisienne.

Mrs Morrison-Hulme sembla ravie par sa réaction.

— Vous aimez ?

— C'est incroyable, répondit Georgie.

Elle ne put s'empêcher de le comparer avec l'escalier de leur maison de Stonefield, si étroit qu'on devait serrer les coudes pour l'emprunter.

Au premier étage, Mrs Morrison-Hulme déverrouilla la porte numéro 3.

— Bienvenue chez vous ! dit-elle en ouvrant grand le battant pour la laisser passer.

Georgie retint son souffle en pénétrant dans la petite entrée, puis en passant la porte qui menait au salon. Elle posa sa valise et son sac, et regarda autour d'elle. Son moral plongea dans ses chaussettes, jusqu'à atteindre ses baskets moisies. Il n'y avait pas trente-six façons de voir les choses, sa première impression fut… une immense déception.

À Stonefield, elle avait investi beaucoup de temps dans l'aménagement d'un salon cosy, aux touches haut de gamme grâce au parquet au vernis sombre, au tapis crème moelleux, et à un grand canapé confortable décoré de coussins duveteux, face au poêle à bois qui réchauffait admirablement bien les soirées d'hiver. *A contrario*, cette pièce étriquée et humide était meublée d'un vieux sofa bleu marine affaissé en son centre, et de rideaux de velours poussiéreux dont même la personne la plus optimiste ne pourrait vanter la couleur. La crasse accumulée sur la fenêtre à guillotine ne parvenait pas à masquer la « vue » sur une cour minuscule où s'accumulaient les bennes à ordures, bien loin du panorama sur la mer. *Oh, Simon…*, songea-t-elle avec consternation. *Tu m'étonnes qu'il ne se soit pas pointé à l'heure.* Il devait être trop embarrassé pour affronter sa déception devant cette situation catastrophique.

— Alors… ici, le salon, dit Mrs Morrison-Hulme en tendant le bras, comme si son geste ample suffisait à rendre l'espace opulent.

— Oui, dit Georgie d'une toute petite voix, incapable de trouver quoi dire de plus, et encore moins de témoigner de l'enthousiasme.

Elle aurait dû écouter Amelia. Elle aurait dû insister pour que Simon lui montre en direct sur Skype les appartements qu'il visitait. Mais quelle mouche l'avait piqué ?

— La salle de bains est par ici…

La propriétaire battit en retraite dans le couloir et indiqua la porte voisine, peinte en blanc.

— Évidemment, voilà la cuisine…

Elle désigna ce qui ressemblait à un couloir en carrelage bleu, avec à peine la place pour un évier, un réfrigérateur, des plaques de cuisson et deux petits placards. Elle lui montra comment ajuster le thermostat et utiliser les plaques poisseuses.

— … et la chambre se trouve au fond. C'est bon pour vous ? Bien, je crois qu'on a fait le tour. Ah, et bien entendu, je vous rappelle qu'il est interdit de fumer, de sous-louer, d'introduire des animaux dans la résidence, d'organiser des fêtes. Et pas de musique après vingt-trois heures.

— D'accord, coassa Georgie.

En gros, pas le droit de s'amuser. Au revoir le fun. Et adieu le chiot d'amour, sa truffe affectueuse, et ses bonds joyeux après la balle de tennis lancée dans le parc voisin.

Angela sortit une carte de visite de son sac à main et la pressa dans la paume de Georgie.

— Si vous avez la moindre question, appelez-moi. Il y a mon numéro de portable. Mon fils Paul m'aide à gérer les propriétés, alors vous tomberez soit sur lui, soit sur moi.

Elle fit un clin d'œil, dévoilant une ombre à paupières turquoise, et se pencha vers elle.

— Entre nous, il est très mignon, mon Paul. Si les choses tournent au vinaigre avec votre copain retardataire – d'ailleurs, vu l'heure, maintenant ça relève du lapin –, une jolie fille comme vous pourrait trouver bien pire que mon fils. Je dis ça comme ça !

Georgie tenta de sourire, mais c'était un effort immense pour masquer l'angoisse qui s'écrasait sur elle comme les vagues sur le rivage. Mon Dieu. Qu'avait-elle fait ? Dans quoi s'était-elle fourrée ? Et comment Simon avait-il pu croire que ce taudis était une bonne idée ? C'est bien la peine de jouer à l'architecte et de se vanter de dessiner des hôtels de luxe. Pourquoi n'appliquait-il pas plutôt sa vision artistique à leur nouveau nid d'amour ?

— Merci, parvint-elle à articuler alors que les questions fusaient dans sa tête comme des moucherons.

Puis, se sentant soudain obligée de défendre son couple, elle ajouta :

— Il est probablement coincé au boulot.

— Mais oui, bien sûr, répondit Mrs Morrison-Hulme avec un clin d'œil sous-entendant qu'elle n'en croyait pas un mot. Bon, il faut que je file.

Ses talons laissèrent des petites marques sur la moquette alors qu'elle reculait vers la porte d'entrée.

— Bonne installation, et bienvenue dans la résidence SeaView House !

La porte se referma derrière elle, et Georgie se retrouva seule, complètement dépassée par l'horreur de sa nouvelle situation. *SeaView House, la résidence vue sur mer. Vue sur mer, mon cul, oui,* s'indigna-t-elle en songeant à la « vue » sur le local à poubelles. Il y avait une odeur de moisi dans la cuisine et une trace d'humidité au plafond. Que dirait Amelia si elle la voyait maintenant ? « Non, mais au secours, quel cauchemar, Georgie ! C'est un scandale ! » Elle sentit ses yeux picoter en imaginant la voix choquée de sa meilleure amie et elle refoula son désir de reprendre immédiatement la voiture pour rentrer à la maison. « Grossière erreur, dirait-elle au gnome en faisant demi-tour en vitesse. C'est un désastre ! »

Mais son téléphone sonna, l'empêchant de mettre son plan à exécution. C'était Simon.

— Coucou, dit-elle avec méfiance. T'es où ? Je suis à l'appart.

*Pitié, dis-moi qu'il y a erreur et qu'on n'est pas censés emménager ici,* songea-t-elle en touchant de la pointe du pied un mouton de poussière sur la moquette.

— Désolé, dit-il.

Elle pouvait entendre une conversation en arrière-plan, et des rires.

— Un imprévu au bureau. Tu as rencontré la proprio ?

— Oui. Elle est restée cinq minutes, le temps de m'ouvrir.

Georgie passa la main dans ses cheveux et s'adossa contre le mur. Maintenant qu'ils étaient enfin réunis dans la même ville, elle ne savait plus quoi lui dire. « Je hais cet appart ! voulait-elle geindre. Je ne peux pas vivre dans un taudis pareil ! » Mais elle savait qu'il détestait les jérémiades. Et puis, elle ne voulait pas être le genre de copine qui tape une crise pour rien. Serrant les dents, elle déploya des trésors de patience pour ravaler la boule qui s'était nouée dans sa gorge et se ressaisir.

— C'est un sacré personnage, pas vrai ? Je sais que l'appart est un peu spartiate, mais j'aimais vraiment sa luminosité. Et c'est un super emplacement, non ? Impossible de faire plus près de la plage. On pourra aller nager ensemble le matin.

Elle laissa échapper un rire étranglé.

— Ouais.

*Ou plutôt niet. Ça va pas la tête ?* Qu'avait-il fait de sa liste de critères ? Avait-il même écouté un traître mot de la conversation ?

— Du coup tu es en route, là ?

*Tout ira mieux quand il sera là aussi,* se rassura-t-elle. Ils riront ensemble de la déco, elle pourra le taquiner sur son absence totale de goût, et ils pourront tester le matelas. (Enfin. Peut-être une fois qu'elle l'aura aspergé d'insecticide et de plusieurs bombes de Febreze.)

— Je ne peux pas me libérer maintenant, mais je vais me débrouiller pour quitter vers dix-sept heures, d'accord ?

Aussitôt, elle sentit son moral retomber dans ses chaussettes.

— On pourrait prendre un *fish and chips* et des bières pour se poser sur la plage et trinquer à notre nouveau départ ? suggéra-t-il.

Il y eut un nouvel éclat de rire dans le fond, et Georgie pressa le téléphone contre son oreille pour l'entendre.

— Je ferais mieux d'y retourner. À toute !

— Oui.

Elle raccrocha et inspira profondément, essayant de toutes ses forces de ne pas céder au découragement. *Fish and chips et bières avec Simon ce soir,* se répéta-t-elle. *La plage. Le nouveau départ. Allez, Georgie, reprends-toi. Tout va bien se passer.*

Errant dans le salon exigu, elle jeta un coup d'œil par la fenêtre et aperçut deux goélands se disputer un sachet de chips vide dans la cour, battant des ailes et se donnant des coups de bec. Elle n'était pas du genre à baisser les bras, décida-t-elle alors qu'un des oiseaux s'envolait, victorieux. Non, certainement pas. Elle avait fait la queue toute la nuit à Leeds devant la boutique H&M pour le lancement de la collection Kate Moss, pas vrai ? Elle s'était astreinte à travailler tous les samedis chez un coiffeur quand elle était ado, et ce même si le nombre incalculable de shampooings avait fini par craqueler la peau de ses doigts. Elle avait passé trois fois le permis avant de l'avoir, tant elle était déterminée. Elle n'abandonnait pas les choses en cours de route, point. Et il était hors de question qu'elle retourne dans le Yorkshire pour avoir droit aux regards de pitié dont ses amis, même bien intentionnés, ne manqueraient pas de la gratifier. Ce n'était pas négociable.

Alors la question était réglée. Elle allait déballer sa valise et faire au mieux. Ce n'était pas si terrible, si ? Il y avait la mer juste à côté, à quelques centaines de mètres de son perron, et l'eau bleue scintillante l'attendait, avec le doux bruit des vagues sur les galets. Sans compter qu'elle avait toute une ville à explorer. Une tonne de nouvelles aventures ! Que du fun en perspective ! Peut-être même des nouveaux amis à se faire, et un peu de travail à trouver ici ou là. Elle en était capable. Elle pouvait gérer. Déjà, elle allait commencer par écrire son nom et celui de Simon sur le tableau d'affichage à l'entrée.

— Très bien, dit-elle. C'est parti.

# 2

L'épluchage des oignons avait quelque chose d'apaisant, songeait Rosa en récupérant un nouveau bulbe sur le tas. Trancher un côté, l'autre, puis glisser un ongle sous les feuillets cuivrés pour déshabiller le légume et révéler une boule blanche et nue, lisse comme un œuf. Plonger la pointe du couteau en son centre pour couper des arcs-en-ciel translucides (« les doigts repliés comme les pattes d'un ours ! » ordonnait Liz, sa professeure préférée de la formation culinaire), puis émincer, encore et encore, jusqu'à obtenir une montagne de petits rectangles blancs de la taille d'une larme sur la planche en bois, un millier de fenêtres opaques miniatures.

— Dorothy ! Tu vas te magner avec tes oignons, oui ou merde ? aboya Brendan sur un ton qui n'avait rien d'apaisant, la sortant de sa transe.

Brendan était le sous-chef de l'hôtel Zanzibar, un Dublinois pugnace avec un cou dont l'épaisseur rivalisait avec celle de sa moustache, qui s'octroyait le droit de beugler ses ordres comme s'il menait ses troupes au champ de bataille. Il n'était pas non plus du genre à retenir le prénom de ses subordonnés, et préférait les désigner par celui qui lui passait par la tête en fonction de l'humeur du jour, ce qui expliquait pourquoi il fallut une seconde à Rosa pour se rendre compte que c'était à elle qu'il parlait.

— Une minute, marmonna-t-elle en se courbant pour accélérer le rythme.

L'instant d'après, il surgissait derrière son épaule, ses pores suintant un mélange d'ail et de bière de la soirée de la veille.

— Une minute QUI ?

— Une minute, *chef*.

— Et n'oublie pas, la miss, les courgettes et les poivrons ensuite. On n'est pas chez le magicien d'Oz, Dorothy. Les légumes ne vont pas se couper tout seuls.

— Oui, chef, marmonna-t-elle en faisant claquer la lame plus fort.

À trente-cinq ans, Rosa était un ancien poids lourd du monde de la publicité. Elle avait même remporté le prix de « l'innovation et de l'esprit » pour sa campagne Betty's Butter. Mais ici, elle n'était personne. Rien qu'une commise payée au lance-pierres, dans une cuisine où on attendait d'elle non seulement qu'elle trime comme une esclave, mais qu'elle soit en plus reconnaissante de l'honneur discutable d'avoir été embauchée. Et, pour couronner le tout, il fallait supporter le comportement odieux des Brendan et compagnie. Sans bouger la tête, elle leva les yeux pour le voir rabrouer Natalya, l'apprentie russe au teint livide, dont les mains étaient en permanence couvertes de pansements bleus. Rosa lui donnait deux semaines, trois maximum, avant de jeter l'éponge pour trouver une vie plus facile ailleurs. Elle-même ne travaillait ici que depuis quelques mois, mais c'était bien assez pour savoir que les apprentis ne restaient pas.

L'hôtel Zanzibar était situé sur le front de mer et avait été construit au tournant du XX$^{e}$ siècle. C'était un édifice classique aux moulures en stuc qui proposait des chambres cinq étoiles, sa propre cave à vins, et une suite en penthouse opulente où pléthore de célébrités auraient séjourné. Il y avait un ascenseur de verre, une fontaine au niveau de la réception, et un portier à l'uniforme bordeaux dont on adorait se payer la tête en cuisine. Rosa savait qu'à l'étage les chambres étaient décorées avec goût, proposant des balcons avec vue sur mer, des douches avec ciel de pluie, une gamme de soins de luxe, des peignoirs blancs moelleux pliés comme il fallait dans le placard et un minibar regorgeant de tentations. Si elle savait tout ça, bien sûr, c'était parce que, dans un passé pas si lointain, elle avait séjourné dans des établissements similaires pour des séminaires d'entreprise, le tout en tailleur chic et escarpins, ou lors d'escapades torrides avec Max, impliquant de la lingerie sexy, des repas livrés par le room service sur le lit king-size. À l'époque où elle dépensait sans compter, elle n'avait pas accordé une seule pensée aux cuisiniers ni aux employés de ménage qui s'activaient comme des fourmis en coulisses pour émincer, arroser la viande, faire la plonge et récurer. Pourquoi l'aurait-elle fait ?

Parfois, elle se demandait comment réagirait Brendan s'il pouvait la voir, disons, un an plus tôt, sur la scène d'un amphithéâtre, tout apprêtée, le corps musclé, en tailleur, ses longs cheveux noirs lissés et brillants. Reconnaîtrait-il cette version de la douce, humble Rosa, qui trimait dans sa cuisine avec ses mèches ramassées à la va-vite sous une charlotte malodorante ? La Rosa qui avait pour seule ambition de se fondre dans le décor ?

— Les *oignons*, Dorothy ! C'est pour aujourd'hui ou pour demain ?

En parlant du loup…

— Ça arrive, chef !

Elle trancha un nouvel oignon, imaginant cette fois la lame s'abattre sur le magnifique crâne de ce menteur de Max.

Celui qui avait conçu le planning des rotations du Zanzibar devait avoir la fibre sadique, car l'organisation n'était pratique pour personne. Certains jours, Rosa travaillait en horaire fractionné – de dix heures du matin à quatorze heures, puis de dix-sept heures à minuit. Parfois, elle commençait à cinq heures trente pour couvrir les commandes du petit déjeuner, et finissait après le service du midi. Ou alors elle ne travaillait que le soir. C'était un enfer si on voulait une vie sociale, mais, après tout, Rosa ne connaissait pas âme qui vive à Brighton, à l'exception de ses collègues tout aussi surmenés. Quand elle ne travaillait pas à l'hôtel, elle récupérait tant bien que mal d'un sommeil si profond que le reste du monde n'existait plus. Et ça lui convenait très bien. D'après son expérience, c'était lorsqu'elle laissait les autres entrer dans sa vie que les problèmes surgissaient. Toute seule, dans son coin, elle érigeait des murs autour de sa petite vie tranquille – c'était de l'instinct de survie, ni plus ni moins.

Ce jour-là, après avoir commencé tôt, elle avait tout l'après-midi et la soirée pour elle. En plus, le lendemain – un vendredi – était également une petite journée, et elle quittait après le service du midi. Elle avait prévu de paresser de la meilleure façon qu'il soit : flâner tranquillement dans les rues de sa nouvelle ville (elle en découvrait encore les trésors quatre mois après son arrivée), s'attarder à la table d'un des nombreux cafés fabuleux en observant les passants, et peut-être tester une nouvelle recette dans sa propre cuisine.

La gastronomie avait toujours été son truc. Étudiante, elle était connue pour ses rôtis du dimanche, sa sauce à tomber, et ses *Yorkshire puddings* aériens. À la vingtaine, elle préparait des festins indiens pour ses amis le vendredi soir – currys parfumés à la cardamome et au cumin, riz au jasmin et bols fumants de *dhal*. Elle adorait organiser des brunchs gargantuesques qui faisaient oublier toute gueule de bois à ses meilleures amies – *huevos rancheros* ou piles de pancakes délicieusement dorés et incrustés de myrtilles brillantes… et, bien sûr, quand Max était à la maison, elle adorait cuisiner des dîners romantiques pour deux – bar aux amandes, poulet au paprika, steak et gratin dauphinois…

— Tu devrais ouvrir ton propre restau, s'extasiaient ses amis en se resservant une fois, deux fois, jusqu'à racler les dernières miettes dans leurs assiettes.

Mais ils avaient beau le lui répéter, Rosa savait, comme eux, qu'il n'y avait aucune chance pour qu'elle abandonne son poste prestigieux et extrêmement lucratif dans la publicité pour aller faire la plonge dans une cuisine surchauffée. Et pourtant, c'était exactement ce qui s'était passé.

— Ça alors, je ne l'avais pas vu venir, avait dit son directeur des ressources humaines, Colin, quand elle lui avait tendu une enveloppe au papier blanc et épais contenant sa lettre de démission.

Il l'avait contemplée pendant quelques secondes avec l'air d'un homme évaluant une bombe, puis il avait remonté ses lunettes rondes sur son nez et avait levé les yeux vers elle.

— Que pouvons-nous faire pour vous persuader de rester ? Une augmentation ? Ou une autre forme de compensation financière ? Peut-être plus de vacances… que diriez-vous d'une semaine de congés payés supplémentaire ?

— Non, ça ne m'intéresse pas, avait-elle répondu en joignant les mains sur ses cuisses.

Après avoir découvert la vérité fracassante sur Max, elle avait à peine fermé l'œil de la nuit. Pourtant elle savait, avec la certitude la plus ferme, qu'elle voulait s'enfuir. N'importe où. Même si elle avait l'impression de vaciller au bord d'un précipice, avec la sécurité de la vie professionnelle derrière elle et un gouffre abyssal devant. Quoi que Colin lui propose, ce ne serait jamais suffisant pour la garder dans cette entreprise, juste sous le nez de Max.

Alors elle avait débarqué à Brighton, plus ou moins sur un coup de tête, l'après-midi même, dans un élan fou d'adrénaline, de rage et de douleur. La ville, illuminée pour Noël, lui avait fait l'effet d'un monde merveilleux où plus rien n'avait d'importance et où personne ne la jugerait. Dès son emménagement, elle avait fêté sa crémaillère en sortant pour acheter des moules à cake et des ingrédients, se mêlant dans la file d'attente de tous ceux venus acheter leurs cadeaux, en sueur sous les écharpes et manteaux volumineux. Un *Victoria sponge cake* était le meilleur moyen de se sentir chez soi. Un *Victoria sponge cake*, puis des *mince pies* (après tout, c'était Noël, il fallait bien honorer la tradition des tartelettes) et ensuite du pain d'épice maison, ainsi qu'un *Christmas pudding* pour amadouer sa mère quand Rosa irait lui rendre visite à Derby pour le réveillon et devrait affronter la conversation pénible qui l'attendait. (« Il a… quoi ? Tu plaisantes. Et ensuite tu… Oh, ma chérie, dis-moi que tu n'as pas fait ça, je t'en prie ! »)

*Dans le doute, sors les moules à gâteaux*, s'intimait-elle dans ces jours sombres où elle ne cessait de se demander ce qu'allait être son plan de carrière à présent, et ce qu'elle allait bien pouvoir faire de sa vie. C'était alors que l'évidence s'était imposée : c'était ça, ce qui lui avait toujours fait se sentir mieux – peser, battre les œufs, travailler la pâte. Oubliées, les années dans la publicité, oublié son talent pour les slogans percutants et son instinct créatif. Avec un tablier autour de la taille et les mains pleines de farine, le monde lui semblait temporairement supportable. Peut-être était-il temps pour un changement radical. Et quel meilleur endroit pour apprivoiser un tsunami qu'ici, au bord de la mer ?

Sa mère et sa sœur, bien sûr, pensaient qu'elle avait perdu la boule. Ses amis n'arrivaient pas à croire qu'elle avait sauté le pas (« Je sais que tu es bouleversée, avaient avancé certains de la voix dont on use avec les personnes qui n'ont plus toute leur tête, mais tu ne crois pas que c'est un peu... radical ? ») Certes, il y avait eu des moments, pendant la formation intensive de six semaines que Rosa avait suivie à l'école hôtelière locale, où elle avait eu l'impression d'évoluer dans une réalité parallèle. Elle s'était vue s'entraîner à la vichyssoise et à la sauce tartare en tablier blanc amidonné et avait pensé : *Qu'est-ce qui m'a pris... ?* Peut-être que tout le monde avait raison, peut-être qu'elle avait effectivement perdu la boule. C'était une inquiétude permanente. Après tout, il fallait regarder les faits : elle se trouvait à des kilomètres de ses amis, de sa famille, pour concrétiser une lubie qui n'offrait aucune garantie d'emploi, de stabilité, de salaire décent...

Dans des moments comme celui-ci, elle revoyait le commentaire qu'avait inscrit une enseignante dans son bulletin scolaire : « Rosa est une enfant émotive avec une tendance à réagir de manière excessive. » Une prof de SVT insensible qui s'était vexée quand Rosa avait refusé de disséquer une grenouille en classe, soi-disant par excès de sensiblerie. Était-ce encore la même chose ici ? Avait-elle de nouveau fait un drame pour rien, s'était-elle montrée trop émotive ? Était-elle encore l'enfant toute pâle, le cœur au bord des lèvres, se précipitant sur la poubelle au fond du labo pendant que le reste de la classe maniait le scalpel ?

Eh bien, si c'était le cas, tant pis. Mieux valait être trop émotive qu'insensible. D'accord, peut-être avait-elle tendance parfois à réagir au quart de tour, mais elle avait aussi un caractère persévérant pour compenser le tout. Elle irait au bout de son idée, coûte que coûte. Elle encaisserait les horaires éreintants, la fatigue physique sans broncher, et elle ne laisserait pas les doutes des autres la ronger. Et puis, il lui suffisait de goûter son plat du jour – un curry vert avec des *naans* moelleux maison, un cake à la rhubarbe imbibé avec une pointe de gingembre, un steak de thon saisi avec l'astringence d'une sauce verte – pour retrouver l'équilibre.

« Le changement est aussi réparateur que des vacances », répétait sa grand-mère qui ne jurait que par les adages. Et même si travailler sous les ordres de Brendan n'avait rien à voir avec des vacances, Rosa devait s'accrocher à l'idée qu'elle était sur la bonne voie.

Il fallait compter une vingtaine de minutes à pied sur le remblai pour rentrer à la villa. La brise cinglante fouettait les vagues pour faire monter l'écume blanche, faisait battre les auvents rayés des boutiques de souvenirs et tournoyer les portants de cartes postales dans une tornade hypnotique de couleurs. Rosa libéra ses cheveux de sa queue-de-cheval et secoua la tête, savourant au passage l'odeur d'une baraque à *fish and chips.* Des frites chaudes, de la bière, une glace, le roulis des vagues – les odeurs et les bruits de sa ville d'adoption.

Si on oubliait le fait qu'elle avait le cœur en mille morceaux et que tout le monde la croyait en plein pétage de câble, ce nouveau départ s'avérait la meilleure des distractions. À présent, son chez-elle était à deux pas de la plage, sur une place datant de l'époque de la Régence avec, au centre, un grand terrain en pelouse. Le loyer n'était pas donné et la propriétaire semblait plutôt autoritaire (et n'arrêtait pas de vanter avec lourdeur la beauté de son fils chéri), mais Rosa adorait la proximité du centre-ville et de la Promenade, et la cuisine présentait l'avantage d'être spacieuse et bien équipée. Qui plus est, l'étrange mélange entre grandeur et délabrement de l'ancienne villa était à des années-lumière de la garçonnière londonienne ultramoderne de Max dans laquelle elle avait emménagé beaucoup trop tôt – et ça ne pouvait qu'être positif. Un appartement à soi, Virginia Woolf aurait définitivement approuvé.

Elle bifurqua sur la Promenade pour remonter la légère côte qui menait à la résidence. Une famille pique-niquait sur l'herbe au milieu de la place, un labrador beige étalé à côté d'eux, mais gardant un œil ouvert à l'affût des miettes et des restes de chips. Un peu plus loin, deux étudiants étaient allongés dans les bras l'un de l'autre, tout en membres pâles et anguleux et chevelures décoiffées, « à se faire des mamours », pour emprunter une expression de sa mère. Elle sentit le nœud se reformer dans sa gorge, comme chaque fois qu'elle pensait à Max, et accéléra le pas. La dernière fois qu'elle lui avait parlé datait d'après sa fuite ; il était rentré à l'appartement et avait découvert son départ.

— Je peux tout t'expliquer, avait-il plaidé d'un ton suppliant, et les doigts de Rosa avaient tremblé au téléphone en entendant sa voix. Je suis tombé fou amoureux de toi, et je me suis laissé dépasser. Je suis désolé.

Elle était sur la jetée, comme par hasard, et le vent de décembre soufflait par bourrasques brusques et impitoyables sur son visage, faisant pleurer ses yeux.

— J'espère bien que tu es désolé, oui, avait-elle rétorqué avant de jeter le téléphone au loin dans la mer.

Un éclat argenté avait décrit un arc de cercle dans le ciel de plomb, avant de plonger comme une pierre sous la surface.

Parfois, son esprit retournait vers ce téléphone au fond de la mer, et elle l'imaginait progressivement enseveli sous le sable et la vase. Peut-être qu'un jour il serait rejeté sur la rive. Ou bien peut-être avait-il été entraîné plus loin au large, et se trouvait maintenant à mi-chemin de la France, rebondissant en silence sur le sable boueux, à la merci des courants. Elle se demandait combien de fois Max avait essayé de la rappeler, s'il avait laissé une série de messages d'excuses ou si, une fois démasqué, il s'était contenté de supprimer son numéro et avait jeté l'éponge sans regrets. Peut-être était-il déjà passé à la conquête suivante.

Perdue dans ses pensées, ce n'est qu'en arrivant au niveau de la résidence qu'elle remarqua l'ambulance garée devant la porte grande ouverte. *Qu'est-ce que…* ? Sur le qui-vive, elle monta rapidement les marches, juste à temps pour voir sa voisine Jo être évacuée de son appartement, soutenue de part et d'autre par des secouristes.

— Jo ! s'écria Rosa, sous le choc.

Son visage d'une pâleur cadavérique contrastait avec sa chevelure rousse flamboyante et elle avait le regard vitreux.

— Qu'est-ce qui s'est passé ? Tout va bien ?

— Rosa..., dit Jo à bout de souffle.

Ses yeux se révulsaient quand elle essayait de parler.

Rosa ne la connaissait pas vraiment, car elles travaillaient toutes les deux à des horaires irréguliers – Jo était infirmière en oncologie, si sa mémoire était bonne –, mais elle l'avait croisée plusieurs fois en compagnie d'une ado maussade aux cheveux roux emmêlés qu'elle avait supposé être sa fille.

— Rosa, il faut..., haleta-t-elle.

— Oui ? l'encouragea nerveusement Rosa.

« Purée, qu'est-ce qu'elle a ? » songea-t-elle.

— Dites-moi.

— Il faut... Bea. Pouvez-vous garder Bea ?

Jo s'affaissa comme une poupée de chiffon dans les bras des ambulanciers comme si toute force l'avait quittée avec ses mots.

— S'il vous plaît ?

Bea ? Ça devait être l'ado qui tirait la gueule.

— Euh..., hésita Rosa en se demandant à quoi elle s'engageait, et surtout si elle était qualifiée pour cette situation.

Mais Jo la suppliait du regard.

— Bien sûr, finit-elle par marmonner.

Que dire d'autre quand la pauvre femme devant elle semblait à l'article de la mort ?

— Où est-elle ? questionna-t-elle en cherchant du regard une ado rebelle aux yeux cerclés de khôl noir qui rôderait sur le palier.

— À l'école.

Les paupières de Jo se refermaient malgré elle, et les mots qui sortaient de sa bouche étaient de plus en plus lents et faibles.

— Revient… quinze heures… trente.

— Allez, madame, il faut qu'on vous emmène maintenant, intervint l'ambulancier.

Il souleva Jo, laissant pendre ses maigres jambes nues. Une claquette rose glissa de son pied, comme pour s'enfuir, et Rosa s'empressa de la ramasser pour la rechausser.

— On l'emmène au Royal Sussex, l'informa l'ambulancier.

— O.K., dit Rosa en se précipitant derrière lui.

L'ambulancière ouvrait déjà les portes arrière du véhicule et Rosa sentit la panique la submerger. Jo allait revenir, n'est-ce pas ?

— Qu'est-ce qu'elle a ? Qu'est-ce qui s'est passé ?

Sa voisine, en si piteux état, n'ouvrait plus les yeux.

— Est-ce que ça va aller ?

— On en saura plus une fois à l'hôpital, répondit l'ambulancière sans même se retourner.

Cette réponse vague n'avait absolument rien de rassurant. Ils chargèrent Jo à l'intérieur et claquèrent les portières. Rosa resta plantée sur le trottoir poussiéreux sans savoir quoi faire et, quelques secondes plus tard, l'ambulance démarra toutes sirènes et tous gyrophares allumés, et fila sur la route. Même les tourtereaux interrompirent leurs « mamours » pour lever la tête en entendant le raffut.

Rosa rentra à la villa. Après la lumière éclatante de l'extérieur, elle fut un instant aveuglée par la fraîche obscurité de l'entrée. Puis elle regagna son propre appartement. Quelle histoire ! pensa-t-elle, en glissant sa clé dans la serrure. Qu'était-il arrivé à Jo ? Quand serait-elle de retour ? Et, merde alors : comment Rosa était-elle censée gérer une ado maussade en attendant le retour de sa voisine ?

# 3

Georgie s'était jetée à corps perdu dans l'exploration de sa nouvelle ville depuis une semaine déjà, arpentant les rues comme la plus motivée des touristes. La météo avait été étonnamment clémente pour la saison – plus estivale que printanière – et elle adorait l'énergie crépitante de Brighton, ses rues bondées et vivantes. Chaque café et pub digne de ce nom avait sorti tables et chaises sur le trottoir, des musiciens animaient chaque angle, et de la musique s'échappait des fenêtres ouvertes. Georgie adorait se perdre dans le dédale du quartier des Lanes, flâner d'une boutique à une autre, dévorer des yeux des vêtements magnifiques complètement hors budget, respirer les parfums des pâtisseries artisanales, du restaurant vietnamien et du glacier traditionnel. La ville était une explosion de saveurs et d'expériences, et elle se sentait à la fois éblouie, ravie et séduite par ses nombreux charmes.

Mais arrivait inévitablement le moment où il fallait rentrer dans le T1 minuscule et miteux qui restait sinistre malgré toutes ses tentatives de le rendre plus chaleureux, et affronter le vide sidéral de sa vie. Son quotidien était solitaire et calme – trop solitaire, trop calme – même quand elle allumait la radio et fredonnait pour se remonter le moral. À l'heure où rentrait Simon, elle était en manque de compagnie au point qu'elle se voyait presque comme un chien, la queue frétillante d'anticipation en entendant ses pas dans l'escalier. Georgie n'était pas timide, mais sa vie sociale se réduisait aux conversations avec les serveuses sympas des cafés où elle s'installait pour un sandwich, et c'était loin d'être suffisant.

« Le rêve !!! » commentaient Amelia et Jade sous les photos de couchers de soleil sur la plage qu'elle postait sur Facebook, lorsqu'elle donnait des nouvelles de sa vie oisive. (Honnêtement. Ce n'était pas comme si elle pouvait dire la vérité et avouer son ennui et sa solitude sur les réseaux sociaux.) « TROP DE CHANCE !! » s'extasiaient-elles lorsqu'elle prenait en photo une jolie paire de chaussures repérée en vitrine, ou une boutique insolite de mobilier design.

Ces validations lui mettaient du baume au cœur pour quelques secondes, chaque fois qu'elle recevait une réaction enthousiaste, mais elle finissait toujours par se dégoûter de cette duperie. D'autant qu'Amelia et Jade ne cessaient de publier des photos de leurs visites de salles de réception et d'essayages de robes de demoiselles d'honneur, ou de leurs soirées à Shepherd's Crook, et c'était alors au tour de Georgie de commenter à grand renfort de

« Le rêve !!! » et « TROP DE CHANCE !!! ». Chaque fois qu'elle avait le mal du pays, elle se répétait qu'il suffisait de faire contre mauvaise fortune bon cœur. Six mois, ce n'était pas *si* long, pas vrai ?

Le plus déconcertant, à vrai dire, était l'impact qu'avait eu le déménagement sur sa relation avec Simon. Elle les avait toujours vus comme deux partenaires égaux formant une équipe – tous les deux indépendants et libres avec leurs propres amis et routines, restant solidaires l'un envers l'autre. Maintenant, la dynamique était complètement déséquilibrée. Simon avait du monde à voir, un bureau où se rendre tous les jours, des rendez-vous, des réunions, et toute une vie en dehors de l'appartement. Georgie, en comparaison, n'avait rien. Il y avait une limite au temps qu'on pouvait tuer à flâner dans les boutiques pour prendre en photo bijoux anciens et abat-jour futuristes avant que les vendeurs ne vous identifient comme une potentielle voleuse à l'étalage. De même, il y avait une limite au temps qu'on pouvait prendre pour boire un café avant que la serveuse ne vienne ostensiblement nettoyer la table.

Heureusement, il restait le week-end. Deux jours complets où elle eut l'impression, pour la première fois, de retrouver son couple. Ils avaient commencé par un brunch le samedi midi dans une gargote pas trop loin avant de prendre la voiture pour rejoindre l'attraction touristique du coin, Devil's Dyke, où ils regardèrent les passionnés se jeter du côté abrupt de la colline en parapente. Ce soir-là, ils dînèrent dans un super restaurant indien près du remblai et terminèrent la soirée dans un bar à cocktails, à boire des mojitos, dans un fou rire sans fin. Le dimanche, ils louèrent des vélos et longèrent la mer pour se remettre de leur gueule de bois, puis s'arrêtèrent dans un pub pour le déjeuner, et s'installèrent tranquillement pour lire les journaux. Un week-end parfait. *Ah bah, voilà,* songea-t-elle, comblée, alors qu'ils rentraient à vélo et que le vent faisait danser ses cheveux. Simon regarda par-dessus son épaule pour lui sourire. Ses mèches blondes ondulaient et son T-shirt révélait sa carrure musclée. Elle sentit une bouffée de joie, aussi chaude et pure que le soleil qui rayonnait au-dessus de leurs têtes.

Puis arriva le lundi matin, et Simon s'échappa avant même que Georgie n'ouvre les yeux. La semaine s'étala alors devant elle, avec absolument rien à l'horizon. Retour à la case départ, à la solitude et au silence.

Simon n'avait pas fait preuve d'une empathie phénoménale quand elle avait exprimé son ressenti, et confié son impression d'être soudain coincée dans le rôle de femme au foyer. Certes, il n'avait pas précisément prononcé les mots « Ben, à quoi tu t'attendais en venant ici ? Pourquoi tu m'as suivi alors ? », mais elle soupçonnait une réponse similaire sur le bout de sa langue. Elle avait fini par faire une blague pour dédramatiser – « À ce rythme, je vais finir par mettre tes chaussons à réchauffer au coin du feu et tu n'auras plus qu'à mettre les pieds sous la table en rentrant ! » –, tout ça pour qu'il ne s'imagine pas qu'elle se plaignait. Parce qu'elle n'était pas du tout en train de se plaindre. Bon, peut-être que si, un peu.

Quant aux prédictions bidons d'Amelia sur la maison numéro 11 censée apporter amitié et autres promesses de bonheur… elle n'avait pas croisé une seule de ses voisines, dont l'existence se résumait à quelques lettres aperçues – Ms Charlotte Winters, appartement 4 ; Jo Spires, appartement 2 –, et de la musique grunge s'échappant du rez-de-chaussée. Un jour, après s'être fait violence pour courir le long de la mer, elle avait aperçu en revenant l'ombre d'une femme âgée disparaissant dans l'escalier. La femme, les cheveux coupés nets en un carré gris argent, était vêtue d'une élégante robe noire sur mesure et d'un blazer rouge cerise à épaulettes. Il ne restait de son passage que les effluves d'un parfum au jasmin. Les premières impressions : imposante et chic, surtout comparée à Georgie et ses auréoles sous les bras, les cheveux s'échappant dans tous les sens de ses couettes négligées, et son visage écarlate. Pourtant, elle ne pouvait pas se permettre de passer à côté de cette occasion de se présenter, après ces jours interminables de solitude.

— Bonjour ! avait-elle lancé en se précipitant à la poursuite de la femme.

Elle espérait surtout ne pas sentir trop fort la transpiration.

— Je viens d'emménager au numéro…

C'est là qu'elle avait compris que la femme était en pleine conversation téléphonique, et n'accordait pas la moindre attention à la coureuse en sueur derrière elle.

— Je m'en fiche, je refuse de voir ce médecin, avait décrété la femme d'un ton impérieux qui portait l'ombre d'un accent étranger.

Georgie s'était arrêtée net, craignant de l'importuner. Peut-être une prochaine fois, s'était-elle résignée, déçue.

Un boulot. Voilà ce dont elle avait besoin : une raison de se lever et de sortir de l'appartement, un sujet pour alimenter ses conversations avec Simon qui ne soit pas sa journée à lui, retrouver un but dans la vie, un endroit où elle pourrait, avec un peu de chance, se faire un ami ou deux. Ce n'était pas trop demander, si ?

— Qu'est-ce que tu voudrais faire ? questionna Simon ce soir-là, plutôt sceptique, en triturant du bout de la fourchette sa côte de porc.

(Georgie avait fait un test de sauce à la moutarde pour accompagner la viande, et ce n'était pas un franc succès.)

— Postuler à la bibliothèque ? proposa-t-il.

— Peut-être, répondit-elle sans grande conviction.

Depuis le déménagement, elle s'était rendu compte que ce qu'elle préférait dans son boulot – à part suçoter des bonbons en lisant des polars – était la rédaction de la newsletter mensuelle. La newsletter était sa propre création, née de l'ennui d'un après-midi particulièrement morne, mais elle avait pris un vrai plaisir à écrire : détailler les nouveautés, faire le compte rendu des événements avec les écrivaines invitées, annoncer la tenue de la prochaine rencontre du club de lecture, le tout agrémenté d'une petite intro bavarde qui dérivait souvent vers des observations sur la météo, ses propres lectures et parfois, si elle était à court d'idées, un récit des derniers exploits de Reggie, le chien de ses parents (mi-caniche, mi-cocker), avec photos à l'appui.

— Je pourrais faire du journalisme, écrire des trucs, annonça-t-elle spontanément, avec l'espoir d'impressionner Simon.

Manque de chance, son téléphone bipa à ce moment, et il fut aspiré par le nouveau message apparu sur l'écran – oui, à table. Oui, même s'ils étaient en train de manger. Mais Georgie continua sans se démonter, embellissant le projet au fur et à mesure :

— Oui, je me vois bien pigiste. Ou reporter itinérante, un truc du genre. Le journalisme m'a toujours intéressée. Ou bien astronaute. *Simon.*

— Oui, oui, dit-il en reposant enfin son téléphone. Bonne idée.

Frustrée, elle leva les yeux au ciel. Très bien, elle lui montrerait de quoi elle était capable. Avec ou sans son soutien, elle lui prouverait qu'il n'était pas le seul à pouvoir décrocher un job intéressant. Voilà.

Cette histoire d'écriture sortait de nulle part, mais plus elle y pensait, plus elle se disait que ça valait le coup d'essayer. Après tout, pourquoi pas ? Elle savait écrire, on le lui avait toujours dit. Son succès avec la newsletter de la bibliothèque était impressionnant, et elle recevait toujours une tonne de mails bavards en réponse, ce qui était très satisfaisant. (Même si la moitié provenait d'amoureux des chiens réclamant plus de photos de Reggie.) Enfant, elle s'amusait à inventer de petits journaux pour ses parents : *The Stonefield Times* et *The Hemlington Road Gazette*, truffés d'articles insignifiants sur ses lapins domestiques, sur la dernière punition de son frère à l'école, ou sur n'importe quel potin répété par sa mère aux voisins. Ado, on lui avait proposé un petit job d'été au journal local, qu'elle avait aimé au point d'entretenir l'idée d'y faire un apprentissage après le lycée. Mais ce plan avait été vite oublié quand Simon lui avait annoncé sa candidature à l'université de Liverpool – Georgie s'était empressée d'y envoyer son dossier aussi, et elle avait opté pour une licence de littérature.

Cette nuit-là, allongée dans son lit, elle poussa un soupir en faisant le parallèle avec sa situation actuelle : elle avait suivi son petit copain à Liverpool, et maintenant elle le suivait à Brighton. Était-ce tout ce dont elle était capable ? Suivre fidèlement son copain ? Qu'est-ce que ça disait de sa vie ? Qu'est-ce que ça disait d'elle ?

— Simon ? chuchota-t-elle, soudain en mal de réconfort.

Mais il dormait profondément et ne bougea pas d'un iota. Que lui aurait-elle dit, de toute façon ? songea-t-elle sombrement, en se tournant et se retournant pour trouver une position confortable. « Hé, désolée de te réveiller, je me demandais juste… tu vois comment nos rôles dans notre couple ? Parce que j'ai quelques doutes sur le mien, là tout de suite. »

La respiration calme et profonde de Simon ne parvint pas à l'apaiser. Au contraire, Georgie était plus éveillée que jamais. Ce n'était pas comme si elle n'avait pas voulu de cette licence de littérature, se rassura-t-elle, sur la défensive. Elle avait adoré les cours, tous ces livres à dévorer, et les journées plongées dans une pièce de théâtre ou un roman depuis le confort de son lit, tout autant que les nuits blanches occasionnelles pour griffonner une dissertation en retard. Même aujourd'hui, il lui arrivait de lire un article particulièrement bon et de sentir une corde vibrer en elle lui rappelant son rêve d'adolescente de rédiger des papiers critiques et enlevés au sein d'une rédaction bourdonnante, après des interviews avec des stars hollywoodiennes ou des politiques. Le pouvoir des mots, les briques sur lesquelles on construisait une histoire…

Bon, eh bien, elle avait sa réponse, trancha-t-elle en se retournant sur l'oreiller une dernière fois. D'accord, elle avait suivi Simon à Brighton, mais l'heure avait sonné de revoir ses ambitions à la hausse, de reprendre les rênes de sa vie et de lui donner une toute nouvelle direction, là où elle-même aurait envie d'aller. Voilà !

Il allait sans dire que Georgie n'avait pas *complètement* la tête dans les nuages. Elle savait que, dans le journalisme, les offres d'emploi ne tombaient pas du ciel – il fallait se battre pour les décrocher, faire ses preuves parmi une horde de journalistes talentueux, tous plus expérimentés qu'elle avec sa petite newsletter d'amatrice. Mais là encore, elle avait entendu une interview de Mary Portas qui expliquait qu'elle voulait tellement travailler pour Harrods qu'elle avait téléphoné au département des ressources humaines tous les jours jusqu'à ce qu'ils finissent par lui proposer un poste. La ténacité, il n'y a que ça de vrai. Il fallait en vouloir. Le non n'est pas une option. Et si cette approche avait fonctionné pour Mary Portas, pourquoi ne s'appliquerait-elle pas aussi à Georgie Taylor ?

Elle s'y colla dès le lendemain matin, et se mit à faire l'inventaire de toutes les publications plus ou moins locales et des grands journaux. *Le tout, c'est d'oser*, se rappela-t-elle avant de compiler une liste d'idées de sujets qu'elle pourrait leur pitcher en fonction de leur ligne éditoriale. Maintenant, il suffisait de convaincre quelqu'un de laisser sa chance à une *newbie*, pensa-t-elle en composant le premier numéro sur la liste.

Sa première série d'appels fut loin d'être un succès. Le magazine *Brighton Life* refoula sans ménagement son idée de rubrique « Une Touriste à Brighton ».

— Je débarque fraîchement des vallées du Yorkshire et je me délecte des merveilles de la ville. La grande vie, le train-train quotidien, mes rencontres, le…

La cheffe du service reportages l'interrompit poliment avant qu'elle n'aille plus loin.

— Déjà fait, coupa-t-elle avant de prétexter une réunion pour raccrocher.

Le magazine *Sussex Now* témoigna aussi peu d'enthousiasme quand elle leur proposa une nouvelle idée, inspirée par sa balade à vélo dominicale sur les sentiers cyclistes de la région.

— On couvre déjà un sujet similaire pour le prochain numéro, l'informa un rédacteur en chef blasé.

En d'autres termes : « Tu es bien gentille, mais retourne donc sur ton vélo pour aller pédaler ailleurs. » Lui aussi semblait pressé de raccrocher, et Georgie poussa un petit soupir en lui souhaitant une bonne journée.

Sans se démonter, elle sacrifia les dernières gouttes de lait pour se concocter un café remotivant avant de tenter sa chance auprès d'un petit magazine indépendant, le *Brighton Rocks.* Original et spirituel, il était truffé d'articles sur la ville et complété par des pages d'annonces pour les événements du moment. Avec sa voix la plus assurée, Georgie proposa la même rubrique « Une Touriste à Brighton », pour la troisième fois. Viv, la rédactrice en chef, confirma que c'était du déjà-vu. Hmm. Peut-être n'était-elle pas si innovante qu'elle le croyait. Mais on ne lui raccrochait pas au nez, ce qui était un progrès. Voyant cela comme un encouragement, Georgie suggéra une rubrique « Action Woman » à la place – tester une activité différente chaque semaine.

— Roller sur la jetée, balade en tandem, zorbing… tout ce que vous voulez ! déclara-t-elle en croisant les doigts pour que Viv ne lui demande pas ce qu'était le « zorbing », ou ne décide de l'envoyer dans le donjon SM qui faisait sa pub dans l'édition de la semaine précédente.

— Hmm, répéta Viv. Autre chose ?

Elle avait un accent londonien et une voix rauque qui lui donnait l'air de parler en aspirant un panache de fumée.

Georgie déglutit.

« Autre chose » était de loin la réponse la plus favorable qu'elle ait reçue. Quasiment une invitation, comparée à ses deux derniers appels ! Le cœur battant, elle parcourut sa liste d'idées et proposa « Brighton et Hove par le trou de la serrure » où elle explorerait l'envers du décor des lieux les plus emblématiques des deux villes.

— Je pensais au Royal Pavilion, au Palace Pier, et euh… au manoir de Zoe Ball ?

Viv renâcla et Georgie se maudit d'avoir mentionné la maison d'une célébrité. Maintenant elle allait passer pour une fanatique.

— Écoute, la belle, merci d'avoir appelé avec toutes ces idées, mais…

Oh non. Non. Pas le « merci, mais ». Le « mais » était presque immanquablement le précurseur du « bon courage » et « ciao ». Avant même de pouvoir s'en empêcher, Georgie déblatéra l'artillerie des supplications :

— J'écrirai tout ce que vous voulez ! lâcha-t-elle avec désespoir. Et j'ai plein d'autres idées. « Les Toutous de Brighton », sur les animaux et leurs maîtres, dit-elle au hasard, en se souvenant de la popularité de Reggie dans sa newsletter. Euhhh… « Pause dej avec Georgie », une chronique culinaire ; « Cliente Discrète », où je teste les nouvelles boutiques. Je pourrai même porter une caméra cachée. Personne ne me remarquerait !

Il y eut un blanc à l'autre bout du fil, et Georgie se demanda si la rédactrice en chef n'avait pas posé le combiné pour aller faire autre chose. Elle se serait donné des claques d'avoir débité toutes ces bêtises. « Les Toutous de Brighton »… sérieusement ? Qu'est-ce qui lui avait pris de proposer un truc pareil ? Elle perdait son temps, en plus de faire subir ce calvaire à des journalistes sérieux. Peut-être qu'elle ferait mieux de ravaler sa fierté et d'aller postuler dans un café, ou n'importe où pour occuper ses journées. Comme si quelqu'un allait s'intéresser à ses idées débiles !

Puis, à sa plus grande surprise, elle entendit Viv répondre :

— Eh bien… en réalité, on songeait bien à quelque chose. Tu peux passer aux locaux pour qu'on en discute ? Ce serait en free-lance, bien sûr, et autant te prévenir tout de suite : la paie n'est pas mirobolante.

— Je prends ! réagit aussitôt Georgie. Je suis prête à tout.

Une demi-heure plus tard, elle était maquillée, vêtue de son jean le plus élégant et de sa chemise préférée au col pelle à tarte, avec un pendentif étoile en argent pour lui porter chance. *Je vais devenir journaliste,* songea-t-elle avec une nuée de papillons dans le ventre. *Si ça se trouve, je vais vraiment y arriver.* Elle se dirigea vers le centre-ville pour rejoindre les locaux du *Brighton Rocks,* situés juste au-dessus d'une boutique d'antiquités en cristal, dans le quartier des Lanes.

— On va dire que c'est ce qu'on appelle un projet ric-rac, lui annonça Viv de but en blanc.

Les bureaux étaient situés au deuxième étage d'un ancien bâtiment de l'époque victorienne et ne ressemblaient pas vraiment à la salle de rédaction en ébullition qu'elle avait imaginée. C'était une petite pièce éclairée par une lucarne, tout juste assez grande pour contenir deux tables et une chaise sur laquelle s'entassait du courrier non lu. Ce n'était pas non plus ce qu'on aurait pu qualifier de minimaliste : des dizaines de classeurs et de livres s'empilaient sur les étagères, une silhouette en carton de Steve Coogan vacillait dans un coin à côté d'un peloton de plantes à différents stades d'agonie, et un réfrigérateur occupait l'autre coin, sur lequel était scotché un mot : ARRÊTE DE PIQUER MON LAIT DE SOJA. Quoi qu'il en soit, se raisonna Georgie, c'était un changement de décor par rapport au silence de plomb de son propre appartement.

Viv avait la trentaine, les yeux maquillés très noirs, et un T-shirt saumon froissé frappé du slogan BADASS. Son vernis à ongles bordeaux s'écaillait, et elle sentait la clope et le vin de fin de soirée. Georgie repéra sur un meuble une bouteille de claret à demi entamée. Était-ce un sac de couchage replié en boule au fond là-bas ?

— Bon, dit Viv en déplaçant le tas d'enveloppes sur une corbeille dangereusement pleine pour libérer la chaise. Alors, comme ça, tu veux jouer à l'apprentie journaliste. Bienvenue au club, la belle. On ne croise que ça dans cette ville. Un café ?

— Euh…

Du coin de l'œil, Georgie aperçut une collection de tasses crasseuses regroupées près d'un évier d'appoint et décida de ne pas jouer *E. coli* à la roulette russe.

— … non, ça va, merci.

— Comme tu peux le voir, nous sommes une petite structure, reprit Viv, perchée sur le bord du bureau. Il n'y a que moi et un autre temps partiel, Danny, et on fait tout nous-mêmes : la rédaction, la compo, la compta, la pub… tout.

*Le ménage ?* ironisa Georgie, tout en se gardant bien de partager sa blague.

— Ça fait six mois qu'on tourne à l'adrénaline et aux insomnies, et on tire un peu le diable par la queue. Donc, comme je te le disais, ne te fais pas d'illusions sur la rémunération parce qu'on a à peine de quoi se payer un pot de chambre. Mais Danny s'est fait mettre le grappin dessus et cet égoïste de mes deux insiste pour partir en lune de miel, alors on est un peu ric-rac sur la main-d'œuvre ce mois-ci. C'est là que tu entres en jeu.

— Génial ! Je suis partante pour tout.

— Tant mieux, parce que j'ai besoin de quelqu'un pour répondre au courrier du cœur. Mais je ne veux pas la rubrique banale, avec des lettres pleurnichardes et des réponses maternelles et bienveillantes. « Mon copain m'a trompée, snif snif, je suis vraiment mal dans ma peau », singea-t-elle avec mépris.

Georgie se sentit obligée de répondre par un rire désobligeant même si, à titre personnel, elle ne voyait pas le tort qu'aurait une lectrice de se soucier de son petit ami infidèle. Qui n'en verrait pas sa confiance en soi entamée ?

— On veut quelque chose de décalé, de moderne, de drôle, et de très centré sur Brighton, poursuivit Viv en listant chaque adjectif sur ses doigts. Il ne faut pas avoir peur de faire une réponse cassante si la question le mérite, ou de remettre les yeux en face des trous des adeptes de l'autoapitoiement. Notre conseillère du cœur doit être caustique et culottée ; on veut de l'amour vache. Et surtout, on veut que les gens en parlent. « Tu as vu la réponse de cette semaine ? Énorme ! »

Haussant un sourcil d'un air de défi, elle demanda :

— Alors ? T'en dis quoi ?

Georgie sentit une bouffée d'excitation. Sa propre rubrique ! Le rêve ! Et de conseils, qui plus est – parfait. Georgie adorait donner des conseils aux autres, qu'ils le veuillent ou non. À la bibliothèque, ses adhérents passaient leur temps à lui raconter leur vie, et ses amis se confiaient à elle aussi.

— Et ça s'appellerait comment ? « Chère Georgie » ? suggéra-t-elle avec enthousiasme. « Toutes vos questions à Georgie » ? « Rendez-vous avec Dr Georgie » ?

Viv fronça les sourcils, comme si elle débattait intérieurement de la santé mentale de sa nouvelle recrue.

— Hum, non, trancha-t-elle. On pensait à quelque chose de plus tendance, qui nous distinguerait des autres rubriques ennuyeuses à mourir. « Hey M », par exemple.

Un instant, Georgie crut qu'elle avait mal entendu.

— « Hey M » ?

— Oui, c'est plus naturel. Typiquement, « Hey M, j'ai un problème. Hey M, je ne sais pas quoi faire. Hey M, j'ai besoin d'aide ».

Maintenant, c'était à Georgie d'exprimer poliment ses doutes. L'idée lui semblait absolument merdique, mais peut-être était-elle trop provinciale, pas assez ouverte d'esprit. « Hey M, le nom de ta rubrique craint un max. »

— Ah. Donc M, c'est pour… euh… conseillère Mystère ?

Viv la gratifia d'un regard affligé.

— Non. E-M, *Em,* le diminutif d'Emily ou d'Emma.

Georgie devint écarlate et eut l'impression de passer pour l'idiote de service.

— On se dit que ça donne un ton plus sympa, plus abordable. Je vois bien Em comme une citadine d'une vingtaine d'années. Qui n'a pas froid aux yeux, impertinente ; elle dit les choses telles qu'elles sont et ne retient pas ses coups.

Viv sortit un tas de pages imprimées.

— Voilà quelques-uns des problèmes soumis. On a mis une annonce et un teasing dans les derniers numéros. Feuillette, choisis un mail qui t'intéresse, et écris-moi ta réponse. Sois l'incarnation d'Em. Je veux quatre cents mots au total, avec la question d'origine. Pour demain ?

Parcourant les pages, Georgie capta quelques thèmes récurrents – « sexe anal, belle-mère, piercing infecté, mariage, timidité maladive, chat en garde alternée » – et tenta de ravaler la boule nerveuse qui s'était soudain formée dans sa gorge. La vache. On était loin des complaintes de Mrs Harris à la bibliothèque sur son délinquant de petit-fils, ou sur le traumatisme de son amie Mel, dont une collègue venait d'acheter les mêmes chaussures. Elle fut saisie d'un doute. Qui était-elle, pour prodiguer ses conseils à des inconnues ? Qu'est-ce qu'elle connaissait de la vie ? Elle n'était ni mariée ni divorcée, et n'avait pas d'enfants. Elle ne se sentait même pas qualifiée pour savoir à qui revenait la propriété du chat, parce que la seule chose qu'elle savait, c'est qu'il aurait mieux valu choisir un chien.

Non pas qu'elle veuille admettre une faille de confiance en elle, maintenant qu'elle était sur le point de décrocher un véritable boulot de journaliste. Certainement pas !

— C'est parfait, annonça-t-elle avec son sourire le plus bravache. Merci beaucoup. Vous pouvez compter sur moi.

Une poignée de main plus tard, elle sortit du bureau et les rayons tièdes du printemps illuminèrent son visage, comme si on venait de lui confier la clé d'une toute nouvelle porte – d'un territoire tout entier, même. Elle avait une bonne étoile ! Ça, c'était rebondir ! Si Viv aimait son texte, alors le magazine lancerait la rubrique et l'embaucherait pour une période d'essai d'un mois – quatre lettres au total, afin de tester la réaction des lecteurs – même si, comme l'avait annoncé Viv, le salaire en jeu pour chaque texte était relativement misérable. Mais c'était un début, pas vrai ? Une expérience, un passe-temps.

Maintenant, tout ce qui lui restait à faire était de choisir une lettre et de trouver une réponse explosive. *Hey Em, j'aurais besoin de faire bonne impression…*, songea-t-elle avec un sourire niais en traversant la ville. Elle passa devant un groupe de théâtreux aux perruques pastel lancés dans une sorte de performance en extérieur, devant le kebab végétarien à l'odeur irrésistible, devant un musicien qui donnait tout sur du Bob Dylan. *Hey Em, je veux que ça marche, tu sais. Il faut vraiment que j'assure.*

Une vision lui apparut, celle d'Em en personne : une femme avec des cheveux longs, une tonne d'eye-liner, une grande bouche rouge et un rire rauque. Puis, presque immédiatement, elle crut entendre sa réponse claire et franche, et vit les lèvres écarlates s'animer pour lui dire : *Vas-y, ma poule. Fais-toi honneur. Prouve au monde ce dont tu es capable !*

# 4

Charlotte Winters était en réunion. Jusque-là, rien de nouveau sous le soleil ; en tant que notaire chargée de la cession de propriétés chez Dunwoody & Harbottle, sa semaine était remplie de très nombreuses réunions. Mais celle-ci concernait tout le cabinet et les employés avaient été rassemblés – ou plutôt entassés – dans une salle de conférences aux vagues relents de chips goût oignon et fromage… à moins que ce ne soit l'haleine du type debout à côté d'elle – ils étaient tous si serrés qu'elle l'entendait respirer.

Dunwoody & Harbottle était un cabinet d'avocats de taille moyenne, chez qui Charlotte avait commencé à travailler dans sa ville natale, Reading, avant de demander sa mutation dans la branche de Brighton, trois mois plus tôt. Elle pensait alors que tous les cabinets d'avocats au monde avaient la même morosité rassurante, la même routine, et la même pile interminable de dossiers à traiter, mais il ne lui avait pas fallu longtemps pour se rendre compte qu'on faisait les choses très différemment à Brighton. Il y avait d'abord eu la participation de l'entreprise au semi-marathon zombie de la ville. Puis la journée de cohésion à Rye, où les nouveaux employés avaient été forcés de faire la course en sac et de participer à un concours de karaoké « pour faire connaissance ». Pour le jeudi saint, un lapin de Pâques géant – enfin, un malheureux stagiaire déguisé en lapin, supposait-elle – était venu gambader à l'étage avec un panier d'œufs en chocolat, bondissant de bureau en bureau pour les distribuer. Charlotte, qui avait rejoint cette branche avec l'intention de faire profil bas et de se noyer dans le boulot, trouvait troublante toute cette joie forcée. L'esprit de camaraderie, c'était surfait.

— ... comme il nous tient à cœur de vraiment nous *investir* au sein de notre communauté, de jouer un rôle *majeur* dans notre ville, et pas de nous contenter de l'excellent travail que nous fournissons à ses habitants, mais aussi d'apporter un *petit plus*, quelque chose qui ait du *sens*...

Anthony, l'assistant de direction en costume lustré et cheveux gominés, semblait au bord de la crise d'asthme.

— ... je suis ravi de vous présenter Janet Thompson, de l'association Sunset Years, qui est ici pour vous parler du nouveau projet sur lequel nous allons collaborer. Merci, Janet. La parole est à vous.

Après quelques applaudissements polis, une petite femme à l'allure dynamique en tailleur rose pâle se leva avec un grand sourire, et pressa le bouton d'une télécommande pour lancer sa présentation PowerPoint. Sur la première diapo, on pouvait lire *SUNSET YEARS* ET VOUS, et Charlotte sentit monter en elle une appréhension mêlée à un pincement de regret pour les bureaux de Reading, où personne n'attendait d'elle qu'elle fasse quoi que ce soit pour la communauté, à part éventuellement se délester de quelques livres sterling une fois par an au profit d'un hôpital local.

— Bonjour à tous, et merci pour votre accueil.

Janet approchait de la cinquantaine et ses cheveux blond clair étaient coupés en un carré net au niveau du menton. Elle balaya la pièce de son regard perçant.

— Si je suis ici aujourd'hui, c'est pour vous parler de la solitude et des solutions que nous pouvons y apporter. Pour commencer, j'aimerais vous poser la question : est-ce que quelqu'un, ici, s'est déjà senti seul ?

Oh non. De toutes les questions, il avait fallu qu'elle pose celle-ci. Charlotte fit de son mieux pour garder une expression impassible, mais elle sentait la chaleur lui monter aux joues. Est-ce qu'elle se sentait seule ? Dans une ville où elle ne connaissait personne, dans son appartement minuscule au loyer beaucoup trop cher avec vue sur la plage, et dans une rue où, le week-end, on pouvait à peine se frayer un chemin sur les trottoirs parmi la foule d'amis et de familles réunies ? Est-ce qu'elle se sentait seule ? Oh, juste chaque jour et chaque minute. Parfois, elle avait l'impression que la ville tout entière n'était qu'une fête géante et tapageuse à laquelle personne n'avait songé à l'inviter. Mais, bien sûr, elle n'oserait jamais lever la main devant ses collègues pour l'admettre. Même pas en rêve.

Personne n'avait réagi à la question de Janet, et cette dernière hocha la tête avec un sourire entendu.

— Évidemment que vous ne souffrez pas de la solitude ! Vous êtes tous si occupés, entre votre vie sociale, le travail, les soirées et les dîners, et vous êtes si heureux que vous publiez des nouvelles hilarantes de votre quotidien parfait sur les réseaux sociaux, tous les soirs. Regardez comme je m'amuse, je ne me sens pas seule du tout… oui, je sais.

Elle s'interrompit une fraction de seconde, le temps de plisser les yeux.

— Et même si, secrètement, c'était le cas, qui voudrait l'admettre, pas vrai ? Il y a une honte terrible associée à la solitude dans notre société, qui rendrait la personne en apparence la plus sûre d'elle incapable d'un tel aveu. Je me trompe ?

Elle fit une longue pause cette fois, laissant le temps à ses mots d'imprégner l'air, et Charlotte sentit la chaleur s'intensifier sur son visage. C'était comme si Janet parlait d'elle, comme si, d'une minute à l'autre, elle allait la pointer du doigt et déclarer devant toute la salle : « Regardez-la. La petite joufflue aux cheveux marron tristounets. Ça, c'est une femme qui se sent seule. » Même la propriétaire de la résidence avait essayé de caser Charlotte avec son fils apparemment canon – c'est dire à quel point sa solitude était criante.

Se balançant sur ses pieds, elle lança un regard désespéré en direction des fenêtres fermées – était-ce son imagination ou l'air était-il de plus en plus moite dans cette salle de conférence ? Son visage imitait déjà à la perfection un feu de signalisation, et la sueur dégoulinait sous son chemisier blanc bon marché. Si quelqu'un se tournait vers elle à cet instant, il ne manquerait pas de remarquer sa gêne manifeste et son impression d'avoir été démasquée. *Trouvée !* Enfin, pour ça, il faudrait qu'on sache qui elle était. Charlotte avait fait de son mieux pour faire profil bas ici, trouvant des excuses pour éviter les activités hors horaires de travail que l'équipe du management s'escrimait à organiser, prétextant un dossier à boucler chaque fois qu'on lui proposait d'aller au pub à la fin de la journée. Ils ne la connaissaient pas. Ils ne s'intéressaient probablement pas du tout à cette nouvelle timide et mal fagotée qui n'ouvrait jamais la bouche. Un type de l'équipe, Zack, l'avait appelée Catherine pendant trois semaines avant qu'elle ne parvienne à mobiliser le courage nécessaire pour le corriger.

— C'est drôle, vous savez, continua Janet avec un petit rire feint. Je commence toujours mon discours de la même façon, et personne ne lève jamais la main. Jamais. Pas une seule fois ! Mais, à moi, il m'est arrivé d'éprouver de la solitude par le passé. Oh oui. Je me souviens de mon arrivée à l'université, quand ma famille me manquait et que je me demandais si je parviendrais un jour à me faire des amis. De même, quand ma fille est née, et que j'avais l'impression d'être assignée à domicile ; ma vie sociale me faisait l'effet d'une porte qu'on me fermait au nez… là aussi, je me sentais seule.

Elle balaya l'assemblée des yeux, croisant le regard de ceux qui osaient soutenir le sien – c'est-à-dire pas Charlotte, qui s'empressa de fixer ses pieds.

— Je suis certaine que tout le monde ici s'est déjà senti seul dans la vie. On se souvient tous d'une période en particulier, même si on préférerait l'oublier. Ce sont des temps difficiles, douloureux, qui nous plongent dans le malheur et l'incertitude, et on en vient à douter de soi, et de notre capacité à rebondir.

Quelques têtes se baissèrent, et Charlotte crut s'effondrer intérieurement. *Purée, Janet, arrête.* Ce n'était pas exactement le discours le plus motivant qu'elle ait entendu.

— Quant aux personnes âgées, qui trouvent difficile de sortir de chez elles, qui ont parfois perdu leurs proches, ou qui ne travaillent plus et n'ont plus de raison de quitter la maison… pour elles, la solitude peut devenir un véritable handicap. On l'appelle la mort lente, parce qu'elle est tout aussi dévastatrice que le cancer, et peut ronger une personne, jour après jour, détruisant toute sa confiance en elle.

Elle s'interrompit pour donner du poids à ses mots, laissant l'atmosphère sombre s'installer.

— Heureusement, c'est à ce moment que nous intervenons. Et j'ai bon espoir que vous puissiez nous donner un coup de main.

Rayonnante, elle appuya sur la télécommande et une nouvelle diapo afficha le slogan L'AMITIÉ AVEC NOS AÎNÉS surplombé d'une couronne de rayons de soleil graphiques.

Le type à l'haleine de chips s'affaissa derrière Charlotte. Comme elle le comprenait !

— Nous sommes ravis que votre entreprise ait choisi de s'associer à nous dans ce merveilleux projet communautaire. Nous travaillons en étroite collaboration avec la population senior de Brighton pour permettre à autant de gens que possible de voir un visage amical de temps à autre – que ce soit pour papoter autour d'une tasse de thé, pour faire quelques courses à leur place, ou les aider avec des problèmes informatiques qu'ils pourraient rencontrer… même pour les accompagner à un rendez-vous médical. Certains d'entre eux n'ont personne d'autre.

Son sourire s'effaça momentanément.

— Je peux vous assurer qu'une simple visite des Amis des Aînés a le pouvoir de leur remonter le moral. En se serrant les coudes, on peut faire une réelle différence auprès de nos voisins les plus âgés. Alors, bienvenue à bord ! J'espère que vous apprécierez le projet. Je sais que ce sera le cas pour nos clients.

— Merci, Janet, conclut Anthony avec un signe de tête respectueux avant d'encourager les applaudissements de la salle.

Les mains roses et lisses d'Anthony se rejoignirent en un claquement léger et poli, comme si elles se connaissaient à peine. Puis il se tourna vers le reste de l'assemblée.

— Vous vous demandez probablement comment tout cela va fonctionner.

Il y eut quelques mines exaspérées et de l'agitation au fond de la salle.

— Dès la semaine prochaine, nous allons vous affecter un senior de la ville, à moins que vous ne préfériez élire votre propre victime – je veux dire, votre propre participant, ah ah. Ensuite, nous quitterons une heure plus tôt tous les vendredis, et ce pour les trois prochains mois, afin que vous puissiez passer du temps avec cette personne. Établir une relation d'amitié, dit-il avec une bienveillance hypocrite. Pour ma part, j'ai vraiment hâte d'embarquer pour cette nouvelle aventure.

— Crétin, marmonna l'homme à l'haleine de chips.

— J'ai ouvert un document qui comporte tous les détails de ce partenariat sur le serveur commun, poursuivit Anthony. Merci encore d'être venue, Janet. Pour les autres, vous pouvez retourner travailler à présent. Merci à tous.

— Super, grogna une femme devant Charlotte alors que chacun regagnait son bureau. Un stage en maison de retraite. Merde alors, ils ne peuvent pas nous laisser faire notre job tranquilles ?

— Je ne connais même pas de vieux, se plaignit une femme en balançant sa chevelure par-dessus son épaule, manquant de fouetter le visage de Charlotte au passage. Je vous parie qu'on ne va pas aller embêter les associés avec ces conneries. Non, mais ça va pas la tête ?

Charlotte s'installa à son poste et réanima son écran, sirotant le café qu'elle avait abandonné et qui était maintenant parfaitement froid. Tout le monde semblait se plaindre de la nouvelle initiative et du temps perdu. Elle, au contraire, avait presque hâte d'en être. Comment réagiraient ses collègues si elle leur avouait que cette heure hebdomadaire avec une personne âgée représenterait la seule interaction sociale de sa pauvre petite vie solitaire ?

Imaginant les regards de pitié horrifiée dont on la gratifierait, elle ne dit rien et, comme d'habitude, préféra se noyer dans le travail.

C'était une belle journée ensoleillée, et l'air était encore bon quand Charlotte se dirigea vers son appartement ce soir-là, avec une salade au halloumi et un cheesecake industriel de chez Waitrose, juste au cas où elle aurait encore faim après le dîner. (Soyons honnêtes, elle avait toujours de la place pour un dessert.) Son regard se perdit au loin, dans le bleu tranquille de la mer sur lequel les rayons jaunes du soleil venaient scintiller. *Chuuuuut*, disaient les vagues, comme gardant un secret. *Chuuuuut.*

Voyons voir… on était jeudi, songea-t-elle à l'approche de Dukes Square. Jeudi rimait avec repassage et poussière, poubelles du recyclage à sortir, et la nouvelle série sur Channel 4. Grosse soirée ! Elle s'était mise à tout repasser depuis son déménagement, c'était une manière de se détendre, et de passer le temps. Quant à la poussière… on serait surpris de voir tout ce qui s'accumule en une semaine sur une plante orpheline et un meuble de télévision. Sans compter qu'elle allait devoir caser la promenade digestive le long de la mer qu'elle se jurait tous les jours d'intégrer bientôt à sa routine. Elle avait acheté des baskets qui n'avaient pas quitté leur boîte, soigneusement rangées hors de vue sous le lit. À une époque depuis longtemps révolue, elle avait été le genre de femme à fréquenter les cours d'aérobic, à faire du vélo, et à aligner sans souci une cinquantaine de longueurs à la piscine avant d'aller au travail. Mais ces derniers temps, une couche moelleuse de graisse enveloppait son corps et avait fait disparaître ses pommettes. Elle avait pris une taille de pantalon. Et alors ? songeait-elle amèrement chaque fois qu'elle devait rentrer le ventre pour fermer une boutonnière. Personne n'en avait rien à faire, de toute façon.

En approchant de la résidence SeaView House, Charlotte repéra une femme voûtée aux cheveux argentés et imper noir devant la porte, insérant la clé dans la serrure. Piquée de curiosité, Charlotte se pressa pour gravir les quelques marches avant que la porte ne se referme. Elle vivait au 11 Dukes Square depuis trois mois et n'avait croisé qu'une seule résidente, une femme aux cheveux roux vif appelée Jo, du rez-de-chaussée, et qui lui avait proposé un café à deux occasions. Malheureusement, chaque fois Charlotte s'apprêtait à sortir et était déjà en retard – la première fois pour participer à « la journée du fun » tant redoutée avec ses collègues et la seconde pour attraper un train pour Reading à l'occasion de l'anniversaire de sa mère. Elle avait dû fuir en s'excusant. Même si Jo semblait très aimable, Charlotte n'avait pas osé frapper à sa porte et honorer cette invitation à prendre un café parce que… eh bien, elle n'avait pas vraiment de raison valable, à part qu'elle perdait ses moyens ces derniers temps lorsqu'il s'agissait de toquer à la porte des gens et de faire la conversation. Les discussions semblaient toujours mener à des questions gênantes, c'était plus facile de rester seule.

Elle envisageait déjà de battre en retraite sur le perron, la timidité reprenant le dessus, mais la femme retint la lourde porte en bois au prix d'un effort.

— Bonjour, dit-elle avec un soupçon d'accent étranger – français ? – à peine décelable.

Elle était si petite et menue qu'on aurait dit que la brise marine allait l'emporter.

Vous habitez ici, ou vous espérez juste profiter de la faiblesse d'une vieille dame pour entrer par effraction ?

Charlotte esquissa un sourire.

— J'habite ici. Charlotte Winters, appartement 4.

Elle leva son trousseau, comme s'il prouvait quoi que ce soit.

— Ahh, dans ce cas, vous feriez mieux d'entrer.

Quand elles furent toutes les deux à l'intérieur et que la porte se referma dans un claquement étouffé, la femme lui tendit une main fine au poignet orné d'un semainier en or dont les joncs tintaient.

— Margot Favager. Appartement 5, tout en haut. Toutes ces marches, un calvaire !

Elle avait le visage ridé, mais ses cheveux gris étaient coupés dans un carré moderne au niveau du menton, avec une petite frange. Ses paupières étaient poudrées d'un fard lilas qui faisait ressortir le bleu de ses yeux. Pour compléter le style élégant de son imper noir, elle portait un foulard à imprimé Liberty, des bottines noires, et un grand sac à main en cuir vernis au fermoir vintage.

Charlotte serra la main de la minuscule Margot Favager, se sentant plus pataude et mal fagotée que jamais. Si une femme de l'âge de sa grand-mère parvenait à avoir l'air plus classe qu'elle, tout espoir était perdu. Elle doutait que Mme Favager ait déjà englouti un cheesecake industriel entier, avec ou sans larmes silencieuses roulant sur ses joues. Elle se sustentait probablement de thé de Chine et de petits-fours délicats, à raison d'un par an, grignoté par-ci par-là.

— Ravie de faire votre connaissance, lui dit-elle alors qu'elles traversaient l'entrée.

Si on lui avait laissé le choix, elle se serait précipitée dans l'escalier pour se réfugier chez elle, tant elle était devenue incompétente en matière de conversation anodine. Mais, bien sûr, ç'aurait été extrêmement malpoli, et la mère de Charlotte lui avait enseigné les bonnes manières. Alors elles montèrent côte à côte, Charlotte opérant une bifurcation tactique vers la droite pour que la vieille dame puisse s'aider de la rampe si besoin.

— Est-ce que vous voulez que... euh... je porte quelque chose ? proposa-t-elle en se souvenant du projet d'accompagnement des seniors.

— C'est très aimable à vous, mais tout va bien, merci. Je ne suis pas encore morte. Parlez-moi plutôt de vous. Charlotte, c'est bien ça ? Vous vous plaisez à SeaView House ?

— Beaucoup, merci. Je suis ici depuis plusieurs mois maintenant. C'est... charmant, répondit vaillamment Charlotte, en essayant de ne pas penser à sa maison avec Jack, à Reading, et à son immense jardin luxuriant, sa cuisine tout équipée, et à la petite chambre de Kate à l'étage, décorée d'une frise Winnie l'Ourson et meublée du couffin neuf dans lequel elle n'avait pas eu le temps de dormir.

*Ne pense pas à ça maintenant.*

— Oui, c'est charmant, répéta-t-elle avec plus d'aplomb.

— Je suis ravie de l'entendre. Je vis ici depuis vingt ans maintenant, rendez-vous compte, et j'ai vu beaucoup de monde passer par cette villa. Certains ont l'air d'y échouer avec la marée.

Elle plissa les yeux en dévisageant Charlotte.

— Mais ensuite ils reprennent vie et repartent vers des horizons plus beaux. En tout cas, c'est souvent comme ça que ça se passe. Sauf pour moi, bien sûr. Et ce n'est plus à mon âge que je vais déménager. Ma prochaine maison, ce sera… le mot m'échappe… Ce trou, là.

— Euh… une tombe ? suggéra Charlotte en espérant avoir mal compris.

— Ma tombe ! oui ! C'est bien ça. Ha ! Ça fera du boulot de déménager mon cercueil dans ces escaliers, pas vrai ? Ils auront de quoi se plaindre, non ?

Charlotte tenta de sourire, sans savoir quelle réaction était la plus appropriée face à une vieille dame qui plaisantait sur son dernier voyage en cercueil.

— Euh…

Elle opta pour un rire poli.

— Je suis sûre que ça fait partie du contrat. Pour les… hum… gens des pompes funèbres. Je veux dire…

Elle s'interrompit, regrettant d'avoir ouvert la bouche.

— Oui. C'est au contrat. Pas le travail le plus agréable qui soit, malgré tout.

— Non.

*Quelle cata, comment en est-on arrivées à une conversation pareille ?* songea Charlotte dont les joues chauffaient sous l'effet de la gêne. Heureusement qu'elles arrivaient presque au premier étage, où elle pourrait prendre la poudre d'escampette.

Le regard vif de Margot se posa à nouveau sur elle.

— Et vous avez réussi à vous faire des amis ici ? La vie en bord de mer vous rend heureuse ?

— Ah ! euh... vous savez, je vois du monde au travail et...

La voix de Charlotte traîna avant de s'éteindre et elle se réfugia dans la contemplation du tapis qui recouvrait la dernière marche.

*Non*, songea-t-elle avec embarras. *Non, je ne dirais pas que je suis heureuse. Mais après tout, je ne l'étais pas non plus à Reading, pas vrai ?*

— Je vois.

L'expression de Margot s'adoucit alors qu'elles atteignaient le palier et que Charlotte plongeait la main dans son sac. Heureusement, le supplice touchait à sa fin. Elle décida de ne pas vexer la très chic et indépendante Margot en lui proposant de participer au projet Sunset Years ; la vieille dame y verrait probablement une insulte. Elle pourrait même lui flanquer une raclée avec son sac à main gigantesque.

— En tout cas, c'était chouette de..., commença Charlotte.

Mais Margot parla au même moment :

— Vous devriez passer prendre le thé. Peut-être ce week-end, quand vous serez moins occupée.

Charlotte se sentit virer au rose foncé. C'était comme si sa voisine avait parfaitement compris qu'elle passait ses soirées à faire le ménage et à grignoter devant des programmes télé abominables.

— Merci. Avec plaisir, répondit-elle avec un sourire poli. Bon, je ferais bien de… à bientôt.

— Avant que vous ne partiez…

Margot plongea à son tour la main dans son propre sac à main et en retira un petit porte-monnaie en cuir noir. Elle ouvrit la glissière et en sortit une pièce d'une livre.

— Tenez. C'était un plaisir de faire votre connaissance.

— Oh.

Charlotte resta perplexe devant la pièce au creux de sa paume. C'était comme rendre visite à une grand-tante et recevoir en échange de l'argent de poche. L'esprit de Margot était peut-être un peu moins vif qu'elle ne l'avait estimé.

— Vous êtes sûre ? Non, je ne peux pas…

Mais Margot balaya ses protestations d'une main.

— J'insiste. Au revoir.

Elle traversa le palier pour rejoindre la volée de marches suivante.

— Oh, répéta Charlotte, légèrement déboussolée. Eh bien, merci. C'est très gentil.

Elle hésita avant de glisser la pièce dans sa poche, et lança :

— J'en ferai bon usage !

Margot se retourna et sourit. Toute la beauté qu'elle avait dû incarner dans sa jeunesse apparut dans le sourire qui illuminait son visage.

— Je n'en doute pas. À très vite.

Puis elle disparut, laissant Charlotte insérer maladroitement sa clé dans la serrure pour se réfugier dans le sanctuaire silencieux de son petit appartement.

Voilà. Rentrée. En sécurité. Elle s'adossa contre la porte, les yeux clos en essayant de ne pas penser au fait qu'une vieille dame l'avait tellement prise en pitié qu'elle avait tenté de nouer un lien, et non l'inverse. Puis elle prit une profonde inspiration, suspendit sa veste, rangea soigneusement ses chaussures à leur place dans l'entrée, et s'astreignit à préparer les divers éléments du dîner. Hop, hop, hop. Il y avait des choses à faire. Le tout était de rester occupée.

Elle allait très bien, s'intima-t-elle avec toute la force de conviction dont elle était capable. Tout allait très bien. En dépit de ce que Margot Favager semblait penser, Charlotte Winters allait très bien, un point c'est tout.

# 5

Rosa tamisa la farine dans le saladier et la regarda tomber en flocons sur l'appareil crémeux et jaune, avant de l'incorporer délicatement. La pâtisserie était sa magie préférée : l'alchimie des ingrédients, le processus apaisant de mesure et de mélange, le parfum qui se développait au four. Elle ajouta une cuillerée à soupe de lait puis une cuillerée à café d'extrait de vanille et, après un dernier tour de maryse, elle répartit le contenu du saladier dans deux moules ronds en fer beurrés et les enfourna. Au moment de lancer le minuteur sur son téléphone, elle nota que la fille de Jo devait rentrer dans l'heure. Rosa n'avait pas la moindre idée de comment s'occuper d'une adolescente, mais une chose était sûre : une part de gâteau maison pouvait s'avérer d'un grand réconfort en cas de crise.

Tout allait mieux en cuisinant – il fallait vraiment qu'elle fasse floquer ce credo sur un T-shirt. Quand son premier petit copain Jon (poète torturé aux cheveux longs) l'avait larguée, elle avait fait de la pâtisserie pendant deux semaines sans discontinuer – brownies, tartes, pains, génoises – comme si sa vie en dépendait. À la mort de sa grand-mère, elle avait passé une semaine chez sa mère à mitonner lasagnes et autres ragoûts, des plats réconfortants et familiaux pour accompagner leur tristesse. Après la séparation avec le petit copain numéro deux, Peter le Menteur, elle avait foncé tête baissée dans des ambitions culinaires plus grandes, tagliatelles maison et pâte feuilletée. Des croissants, même. Et maintenant, elle le prouvait encore une fois en travaillant à plein-temps dans une cuisine après sa rupture amoureuse la plus dévastatrice. Mais ça l'aidait. Elle se sentait un peu mieux grâce à ça. Et tout le monde voyait son moral remonter avec un peu de génoise et de crème au beurre, pas vrai ?

En pleine vaisselle, Rosa entendit des pas légers au-dessus de sa tête. Quelqu'un était rentré dans l'appartement du premier étage. Elle n'avait pas rencontré les nouveaux voisins, mais elle les avait entendus : le mobilier qu'on déplace, une voix flûtée sur la radio, une dispute explosive un jour, et des ébats tout aussi sonores le même soir. Aujourd'hui, la voix d'une femme chantait « *I Feel Pretty* » à tue-tête, assez faux, pour accompagner le rugissement d'un aspirateur. Rosa sourit brièvement, avec un peu d'amertume en se souvenant de la voisine de Max à Londres, soprano semi-professionnelle qu'on entendait répéter les soirs d'été, quand les fenêtres restaient grandes ouvertes. Vivait-il toujours là-bas pour maintenir les apparences ? Cette question revenait pour la centième fois dans sa tête, et fut immédiatement accompagnée de l'image de son corps élancé alors qu'il…

Le saladier en céramique savonneux lui glissa entre les doigts et atterrit avec fracas sur la paillasse en inox. *Non*, s'intima-t-elle. *Oublie-le.*

Une fois les deux génoises cuites pour le *Victoria sponge cake*, puis mises à refroidir sur une grille, il restait vingt minutes à Rosa avant l'arrivée de Bea. L'appel de l'ordinateur portable s'exerça sur elle avec la force d'un aimant. *Juste un rapide coup d'œil*, se dit-elle. Cinq minutes, pas plus. Son secret honteux.

La page Facebook apparut dans les plus visitées, plus encore que sa boîte mail et que Netflix. Non, ce n'était pas une intrusion dans la vie privée d'une autre, absolument pas. Était-ce de sa faute si Ann-Marie était stupide au point de laisser son profil public ? Comme si elle voulait que tout le monde soit témoin de sa vie parfaite. Elle accueillait avec joie les curieuses qui venaient s'inspirer de l'immense honneur et de la chance d'être Ann-Marie Chandler. *Allez, venez voir, et ne soyez pas trop jalouses ! C'est dur, hein ? Dommage pour vous.*

La belle, la parfaite Ann-Marie avait trente-sept ans, ce qui lui en faisait deux de plus que Rosa – même si (et c'était immensément agaçant) elle semblait plus jeune, plus heureuse, et plus photogénique. Peut-être était-ce le résultat d'une vie de rêve : cernes et rides photoshopés comme par magie, mains douces et délicates qui n'ont jamais eu à faire la vaisselle ou éplucher une patate pendant toute cette existence bénie des dieux. Peut-être que le corps vieillissait différemment dans ce village bucolique des Cotswolds, au milieu d'un jardin immense, au volant d'une Land Rover Discovery, et avec deux bambins blonds rayonnants, Josh et Mae (aussi connus comme « mon petit homme » et « ma petite princesse »). Oui, ça devait être sympa de mener une vie tout droit sortie d'un catalogue Boden : tous ces petits déj au café avec des amies, leurs enfants sages comme des images, les vallées verdoyantes en fond, et...

*Non mais ça va pas, arrête, Rosa !* songea-t-elle soudain, écœurée par sa propre amertume. Cet espionnage de la vie d'Ann-Marie était contre-productif, et lui faisait du mal pour rien. À chaque rafraîchissement de la timeline, elle sentait ses entrailles se nouer et sa santé mentale vaciller. Et tout ça pour quoi ? Dix minutes d'informations croustillantes à mépriser ? Une poussée de colère pour alimenter le brasier qui la dévorait ? Rosa s'était transformée en une personne horrible et vindicative qui en venait à espérer qu'Ann-Marie s'étranglerait à mort avec ses cookies maison (#tropbon !), ou que son précieux Josh et son adorable Mae soient retrouvés flottant inanimés sur le ruisseau idyllique qui traversait le jardin des Chandler. Non, elle ne leur souhaitait pas ça, se reprit-elle. Elle n'était pas complètement sociopathe. En tout cas pas encore.

Quoi de neuf dans le monde merveilleux d'Ann-Marie, cette semaine ? Comme c'est chou, elle avait emmené Mae à un pique-nique de nounours. Un pur bonheur. Des photos, bien sûr, de Mae en adorable robe rose avec gilet assorti (de couturier, forcément) et de ses baskets à paillettes qui coûtaient certainement autant que les Nike Air de Rosa.

*Hashtag-connasse*, pensa Rosa en fronçant le nez devant la page qui défilait.

Oh, et voilà Joshie le surdoué de sept ans, le « petit homme » d'Ann-Marie, en uniforme d'école privée hideux avec chapeau ! Rien que le meilleur pour la famille d'Ann-Marie, n'est-ce pas ? Dans trente ans, l'enfant serait probablement en train de diriger le monde, pensa-t-elle en continuant à scroller.

Ahh. N'était-ce pas adorable ? Un week-end romantique pour Ann-Marie et son mari David ! Le séduisant David à la mâchoire carrée, ou « mon homme », comme elle le désignait. N'était-ce pas mignon tout plein ? Quelle chanceuse, cette Ann-Marie ! Rosa leur souhaitait de choper une intoxication alimentaire en commandant au room service de l'hôtel. Quel dommage qu'ils ne séjournent pas au Zanzibar, ça serait une sacrée coïncidence, pas vrai ?

Rosa fut interrompue dans ses rêvasseries mesquines par un coup léger frappé à la porte, et elle s'empressa de rabattre le clapet de son ordinateur. Son cœur battait à tout rompre et, portant sa main à sa poitrine, elle sentit ses percussions résonner. Du calme, ma belle. Ce n'est qu'un profil Facebook débile. Ce serait le comble de l'ironie si après ses pensées assassines c'était elle qui succombait à une crise cardiaque foudroyante.

— J'arrive ! lança-t-elle.

Mince, ce devait être la fille de Jo. Il fallait qu'elle se reprenne pour gérer cette nouvelle cata.

— Salut, dit-elle d'un ton hésitant en ouvrant la porte. Bea, c'est ça ? Moi, c'est Rosa.

— J'ai vu votre mot, dit la gamine au menton tremblotant.

Rosa la laissa entrer. Plus emmêlée et indomptable que jamais, sa chevelure rousse lui tombait sur un œil et son vernis à ongles mauve s'écaillait. Le col du blazer de son uniforme d'écolière était couvert de badges en tous genres. « Les gens normaux me font flipper », disait l'un d'entre eux. « Équipe d'Intervention Anti-Zombies », revendiquait l'autre.

— Qu'est-ce qui s'est passé ? Comment ça, Maman est à l'hôpital ? Elle a fait une crise d'asthme, ou bien quoi… ?

— Elle… euh… pour être honnête, je ne sais pas vraiment.

Rosa réalisa, trop tard, qu'elle aurait dû appeler l'hôpital afin de glaner des informations pour l'adolescente. Au lieu de ça, elle avait été trop occupée à cracher sur la vie virtuelle d'une autre pour s'occuper d'un vrai problème qui méritait son attention. Ce qui faisait d'elle une personne abominable en d'autres termes.

— Je suis arrivée au moment où les ambulanciers l'emmenaient, tout s'est passé très vite. Elle m'a demandé de m'occuper de toi, alors…

— Et vous n'avez même pas pris la peine de savoir ce qu'elle avait ? Qu'est-ce qui s'est passé ? Putain !

Bea lui lança un regard noir de colère. Sa crinière rousse se hérissait presque d'indignation.

— Je suis désolée, dit Rosa avec une pointe de culpabilité.

Après avoir passé tant de temps dans sa bulle solitaire, elle manquait d'entraînement en vie sociale et n'avait aucune idée de comment parler à une adolescente rebelle. C'était comme récupérer un animal sauvage sur son palier, qui la toiserait, imprévisible.

— Bon, entre un instant. Laisse-moi passer un coup de fil à l'hôpital et me renseigner. Je vais voir si on peut aller lui rendre visite.

La colère de Bea redescendit d'un cran alors que Rosa allait chercher son portable.

— O.K., marmonna-t-elle en rongeant un de ses ongles mauves.

Trois minutes plus tard, Rosa avait parlé à une infirmière et appris que Jo était « stable », mais allait passer la nuit à l'hôpital. Elle pouvait recevoir des visites, sur les horaires autorisés, soit avant vingt heures.

— O.K., dit aussitôt Bea en tournant les talons. J'y vais.

— Oh, mais…, commença Rosa, prise de court par la gamine qui hissait son énorme sac de livres sur son dos et s'éloignait vers la porte.

Il y avait quelque chose dans la raideur de ses épaules – contractées et voûtées, irradiant de tensions – qui lui donnait soudain une vulnérabilité de petite fille. *Je n'ai besoin de personne !* semblait-elle dire. Sauf que le contraire était évident.

Rosa songea aux deux disques de génoise jaune pâle qui devaient avoir refroidi, prêts à être assemblés, et à la poche à douille remplie de glaçage. Mais elle avait promis à Jo de prendre soin de sa fille, alors le *Victoria sponge cake* allait devoir attendre.

— Je t'emmène, dit-elle en attrapant ses clés de voiture et en s'empressant de la suivre.

Jo était dans une salle au bout d'un long couloir qui résonnait. L'appendicite, les avait informées une infirmière à leur arrivée à l'accueil, avec une intervention chirurgicale imminente. Ça ne présageait rien de bon, songea Rosa en essayant de mobiliser des connaissances de biologie qui dataient de l'école. Elle n'était même pas sûre de savoir exactement où se trouvait l'appendice, mais elle savait que, lorsqu'il était en crise, il pouvait être très douloureux. Une opération… Pauvre Jo ! Combien de temps fallait-il pour s'en remettre ? se demanda-t-elle en jetant un coup d'œil inquiet à la gamine maussade. Garder la gosse d'une inconnue pendant quelques heures était une chose, mais pour toute la nuit – et potentiellement plus longtemps –, c'était une tout autre responsabilité. Quelque chose lui disait qu'il faudrait plus qu'une part de *Victoria sponge cake* pour amadouer cette invitée-là.

— On peut lui parler ? demanda Bea à l'infirmière d'un ton hostile, comme prête à défendre son droit de voir impérativement sa mère.

— Bien sûr que vous pouvez, répondit l'infirmière sans réagir à la posture agressive de l'adolescente.

L'infirmière était plus jeune que Rosa et avait des cheveux châtains bouclés et un visage généreusement saupoudré de taches de rousseur.

— On a dû lui administrer une bonne dose d'antidouleurs, alors elle ne sera pas très éveillée, mais c'est pour son confort en attendant son tour. Suivez-moi.

Jo dormait quand elles arrivèrent auprès de son lit, à l'intimité assurée par un rideau tiré. Son visage avait une teinte verdâtre qui contrastait avec la chevelure rousse étalée sur l'oreiller.

— Maman, dit Bea doucement en approchant du lit. Maman ?

Jo remua un peu et marmonna à peine, mais ses paupières restèrent closes. Une larme roula sur la joue de Bea et atterrit sur les draps blancs et amidonnés, y imprimant une tache mouillée.

Maman, c'est moi, réveille-toi, souffla-t-elle avec des trémolos dans la voix.

Mais Jo ne bougea pas.

— Tu veux un mouchoir ? J'en ai probablement quelque part dans mon…, dit Rosa en fouillant dans son sac.

Bea lui accorda à peine un regard et s'avachit sur une chaise.

Rosa s'agita nerveusement. Bon, et maintenant ? Elle se souvint avec une pointe de regret de son programme pour cette journée de congé – le plaisir d'un café en terrasse, le lèche-vitrine au soleil, l'oisiveté. En déménageant à Brighton, elle s'était volontairement coupée de sa vie sociale. C'était ce à quoi elle aspirait : rester seule sans son coin, sans avoir personne d'autre à qui penser. Et la voilà qui se retrouvait à l'hôpital, le nez irrité par l'odeur du gel hydroalcoolique, avec en fond sonore les pleurs discrets d'un patient dans le lit voisin – sans compter la gamine dont elle était devenue responsable contre son gré. Sortie de force de sa bulle, Rosa n'avait aucune idée de la conduite à adopter. *C'est toi l'adulte, ici. Prends le contrôle de la situation.*

— Tu veux que je vous laisse toutes les deux un moment ? proposa-t-elle en finissant par rompre leur silence.

— Pour quoi faire ? Pour qu'on puisse discuter tranquille ? Euh… j'ai pas l'impression que ce soit au programme, rétorqua Bea en désignant la forme immobile sous le drap.

Rosa se sentit rougir. *Écoute, rien ne m'oblige à être là, gamine. C'était mon après-midi de repos, merci bien, et j'ai mille choses plus intéressantes à faire que de traîner à l'hôpital pour te chaperonner et essuyer tes sarcasmes.*

Comme pour la contredire, Jo entrouvrit un œil, et murmura :

— Bea ?

Aussitôt, l'adolescente se précipita pour lui prendre la main.

— Maman ?

Rosa l'interpréta comme un signe qu'il fallait leur laisser de l'intimité.

— Je t'attends dans le couloir, dit-elle en passant derrière le rideau.

À part ce bref moment de conscience, Jo n'était pas vraiment revenue à elle, et après une vingtaine de minutes, Bea battit en retraite.

— Tu veux que je prévienne tes grands-parents, ou ton père ? proposa Rosa alors qu'elles retrouvaient leur chemin dans le dédale de couloirs pour rejoindre le parking.

Certes, c'était à elle que Jo avait demandé de garder sa fille, mais ce n'était qu'une question de hasard. Il y avait forcément un adulte plus adapté pour s'occuper de Bea. Quelqu'un que Bea préférerait voir, qui plus est. Et puis, sans vouloir paraître insensible, Rosa avait hâte de se renfermer dans sa bulle solitaire et paisible.

Bea tourna la tête vivement, alarmée.

— Pourquoi ? Vous croyez qu'elle va, genre, mourir ?

— Non, non ! Je voulais dire, pour aider, pour s'occuper de toi. Pour t'accompagner quand tu voudras lui rendre visite.

— Ah. Bof. Mon père est un loser, ses parents vivent en Nouvelle-Zélande, et mes autres grands-parents nous détestent. Donc en gros, non.

— Ah.

Elles venaient d'atteindre le parking et Rosa tendit le cou, en essayant de se souvenir de son emplacement.

— Et des tantes ? Ou de la famille ? Des amis ?

Bea fourra ses mains dans ses poches.

— Je veux juste rentrer à la maison, marmonna-t-elle. Je peux très bien me débrouiller toute seule. J'ai quatorze ans, quand même.

— Euh…, commença Rosa.

Mais l'expression de Bea était si révoltée qu'elle renonça à la contredire.

— On en reparlera plus tard, trancha-t-elle, se sentant largement dépassée par la situation.

Voilà ce qui arrivait quand on se mêlait aux autres, songea-t-elle sombrement. Elle repéra enfin la voiture et se dirigea vers elle. La confrontation, les difficultés, le stress… Pourquoi, mais pourquoi n'avait-elle pas pris un chemin un tout petit peu plus long pour rentrer chez elle cet après-midi-là ? Elle se serait épargné tout ça. Pourquoi le reste du monde ne pouvait-il pas la laisser vivre tranquille dans son coin ?

L'habitacle était rempli d'un silence pesant. Bea se frottait les yeux de temps en temps, et tournait résolument le visage vers la vitre, afin – supposait Rosa – de lui cacher ses larmes. Une averse soudaine vint fondre les couleurs du paysage, et Rosa alluma les essuie-glaces, les phares et la ventilation, un bouton après l'autre, la tête remplie des souvenirs de Max qui aimait tant l'orage. Il était de ceux qui éclatent de rire et offrent leur visage à la pluie lorsque des torrents les surprennent plutôt que de se réfugier dans le café le plus proche (comme le ferait Rosa). Max était une vraie tête brûlée. Impulsif, imprudent, enclin aux preuves d'amour spectaculaires, aux élans passionnés, aux cadeaux hors de prix. Mais, bien sûr, Rosa savait à présent que ce n'était que de la poudre aux yeux, une illusion habile pour détourner l'attention de sa noirceur intérieure.

« J'aurais juré avoir croisé Max, aujourd'hui, sur King's Road », lui avait dit Catherine avec l'expression de l'innocence incarnée. Elle souriait, comme si c'était une excellente nouvelle, comme si elle était heureuse pour Rosa. « Il est rentré plus tôt d'Amsterdam ? » Et Rosa n'avait pas fait le lien, sur le moment. « Si seulement ! » avait-elle dit en grimaçant. Elles étaient au Pitcher and Piano, juste en bas de la rue où se trouvaient les bureaux, calées dans un canapé en cuir mou, un peu trop bas pour être confortable, à siroter des cocktails au gin. « Il rentre demain soir, avait-elle précisé en faisant tournoyer les glaçons avec sa paille. J'ai hâte ! »

Quelle idiote. Quelle abrutie, naïve comme pas permis. Rosa écrasa le frein à l'approche du feu de croisement. Les essuie-glaces grinçaient en balayant la pluie au rythme du poing serré de Bea qui martelait son siège.

— Je ne veux pas aller chez mon père. Je ne veux pas. Vous n'allez pas me forcer, hein ? C'est un gros con.

Rosa enclencha le clignotant à droite pour s'insérer sur Dukes Square et resta muette. Elle ne voulait pas avoir à fixer les règles avec une gamine qu'elle connaissait à peine et qui, sous ses airs maussades et rebelles, était visiblement fragile. Mais en même temps, en tant qu'adulte, c'était à elle de prendre les décisions.

— Qu'est-ce qui s'est passé avec tes grands-parents ? demanda-t-elle pour éviter de répondre immédiatement.

« Ils nous détestent », avait dit la gamine en marchant vers la voiture, mais Rosa avait supposé que c'était l'expression mélodramatique d'une ado. Ça ne pouvait pas être littéral, si ?

— Ils ne s'entendent pas avec Maman, expliqua Bea en desserrant à peine les lèvres. Déjà, parce qu'elle a fait son coming out et qu'elle a largué papa pour une femme, alors qu'ils sont super religieux, du genre à essayer de convertir tout le monde et à nous forcer à prier avec eux et tout. Ils se disent chrétiens, mais ils n'aiment pas les gays… Sérieusement, je ne comprends pas le principe. Je croyais que la base du christianisme, c'était l'amour et le pardon – en tout cas, c'est ce qu'on nous répète au caté.

— Quelles conneries…, grogna Rosa sans réfléchir. Désolée, je veux dire…

— Oh, non, pas grave. Ils sont horribles. Je ne vois pas comment Dieu pourrait être d'accord avec des gens si mauvais.

Elle serra et desserra les poings sur ses genoux, alors que la pluie martelait le toit de la voiture.

— Et aussi, ils en veulent à Maman parce qu'on s'est barrées en Inde, mais j'ai failli mourir là-bas alors on a dû rentrer, et là ils l'ont engueulée comme jamais et ils lui ont dit qu'elle était une mauvaise mère, incapable de s'occuper de moi correctement.

Malgré son ton dédaigneux, la voix fébrile de Bea trahissait sa vulnérabilité.

— C'est un peu dur, comme remarque.

— Ouais. Mais ils prient pour notre salut, alors tout va bien, renchérit Bea avec une expression féroce. Et ils nous envoient des trucs de temps en temps, genre une housse de coussin sur laquelle mamie a brodé : « Le repentir est la voie du salut. »

— Putain…, lâcha Rosa en oubliant encore une fois de surveiller sa langue devant l'adolescente.

Elle s'inséra sur une place de stationnement, tira sur le frein à main, et déclara sans ciller :

— Eh bien, de très charmantes personnes. Tu es vraiment sûre de ne pas vouloir t'installer chez eux ?

— Non, je…, s'emporta Bea avant de se rendre compte que Rosa plaisantait. Ah, ah, ah.

Elle leva les yeux au ciel. Était-ce l'imagination de Rosa, ou avait-elle vu sa colère baisser d'un iota ?

— Bon, du coup, j'imagine que tu vas rester chez moi ce soir.

Rosa tenta de retenir un soupir. L'idée de voir son appartement peuplé d'un autre être humain la gênait, mais elle ne voyait aucun moyen de l'éviter.

— Allez, on y va.

Elle coupa le moteur et fit de son mieux pour prendre une voix enthousiaste.

— Au fait, j'ai fait du gâteau. Tu aimes ça ?

Bea haussa les épaules pour prouver son indifférence.

— Ça passe, marmonna-t-elle.

Puis elle se reprit, regarda Rosa et, avec un petit signe de tête, avoua :

— Oui, O.K. J'aime bien ça.

# 6

— Restau, ce soir ! lança Georgie quand Simon rentra du boulot. J'ai une grande nouvelle !

Simon, dont les cernes violacés s'agrandissaient après une série de réveils à six heures du matin, poussa un soupir exaspéré.

— C'est toi qui invites, j'espère ?

Il se débarrassa de sa veste et détendit le nœud de sa cravate, prouvant qu'il n'avait l'intention de sortir nulle part. Avec ses épaules larges et sa pomme d'Adam proéminente, il était de ceux qui ne supportaient pas le col serré d'une chemise.

— On ne peut pas continuer à dîner dehors tous les soirs parce que tu as trop la flemme de cuisiner. Les prix dans les environs sont ridiculement élevés et cet appart me coûte déjà un bras.

Georgie en eut le souffle coupé. Oh wow. Hallucinant. Être à l'origine des revenus du couple le rendait déjà aigri au bout d'un mois à peine.

Il avait toujours eu un petit côté radin, mais maintenant toutes les conversations semblaient tourner autour du fait que les prix étaient deux fois moins élevés dans le Yorkshire, qu'ils pouvaient vivre dans un palace à Stonefield pour le loyer qu'ils versaient ici, et qu'il en avait marre de Brighton qui le dépouillait chaque fois qu'il fallait sortir son portefeuille. À vrai dire, toutes ces jérémiades commençaient à taper sur le système de Georgie.

— Oui, c'est moi qui invite, répliqua-t-elle pour le faire taire, même si le financement des dîners ne lui avait jamais traversé l'esprit.

Oh, et puis tant pis. Elle pouvait bien payer aussi, quitte à se mettre dans le rouge. Hors de question de passer pour une pique-assiette. Si c'était ce qu'il fallait pour mettre fin aux commentaires mesquins et autres sous-entendus sur cette inégalité de contribution, très bien.

— Parce que je viens d'être engagée, merci d'avoir demandé. Mais je peux aussi sortir fêter ça toute seule si tu n'es pas d'humeur. Moi, ça me va.

Ce petit discours eut l'effet désiré, parce que son expression se mua aussitôt en un mélange de contrition et de surprise.

— Tu as trouvé du boulot ? Georgie, c'est génial ! Désolé, je pensais que… où ça ?

— Je vais écrire pour un magazine, répondit-elle avec un air faussement nonchalant.

Pas la peine de préciser qu'il ne s'agissait que d'une malheureuse rubrique. Ni de lui avouer son salaire de misère. Nul besoin de l'embêter avec des détails si prosaïques – et, d'ailleurs, n'était-ce pas simplement le début de sa carrière prometteuse ?

— J'ai rencontré la rédactrice en chef aujourd'hui, Viv.

Elle fit mine d'examiner ses ongles qu'elle savait déjà parfaits. (Oui, elle s'était offert une manucure sur le chemin du retour. Oui, elle y avait probablement dépensé l'équivalent de son premier salaire au passage.)

— Elle est vraiment cool. Du coup, c'est moi qui invite. Note de frais de la journaliste. Si tu es partant, bien sûr.

La bouche légèrement ouverte dans une imitation parfaite de l'idiot du village, Simon passa une main dans ses cheveux blonds, puis sourit. Il avait un beau sourire, généreux, sincère, et il ressembla enfin au petit ami qu'elle aimait tant. Il était si coincé dernièrement, si stressé de devoir faire ses preuves au travail, surtout depuis que la rénovation soulevait des protestations dans le quartier.

— Georgie, c'est incroyable. Comment tu as fait ?

— Euh…

Elle n'allait pas lui dire qu'elle avait quasiment supplié à genoux. (À bien y réfléchir, cela commençait à faire beaucoup de choses qu'elle ne disait pas à son copain concernant sa nouvelle vocation.)

— Eh bien, j'ai décroché mon téléphone et j'ai proposé des idées. Viv m'a invitée à la rédaction pour discuter et m'a engagée. Le pouvoir de Super Georgie !

Elle contracta son biceps pour rire.

Il la regardait avec ce qu'on ne pouvait qualifier que d'immense respect. Du respect et – oui, elle en était certaine – de l'admiration aussi. Elle baignait, toute joyeuse, dans cette auréole d'approbation. Ça faisait longtemps qu'il ne l'avait pas regardée ainsi.

— Cool. C'est pour quel magazine ? Je connais ?

— Une publication locale, le *Brighton Rocks*, dit-elle avec fierté. Un magazine très bien, drôle, impertinent, moderne…

Mais elle l'avait perdu

— Ah, O.K.

En un instant, tout le respect et l'admiration semblèrent s'éteindre.

— Attends, c'est un journal gratuit ? Je croyais que tu parlais de…

Elle se sentit rougir. Il pensait qu'elle parlait d'un vrai journal, en somme. Un beau magazine bien épais avec ses pages lisses et brillantes que l'on vend dans les gares et les librairies WHSmith.

— Euh… oui, c'est un des gratuits, admit-elle. Mais ça ne l'empêche pas d'être bon ! Et ça compte quand même !

— O.K., dit-il en guise d'apaisement.

Trop tard, elle avait senti son intérêt décliner. Il n'était plus du tout impressionné. Oh non. Il avait même l'air déçu, un peu condescendant, comme si elle était stupide de s'enthousiasmer pour si peu.

— Mais, dis-moi, ils te paient quand même, pas vrai ?

— Évidemment !

Elle le fusilla du regard. Pourquoi fallait-il qu'il se montre si rabat-joie ? C'était exactement ce qu'elle craignait : des félicitations à peine enthousiastes, presque agacées. Est-ce qu'elle lui demandait, elle, si ses employeurs le payaient assez ?

— Bon, tu veux sortir, oui ou non ? Parce que si ça continue je vais retirer mon invitation, et tu pourras manger tout seul.

— Désolé. Je veux bien aller au restau. Évidemment, je suis très content pour toi aussi. C'est une excellente nouvelle.

*Oui, c'en est une,* songea-t-elle, dopée par la bonne humeur en appliquant son rouge à lèvres et son parfum. En tout cas, dans sa tête à elle, c'était une super nouvelle… jusqu'à ce qu'elle la lui annonce, en somme. Maintenant, elle avait l'impression qu'il l'avait complètement rabaissée. Elle s'en hérissa en estompant le rouge sur ses lèvres, et se rendit compte de son expression contrariée dans le miroir. Bien. Elle lui montrerait de quoi elle était capable, puisqu'il ne la prenait pas au sérieux. Il s'en repentirait le jour où elle serait nommée pour un prix de journalisme prestigieux et qu'elle oublierait de le mentionner dans son discours de remerciement. Na !

Hey Em,
J'ai ce super gros problème. Je…

Le lendemain matin, Georgie s'était mise aussitôt au boulot. Ça avait été son intention depuis le début, mais maintenant qu'elle avait lu trois fois les lettres transmises par Viv, elle ne se sentait plus si inspirée. Elles étaient toutes trop intimidantes, trop impudiques pour qu'elle sache comment y répondre correctement. Pourtant, elle n'était pas du genre à se laisser abattre. Hors de question. Aussi avait-elle pris la décision éditoriale d'inventer sa propre lettre, une à laquelle elle pourrait répondre. Avec un peu de chance, Viv ne remarquerait pas la supercherie, surtout si elle imaginait un problème génial.

Tout ce qui lui manquait, c'était l'éclair de génie. Hélas, c'était la faille du plan. Et merde. Elle parcourut les huit mots tapés jusque-là – plus que trois cent quatre-vingt-douze ! – et se mordit la lèvre. Assise en tailleur sur le lit, les doigts immobiles au-dessus du clavier, elle attendit l'inspiration. *Mhhh.*

Georgie siffla les dernières gouttes de son café, grimaçant devant le peu que contenait la tasse. Elle avait décidé de le faire très serré, en espérant qu'il effacerait les restes de gueule de bois, mais pour l'instant, il ne parvenait qu'à la rendre fébrile. Dire que Simon était déjà au boulot alors que, la veille, il était dans un plus sale état qu'elle.

Avec un soupir, elle se laissa retomber sur les coussins, grimaçant face au plafond. *Eurk !* C'était tellement injuste, ce lendemain de grosse soirée sans le fun de la grosse soirée. Ils étaient allés au Mexica, un restaurant chic face à la mer – chic et cher – et elle avait manqué de s'étouffer quand on lui avait apporté l'addition. Oui, d'accord, elle avait déclaré de « ne pas regarder à la dépense » ! Mais il aurait pu participer un peu aux frais, surtout après avoir commandé un steak, le plat le plus cher du menu. Il aurait pu au moins laisser un billet en pourboire, au lieu de rester sans rien faire pendant qu'elle raclait les pièces de son porte-monnaie, stressée à l'idée de se mettre en interdit bancaire dans son élan de générosité. Une bonne leçon à retenir.

Pire, Simon n'était même pas de bonne humeur. Il n'avait fait que bâiller et actualiser ses mails dès leur arrivée, puis avait passé la soirée à se plaindre des problèmes qu'il rencontrait au boulot, et de ces manifestations qui menaçaient d'organiser un sit-in sur le chantier. (« *Mais pourquoi ?* » avait demandé Georgie, ce à quoi il avait grommelé : « Parce que c'est une bande d'imbéciles moralistes qui n'ont rien de mieux à faire de leurs journées, voilà pourquoi. ») Pour être honnête, le sujet de conversation commençait à être pesant, surtout pour ce qui était censé être un dîner festif. Georgie en avait presque perdu l'appétit devant son assiette hors de prix tant elle était irritée. « Tout ne tourne pas autour de toi, tu sais, aurait-elle voulu lui dire. Redescends un peu sur terre ! »

Poussant un nouveau soupir à ce souvenir, elle s'efforça de se redresser pour se concentrer sur l'écran de son ordinateur. Quant à sa super idée, elle s'avérait un peu naze en fin de compte. Au moment où il fallait justement qu'elle ponde quelque chose de fabuleux digne d'impressionner Viv ! Elle effaça sa première ébauche de phrase et décida de simplement se mettre à écrire, de déverser ses émotions et voir ce qu'il en sortait. À l'époque où elle rédigeait la newsletter de la bibliothèque, elle s'était rendu compte qu'elle avait d'abord besoin de s'échauffer, de faire un premier jet spontané, puis de le fignoler. Il était temps de se lancer, pensa-t-elle en posant les doigts sur le clavier.

Hey Em,
Tu sais quoi ? Mon petit ami est un gros con en ce moment. Tout ça parce qu'il a décroché ce nouveau projet, maintenant il se prend pour le roi du monde. On a déménagé du Yorkshire pour qu'il puisse réaliser son fantasme, pardon : pour qu'il puisse accepter ce super boulot, et depuis j'ai un peu l'impression de compter pour des prunes. Je fais de mon mieux –

je me suis bougée et j'ai trouvé un job, moi aussi.
Mais l'équilibre de notre relation est renversé.
Il se comporte comme s'il était le plus important
des deux et que je ne faisais que le suivre !
Peut-être qu'il a raison et qu'il faudrait que je me trouve
une vie, sans lui.

Elle cessa de taper, horrifiée par la tournure que prenait sa pensée. Quitter Simon ? Qu'est-ce qu'elle racontait ? Jamais de la vie. La gueule de bois la rendait complètement folle. Elle retira en vitesse ses mains du clavier, comme si elle craignait de se salir. Partir n'était pas une option, pas quand elle avait tant insisté pour déménager, et surtout pas maintenant qu'elle s'était vantée sur les réseaux sociaux de sa nouvelle vie géniale à Brighton.

*Secoue-toi, ma belle*, dirait Em en ajustant ses boucles folles et en retouchant son smoky eyes. *Prends un cachet pour te détendre et regarde-toi dans un miroir.*

Em n'avait pas tort. D'ailleurs, en parlant de réseaux sociaux, c'était justement le meilleur endroit où trouver l'inspiration. En un clic, elle s'évada de son fichier geignard et atterrit sur Facebook. Quels problèmes torturaient ses amis aujourd'hui ? Peut-être pouvait-elle en repêcher un pour le journal. Ils ne le sauraient jamais. Elle fit défiler la timeline.

**Amelia Noble** : OMG, quel CAUCHEMAR !!!
Je suis censée réduire la liste d'invités à MOINS
de 200 !!! Et avec la tante de Jason qui refuse d'adresser
la parole à la meilleure amie de sa mère, on ne sait pas
s'il vaut mieux les inviter toutes les deux pour les forcer
à se réconcilier, ou les sortir de la liste. L'enfeeeeeeeer !

Georgie renâcla. Elle adorait son amie, mais ces histoires de préparatifs de mariage commençaient à lui taper sur le système. Contrairement à son alter ego fictif responsable du courrier du cœur, elle n'était pas adepte de l'amour vache. Elle tapa plutôt un commentaire plein de compassion : « Quel cauchemar ! Heureusement que le vin existe ! »

Puis elle continua à faire défiler la timeline.

**Jade Hamilton** : J'hésite pour notre lune de miel... Maldives ou Bahamas ? Est-ce que j'ai le droit de choisir les deux ?!!
**Mel Batley** : Quelqu'un aurait récupéré mon manteau samedi soir ? Je crois que je l'ai oublié au Greyhound ??
**Nora Taylor** : Reggie profite bien de sa balade au soleil !

Impressionnant comme leurs vies étaient barbantes, pensa Georgie en faisait défiler toujours plus de photos de bébés, de déjeuners, de nouvelles robes, et une vingtaine de clichés quasiment identiques de Reggie crapahutant dans les vallons du Yorkshire, la langue pendante et la gueule souriante. Que des gens parfaitement ennuyeux, heureux, et narcissiques. Rien de bien croustillant pour sa rubrique. Il lui fallait quelque chose de plus intéressant... des vraies peines de cœur, en fait.

Avant de fermer son ordinateur, elle ne put résister à la tentation de se la péter un peu.

Devinez à qui on vient de proposer de diriger une rubrique de courrier du cœur dans un magazine local ??

Elle ajouta une rangée de smileys radieux et validа son nouveau statut. Georgie la bibliothécaire et le nouveau tournant éblouissant de sa carrière prometteuse. Yes ! Bon, peut-être que le mot « carrière » était un peu exagéré, mais personne n'avait besoin de connaître les détails, si ?

Elle se déconnecta et se leva. Son ventre se mit à gargouiller alors qu'elle se brossait les cheveux et appliquait son mascara. Elle allait embarquer son ordinateur au café en bas de la rue et essayer de s'y remettre avec l'estomac plein. Et peut-être – alerte à la bonne idée ! – qu'elle pourrait espionner les conversations des gens là-bas, trouver quelqu'un en train de râler, et s'en inspirer pour concocter un problème. Du pur génie !

Immédiatement remotivée, elle se mit en route. Il ne lui restait plus qu'à écouter les jérémiades du café. Mission Pleurnichards activée.

Le café le plus proche de Dukes Square s'appelait le Sea Blue Sky, et Georgie y était déjà venue plusieurs fois, essentiellement pour y trouver refuge quand l'appartement devenait trop oppressant. Il y avait une grande terrasse où les fumeurs et les propriétaires de chiens avaient tendance à se rassembler, et l'intérieur était décoré de boiseries sombres et de murs anthracites. Une machine à café monstrueuse émettait des sifflements impressionnants, et un menu inspiration brunch était inscrit à la craie sur une ardoise derrière le comptoir.

Après avoir commandé des œufs pochés sur une tartine, un expresso, et un grand Coca – censé venir à bout de la gueule de bois –, Georgie jeta un coup d'œil autour d'elle pour repérer la table qui offrait les meilleures perspectives d'espionnage. Des étudiants étaient rassemblés dans un coin – le panel parfait pour le magazine, mais malheureusement ils semblaient bien trop hilares pour avoir des problèmes intéressants. Au fond, deux femmes plus âgées, penchées l'une vers l'autre, offraient un potentiel de ragots assez élevé. Deux jeunes mamans aussi, avec leurs bébés chouineurs dans les bras et leurs visages blafards. Elles semblaient au bout du rouleau, mais lorsque Georgie passa lentement à côté d'elles, elles discutaient de la couleur du caca de leurs bébés respectifs. Bon, pas elles.

Les dames plus âgées, donc. La décision était prise. Georgie se laissa tomber sur une chaise à portée d'ouïe. Puis elle ouvrit son ordinateur, sur lequel s'afficha le fichier du matin. *On recommence.*

« Hey Em », tapa-t-elle en sirotant son Coca. Puis elle attendit, l'oreille tendue.

Écouter les conversations des autres était une activité des plus divertissantes ! Bien plus que d'écouter ses propres pensées. Savourant son plat, elle but les paroles de la dame numéro 1 (en polaire verte) qui descendait en flammes son incapable de beau-fils (particulièrement incompétent en matière d'éducation des enfants), puis de la dame numéro 2 (gilet lavande) qui confiait, entre deux ricanements moqueurs, une anecdote sur un homme mystère du numéro 23 – « Tu sais, celui dont je t'ai parlé, avec les tatouages », qui avait été envoyé aux urgences la veille parce que, « et je te jure que c'est vrai, c'est Barbara qui me l'a dit et elle sait absolument tout », il s'était retrouvé avec un bouchon de champagne coincé dans le cul.

Georgie fit son possible pour ne pas se joindre aux gloussements des deux femmes. Polaire Verte et Gilet Lavande étaient cool, et elle regrettait presque de ne pas faire partie de leur bande. Puis elle se souvint de la raison qui l'amenait ici, et se replongea dans l'écran de son ordinateur qui s'était mis en veille, faute d'action. *Mhh.* Polaire Verte et Gilet Lavande avaient beau s'avérer divertissantes, elle n'était pas sûre qu'une lettre adressée à Em au sujet d'un beau-fils décevant – même avec un bouchon de champagne enfoncé dans le popotin – était le problème qu'elle cherchait. Et que pourrait bien répondre l'insolente Em à une situation pareille, de toute façon ?

Non, mais je rêve, le lubrifiant, tu connais ? Arrête de creuser le trou de la NHS en encombrant les hôpitaux à cause de ton incompétence sexuelle, mon chou ! Et pour l'amour du ciel, tu pourrais lire une histoire à ta fille le soir, de temps en temps. À moins que tu ne sois analphabète en plus de stupide ?

Elle étouffa un rire pile au moment où le gérant du café débarrassait son assiette vide et ses couverts.

— Tout va bien ? demanda-t-il.

Il avait un visage tellement avenant que Georgie ne put s'empêcher de lui rendre son sourire.

— Très bien, merci. Super, les œufs pochés.

— Content que ça vous plaise, je transmettrai au chef. Est-ce un accent du Yorkshire que je devine ?

— Absolument ! Excellentes capacités d'observation. Vous en êtes originaire aussi ?

— Pas moi, mais ma mère est née à Bradford. Ça m'y a fait penser. Non pas que vous ressembliez à ma mère !

Mignon comme tout, il rougissait.

— Euh… cool ? Sans vouloir insulter votre mère, bien sûr.

Il sourit.

— Je peux faire quelque chose pour vous ? Vous apporter un café ? Une deuxième tournée d'œufs ?

Elle jeta un coup d'œil à son écran, puis autour d'elle. La salle commençait à se vider, et ses voisines cancanières se levaient pour partir. La séance d'espionnage touchait à sa fin.

— Non, merci. Je ferais mieux d'y aller. Mais…

Elle hésitait à partir bredouille.

— Hum, je sais que ça va sembler bizarre, mais si vous deviez écrire une lettre au courrier du cœur, vous raconteriez quoi ?

Il la regarda, perplexe, et elle sentit qu'elle allait devoir fournir des explications.

— Je bosse pour une rubrique de courrier du cœur. Enfin, disons que je dois encore faire mes preuves. Sauf que je n'ai personne à qui écrire mes conseils, pour l'instant.

— Ahh je vois.

Il fit la moue en réfléchissant.

— Je ne suis pas sûr que mes problèmes intéresseraient qui que ce soit, vu qu'ils consistent essentiellement à payer mes factures et élever mes enfants. Mais je peux vous présenter Shamira, si vous voulez. Elle travaille ici, et je suis bien placé pour savoir qu'elle traverse une période de crise en ce moment.

— Vraiment ? Ça ne l'embêterait pas ?

Georgie apercevait la serveuse, avec ses boucles châtains, ses taches de rousseur, et un minuscule piercing bleu cobalt sur la narine.

Le gérant leva les yeux au ciel.

Entre nous, confia-t-il, elle n'a pas d'autre sujet de conversation. Elle nous bassine non-stop avec cette histoire. Shamira, tu peux venir ici une seconde ?

Il fit un clin d'œil à Georgie et conclut :

— Bon courage.

Aussitôt rentrée, Georgie écrivit :

Hey Em,
Ma sœur était en couple avec ce mec – appelons-le John – pendant six ans et ils avaient l'air super heureux. J'ai toujours pensé que John était une perle. Il est beau, sexy, drôle… et il avait l'air fou amoureux d'elle. J'étais même un peu jalouse parfois… et je disais en rigolant que j'aurais aimé rencontrer quelqu'un comme lui.
Le problème, c'est qu'ils se sont séparés, et qu'il y a deux jours, John s'est pointé chez moi pour me déclarer sa flamme. Je dois reconnaître que j'étais flattée, au début – John est l'homme de mes rêves ! – mais je ne sais pas trop quoi en penser non plus. Qu'est-ce que je suis censée dire à ma sœur ? Elle serait dévastée s'il se passait quelque chose entre nous – il n'y a pas si longtemps, elle se voyait mariée, avec des enfants et tout le tralala.
Je ne sais pas quoi faire. Si je saute le pas avec John, ma sœur ne me le pardonnera jamais. Mais si je le recale, je passe peut-être à côté du mec parfait.
Au secours !
Bouclettes.

Georgie était presque rentrée au pas de course pour rédiger le problème de la serveuse. Elle n'arrivait pas à croire qu'une parfaite inconnue puisse lui fournir un dilemme réel si croustillant.

— Merde alors, lui avait-elle dit après l'avoir écoutée. Qu'est-ce que tu vas faire ?

— Je ne sais pas, avait répondu la serveuse en grimaçant. J'adore ma sœur, mais... tu comprends... Et si c'était lui, l'homme de ma vie ?

— Oui...

Georgie comprenait son supplice. Après tout, elle-même croyait dur comme fer aux âmes sœurs. Tout le monde était destiné à un grand amour, pas vrai ?

— Eh bien... bonne chance, avait-elle conclu en serrant fort les doigts de la serveuse. C'est une grande décision. J'espère que ça se terminera bien.

De retour à l'appartement, la première lettre rédigée, Georgie ferma les yeux et mit de côté sa propre voix, celle qui serrait avec compassion la main d'inconnues, croyait au grand amour et détestait le conflit. Au lieu de ça, suivant les instructions de Viv, elle fit de son mieux pour invoquer la verve d'Em : ses cheveux volumineux, son rouge à lèvres vif, et ses opinions tranchées. Elle tenait le ton juste. Em ne mâcherait pas ses mots dans une situation pareille. Jamais.

Chère Bouclettes,

Je t'arrête tout de suite. Tu es sérieusement en train de me jurer, croix de bois, croix de fer, que tu ne sais pas quoi faire ? Tu l'as écrit toi-même, ma belle. Tes propres mots sont que ta sœur sera « dévastée » et qu'elle « ne te le pardonnera jamais ». Euh... Allô ? Comment peux-tu même envisager sérieusement cette éventualité ? On parle de ta famille, la chair de ta chair, le même sang coule dans vos veines. Tu t'extasies sur le beau John si « parfait » et si « à l'écoute », mais *breaking news* ! Il n'était ni l'un ni l'autre avec ta pauvre sœur ces derniers temps. Il a tout l'air d'un sale opportuniste, si tu veux mon avis. Quant à dire qu'il pense être amoureux de toi... Est-ce que ce ne serait pas la douce mélodie de quelqu'un qui assure ses arrières, par hasard ?

Désolée, Bouclettes, mais tu sais ce qu'il te reste à faire. Dire *adios* à John, par solidarité avec ta sœur. Il y a un million d'autres mecs - et ta sœur et toi méritez bien mieux que ce loser.

Bisous,

Em.

Elle s'enfonça dans le canapé pour relire la lettre à voix haute, retouchant un mot ici et là. Trop désinvolte ? Trop froid ? Elle n'était même pas sûre d'apprécier le personnage d'Em, et ça, c'était inquiétant. Mais Viv avait demandé de l'impertinence et de la franchise brutale. L'amour vache. Peut-être que c'était simplement la mentalité citadine – des gens plus impudents, car ils se fichaient bien de ce qu'on pouvait penser d'eux.

Relisant une nouvelle fois son texte, elle songea qu'elle pouvait y ajouter une touche finale. Elle voulait que ce soit parfait, après tout, et certainement pas que sa rédactrice en chef regrette de l'avoir embauchée. Et puis, faire preuve de bonne volonté dès le départ, ça ne pouvait pas faire de mal, si ?

En se remémorant la conversation qu'elles avaient eue à la rédaction la veille, elle se souvint du souhait de Viv : faire de la rubrique quelque chose dont on parlerait, qui éveillerait les réactions des lecteurs. Et quel meilleur moyen de les faire réagir que de leur demander directement leur avis ?

Une idée lui vint, et elle recommença à taper.

D'accord avec Em ? Que doit faire Bouclettes, selon toi ?
Participe à notre sondage en ligne, et donne ton avis sur la question !
Bouclettes devrait :
LE LARGUER ? C'est un con, oublie-le !
LE SAUTER ? OSEF, il a l'air canon, autant se le taper.

Elle sourit en se relisant. Un sondage en ligne était simplissime à mettre en place, et on pouvait publier les résultats la semaine suivante pour inciter les lecteurs à revenir. Ça pourrait même devenir une caractéristique régulière de la rubrique. Mais oui !

Elle enregistra le document – courrierducœur_1, avec un peu de chance le premier d'une longue liste – et elle s'apprêtait à envoyer le mail à Viv quand elle se souvint avec un petit cri que ses pleurnicheries sur Simon étaient encore en tête du fichier. Ouf ! Elle aurait eu l'air fine. Elle s'empressa de supprimer le paragraphe et de sauvegarder à nouveau le document – courrierducœur_1 – avant de rédiger son mail à Viv. Blablabla, j'espère que tu l'apprécieras, blablabla, ravie de faire des modifications si nécessaire, ou… Oh. Ses doigts s'immobilisèrent au-dessus du clavier quand elle comprit qu'elle passait à côté de quelque chose. C'était une opportunité en or de présenter un autre projet, maintenant qu'elle avait capté l'attention de la rédactrice en chef. Pourquoi envoyer un texte quand on peut aussi en vendre un deuxième ?

Abandonnant momentanément le mail, elle ouvrit un tout nouveau fichier et déterra sa liste de propositions de sujets. Elle décida de développer les trois meilleurs, et de faire un concentré du reste pour obtenir deux phrases fantastiques et fascinantes auxquelles Viv ne pourrait pas résister. Rien à voir avec ses bredouillements désespérés sur les toutous de Brighton ou autres idées débiles balancées au téléphone. Ce serait des propositions alléchantes et soigneusement formulées. Avec un peu de chance, elle aurait une nouvelle commande d'article à la fin de la journée, et même Simon ne pourra qu'être impressionné par son audace.

Au fil des idées qui prenaient forme dans sa tête, ses doigts se mirent à s'agiter de nouveau sur le clavier. *Je peux le faire*, songea-t-elle. *Je vais y arriver !*

# 7

L'averse était passée et les trottoirs trempés de Dukes Square renvoyaient la lumière des lampadaires qui s'allumaient un à un, tandis que, sur les capots et les pare-brise, les gouttes scintillaient comme des sequins. Sous le ciel vespéral qui s'assombrissait, la mer n'était plus qu'une bande bleu foncé à l'horizon. Derrière les fenêtres des maisons, les lumières surgissaient progressivement, et on tirait les rideaux. Rosa avait concocté le dîner le plus réconfortant possible pour Bea – gratin de macaronis dont le fromage éclatait en bulles sous la surface dorée et gâteau pour le dessert. Bea s'était montrée réfractaire à toute tentative de communication, se cachant derrière les touffes emmêlées de ses cheveux roux. Mais si elle n'avait pas contribué aux tentatives de Rosa de faire la conversation, au moins semblait-elle moins agressive que dans l'après-midi. C'était le pouvoir des pâtes et du fromage. D'ailleurs, songea Rosa en léchant le glaçage sur son doigt, ça lui avait fait plaisir de cuisiner pour quelqu'un d'autre, pour une fois. Elle avait oublié combien il était agréable de voir ses plats appréciés.

— Alors, dit-elle en empilant les assiettes vides, tu as des devoirs, des trucs à faire pour l'école demain ?

Bea réfléchit un instant avant de pousser un grognement dramatique.

— Merde. Je suis censée rédiger une dissert' sur la pièce de théâtre la plus chiante au monde. Et c'est à rendre demain.

Elle soupira avec lassitude.

— Je ferais mieux d'aller chercher mes livres à l'appart.

— O.K.

Rosa hésita, perturbée par les questions pratiques sur le reste de la soirée. Bea n'avait pas pu lui donner le nom d'une seule personne susceptible de la prendre en charge pour la nuit ; la responsabilité incombait donc à Rosa, qu'elle le veuille ou non.

— Bon, du coup, qu'est-ce que tu veux faire pour ce soir ? Tu veux rester dormir chez moi, ou... ?

Bea détourna le regard et haussa les épaules, gênée. Elle tira sur les manches du sweat-shirt de son école, et finit par proposer d'une voix bourrue :

— Tu pourrais rester chez nous, et dormir dans la chambre de Maman ?

Ça semblait être la solution la plus pratique, aussi, quelques minutes plus tard, après avoir fini la vaisselle, elle suivit l'adolescente au bout du couloir et entra chez Jo.

— Ah ouais, fit-elle en clignant des yeux.

Comparé à ses propres quartiers relativement neutres, l'appartement de Jo était une attaque sensorielle frontale. Les murs de la cuisine étaient peints en rose barbe-à-papa, le salon turquoise était meublé avec des meubles en bois de rose à l'indienne, d'énormes coussins colorés parsemés de petits miroirs ronds complétaient un canapé drapé d'un sari doré, et une vague odeur d'encens flottait dans l'air. Sur le rebord de la fenêtre était alignée une collection d'orchidées, des livres s'empilaient pêle-mêle sur des étagères – guides touristiques, romans, recueils de poésie rassemblés au hasard – et une reproduction tape-à-l'œil d'un Andy Warhol décorait tout un mur.

— C'est un peu le bazar, concéda Bea, sur la défensive.

— J'adore. C'est très accueillant.

Il y en avait trop pour tout remarquer au premier regard : les photos encadrées de Bea et Jo accrochées au mur, mère et fille bronzées en sombreros, Bea bébé en imperméable rouge et bottes en caoutchouc, Jo avec les cheveux blonds, bruns, roses, selon la période. Une pile de manuels scolaires traînait sur la table basse, et une paire de charentaises bleu marine était abandonnée dans un coin. Il y avait un vase de jonquilles sur la cheminée et un uniforme d'infirmière sur la planche à repasser. Les pièces étaient éclatantes de couleur et de personnalité ; on sentait qu'elles étaient habitées. Contrairement à l'appartement de Rosa, comme lui fit remarquer une petite voix dans sa tête.

— Wahou, c'est toi sur l'éléphant ? demanda Rosa en apercevant un cadre sur la bibliothèque.

— Ouais. Et ça c'est Maman quand elle a sauté à l'élastique. Il faut vivre dans le présent ! C'est ce qu'elle dit toujours, précisa-t-elle en levant les yeux au ciel. Sauf quand elle est dans un genre de coma à l'hôpital.

Son menton se mit à trembloter, trahissant ses mots vaillants, et elle détourna la tête brusquement.

Pour préserver sa fierté, Rosa fit mine de n'avoir rien remarqué, et poursuivit sa contemplation des photos. Les balades à dos d'éléphant, le saut à l'élastique, la relation mère-fille… tout semblait si vivant et coloré. Elle avait l'impression de voir sa propre vie rétrécir en comparaison, pour se réduire à sa toute petite sphère constituée de la cuisine de l'hôtel et de son appartement sinistre. Aurait-elle un jour l'impression de rembarquer pour de nouvelles aventures ?

— La chambre de Maman est par là-bas, indiqua Bea en la conduisant vers une chambre vert d'eau aux draps en lin blanc. Le parquet verni était d'un brun sombre et chaud. Il y avait un tapis crème moutonneux au milieu de la pièce, un grand miroir posé sur une commode et drapé de foulards et de guirlandes lumineuses. C'était un espace intime, féminin. Les flacons anciens de parfum et une houppette à poudre étaient disposés sur la commode, et un kimono en satin bleu ciel était suspendu derrière la porte. Rosa revit dans un flash son ancienne chambre à Bloomsbury, le peignoir rose que Max lui avait rapporté d'un de ses voyages à l'étranger. « Déshabille-toi immédiatement et essaie ça pour moi », avait-il demandé sur un ton faussement autoritaire en lui mettant le vêtement entre ses mains.

Elle se souvenait encore de la douceur de la soie sur ses épaules nues, des mains de Max qui s'étaient glissées sous l'étoffe pour l'en débarrasser, comme déballant un cadeau.

Elle s'arracha à ce souvenir.

— Tu es sûre que ta maman serait d'accord ? demanda-t-elle, sceptique.

Elle avait l'impression d'être une intruse, et plus encore en repérant une culotte violette dépasser d'un tiroir.

— Ça ne me dérange pas de dormir sur le canapé si c'est plus pratique.

Bea resta silencieuse, comme si leur présence dans la chambre de Jo la ramenait aux raisons de l'absence de sa mère. Elle alla tirer les rideaux pour masquer le ciel sombre, et récupéra un petit éléphant en bois sur la table de nuit. Debout, tripotant la figurine, elle finit par demander à voix basse :

— Tu crois qu'elle va s'en sortir ?

— Ta maman ? Évidemment ! répondit Rosa avec toute l'assurance dont elle était capable.

— On a ramené ça d'Inde, dit Bea en tournant l'éléphant dans sa main.

Ses défenses et ses yeux étaient peints couleur or vif.

— On y est allées il y a deux ans. C'est le pays préféré de Maman.

Les trémolos s'éteignirent avec sa voix, et elle se voûta, au bord des larmes.

— Tout va bien se passer, assura Rosa.

Elle passa un bras autour des épaules de l'adolescente. Bea était aussi rigide qu'un tronçon de bois, mais elle ne se défila pas.

— Essaie de ne pas trop y penser. Je suis sûre qu'elle va très bien s'en remettre.

— Elle avait l'air tellement… malade…

La voix de Bea n'était plus qu'un murmure.

— [illegible] tu trouves pas ? Vraiment, gravement malade, comme si elle allait mourir.

Elle faisait tourner une bague à son doigt, le regard hanté.

— Je ne sais pas ce que je ferais si elle mourait.

— Elle ne va pas mourir, promit fermement Rosa, même si elle-même commençait à douter de la suite.

La journée avait débuté comme toutes les autres et, douze heures plus tard, elle se retrouvait aspirée dans le drame d'une famille qui lui était parfaitement inconnue. *Je ne suis pas qualifiée pour gérer ce genre de situation,* informa-t-elle l'univers dans sa tête, en espérant qu'une réorganisation céleste s'opérerait si elle le demandait assez fort. *Vous avez entendu ? Je n'en suis pas capable. Je ne sais pas quoi faire. Aidez-moi !*

Rosa avait hésité avant de se coucher dans le lit de Jo. Elle sentait son parfum de mimosa sur l'oreiller, et les rideaux bâillaient en hauteur, laissant filtrer la lumière orangée d'un lampadaire. Surtout, elle ne cessait de rejouer les événements de la journée dans sa tête, encore, et encore, et ne pouvait s'empêcher de s'inquiéter pour Jo et Bea. Elle avait rappelé l'hôpital, mais on n'avait pas de nouvelles à lui donner depuis que Jo avait été admise au bloc opératoire. Malgré toutes les tentatives de Rosa pour faire preuve d'optimisme, Bea s'était réfugiée dans sa chambre en prétextant des devoirs pour pleurer dans son coin sur de la musique grunge à plein volume. Quand elle parvint enfin à s'endormir, Rosa sombra dans un rêve anxieux et récurrent sur Max : elle était en vol pour Amsterdam et il venait de s'asseoir à côté d'elle dans l'avion, déployant ses grandes jambes sur toute la largeur du siège, et posant une main sur sa cuisse. « Salut, ma chérie », disait-il d'une voix grave et amusée. Elle se réveilla en sueur, les draps entortillés autour de son corps. Les LED vertes du réveil de Jo lui annoncèrent qu'il était 03:08, l'heure des insomniaques.

Roulant sur le dos, elle regarda fixement le plafond sur lequel elle parvenait à distinguer la forme du lustre argenté dans la semi-pénombre. *Arrête de penser à lui*, ordonna-t-elle à son subconscient, regrettant pour la millième fois qu'il n'existe pas une fonction « supprimer » du cerveau, une déchiqueteuse mentale pour se débarrasser des souvenirs et des gens indésirables. Mais quand on a été follement heureuse en couple pendant huit mois, quand on a dormi à côté de lui, partagé ses pensées les plus intimes, vu l'autre ivre, nu, en gueule de bois, heureux, triste, malade… ça faisait beaucoup de choses à démêler. On ne pouvait pas découper le souvenir d'un amant comme sa silhouette sur une photo. Son odeur si attirante, même quand il revenait de son footing. Ses longs cils, les pommettes dont elle dessinait le contour du bout du doigt, le bleu scandinave de ses yeux… « Tu étais forcément prince du Danemark dans une autre vie », lui avait-elle dit une fois, son imagination l'affublant d'une couronne, d'une cape, d'un navire viking, d'un fier destrier… et de tant d'autres fantasmes.

*Les ciseaux, maintenant. Découpe-le, il ne fait plus partie du décor*, se rappela-t-elle. Elle faisait son maximum pour le sortir de ses pensées, mais il n'était pas de ceux qu'on oublie facilement. Surtout après ce qu'il avait fait.

*« J'aurais juré avoir croisé Max, aujourd'hui, sur King's Road ! Il est rentré plus tôt d'Amsterdam ? »*

*Eh bien, non, surprise. En vrai, c'est un menteur doublé d'un connard. Je te jure ! Ah, les hommes, pas vrai ?*

Elle l'avait rencontré dans un bar branché de Shoreditch. Ses trois meilleures amies l'avaient forcée à sortir pour aller boire des cocktails écœurants parce qu'elle passait son temps à se morfondre depuis que Graham l'avait larguée. Graham, c'était le pharmacien très raisonnable dont elle avait essayé de se convaincre qu'elle était amoureuse. (Au fond, c'était un soulagement. Graham, malgré un CV parfait, avait la fâcheuse manie de faire de petits bruits de déglutition chaque fois qu'ils commençaient les préliminaires, et elle ne pouvait plus penser ensuite qu'aux litres de salive qui clapotaient dans sa bouche. Oui, Rosa était une femme superficielle. Non, elle ne méritait probablement pas un prince charmant et un conte de fées, précisément parce qu'elle était si mesquine.)

Rosa n'aimait même pas ce genre de bar hipster dont les murs étaient décorés d'objets vintage saugrenus (une vieille bicyclette, une pendule, quelque chose qui ressemblait à un rouet – ça n'avait aucun sens). Ce soir-là, particulièrement, elle n'aimait pas les hommes non plus. Tous les hommes. Même si ses amies la poussaient à se remettre en selle au point qu'elle s'attendait à les voir réclamer un coupe-boulon pour récupérer la bicyclette de merde accrochée au mur et la forcer à monter dessus. Son amie Catherine, de plus en plus bruyante et de moins en moins discrète au fil des verres, faisait déjà du repérage dans le bar pour trouver un remplaçant potentiel au pharmacien.

— Et lui ? proposa-t-elle en désignant un barbu en polo Fred Perry à la table voisine. Il a l'air sympa.

— J'ai horreur des barbes, répliqua Rosa. Et je déteste les gens sympas.

— Lui, alors, suggéra Alexa en sélectionnant un homme aux cheveux décolorés coupés ras et aux piercings. Il est sexy. Je suis sûre qu'en plus il a des tatouages. On parie que j'ose l'aborder ?

— Je déteste les piercings au nez, répondit Rosa du tac au tac même si ce n'était pas tout à fait vrai. Absolument pas.

Sans se décourager, elles poursuivirent leurs recherches.

— Et lui, au comptoir ? Il est canon.

Catherine avait parlé assez fort pour que l'homme élégant – O.K., carrément beau – à la mâchoire carrée se tourne vers elles et les dévisage avec amusement.

— Oh oui, on parle de toi, confirma Catherine, enhardie par le cinquième cocktail.

Elle devenait un vrai boulet quand elle s'y mettait.

— Je conseillais justement à mon amie d'aller vous draguer.

— *Catherine* ! éructa Rosa, mortifiée.

Mais l'homme se contenta d'un petit rire, et d'un air de défi.

— Je pense que c'est une très bonne idée, dit-il avec un sourire joueur.

Catherine poussa un cri de joie et Rosa vira au rouge tomate.

— Ah ah ah, rétorqua-t-elle d'un ton cinglant.

— Je suis sérieux.

Il récupéra son verre de rouge, rejoignit leur table, et lui adressa un clin d'œil.

— Vas-y. Sors-moi tes meilleures répliques. Drague-moi, je sens qu'on va s'amuser.

Oh, il s'était bien amusé, oui. Parce que pour lui, ce n'était qu'un jeu. Et voilà qu'elle n'arrivait pas à dormir en pleine nuit parce qu'elle recommençait à s'énerver contre lui, et plus encore contre sa propre naïveté d'avoir cru à son baratin dès le départ. Elle donna des coups de poing dans l'oreiller pour lui trouver une forme confortable, mais ça semblait impossible maintenant que Max occupait toutes ses pensées. Max, ce connard de Max et ses mensonges dévastateurs. Si seulement elle avait pu remonter le temps et opposer une résistance plus farouche à Catherine et aux autres quand elles l'avaient persuadée de sortir avec elles ce soir fatidique ! « Non, désolée, j'ai prévu de me laver les cheveux ; désolée, je dois ranger mon tiroir à collants ; désolée, je suis trop occupée à résoudre le problème de la paix dans le monde à moi toute seule. » Il devrait exister une sorte de panneau de danger pour les hommes comme Max, une alerte qui se déclencherait dans le cerveau d'une femme à son approche, tout fringant. « Va voir ailleurs, aurait-elle dû lui dire, si seulement elle avait su. Casse-toi. »

« Je ne te l'ai pas dit à l'époque, mais j'ai toujours pensé que c'était trop beau pour être vrai, tu sais », répétait sa mère dans sa tête pour la énième fois.

— Toi aussi tu peux aller te faire voir, grogna Rosa en tirant la couette sur sa tête.

***

Elle avait dû finir par s'endormir car, un instant après, elle fut réveillée par de la musique grunge à plein volume dans la pièce voisine, et il lui fallut un moment pour retrouver ses marques. Le parfum au mimosa. Le petit éléphant en bois avec les yeux dorés. La chambre de Jo. Rosa cligna des yeux et se redressa. Les événements de la veille lui faisaient l'effet d'un drôle de rêve. Elle se frotta les yeux et tituba jusqu'à la cuisine pour préparer du café et téléphoner à l'hôpital.

Quand Bea émergea dans un peignoir éponge rose crasseux, ses cheveux emmêlés comme un nid d'oiseau, le visage bouffi et le teint grisâtre, Rosa inspira profondément et lui servit une tasse de café avant de lui transmettre calmement les nouvelles. Malheureusement, l'état de Jo ne s'améliorait pas, d'après l'infirmière. L'opération avait été un succès, mais ils devaient continuer de la surveiller au moins vingt-quatre heures, probablement plus, en cas d'infection, ou de problèmes postopératoires.

Bea s'affaissa sur une chaise devant la petite table en pin et prit sa tête entre ses mains.

— Une infection, c'est le truc du staphylocoque, je parie. On peut en mourir, non ?

— Ce n'est pas forcément le staphylocoque…

Mais Bea ne l'écoutait pas.

— J'ai googlé « crise d'appendicite » hier soir, et j'ai lu un truc sur la péritonite. En gros, tout ton sang est empoisonné et tu meurs. Et si elle avait ça ?

— Elle ne va pas mour…

— Mais elle pourrait ! T'en sais rien. Putain ! J'arrive pas à y croire.

Elle s'essuya les yeux avec la manche de son peignoir.

— Je suis vraiment obligée d'aller à l'école ? supplia-t-elle, avachie sur la table. Steuplait ? Tu peux me faire un mot pour dire que je suis trop malade de stress pour y aller ?

— Je dois aller travailler…

Rosa avait espéré que le matin marquerait une séparation nette, le retour à leurs vies respectives, mais la détresse de Bea était impossible à ignorer. Elle soupira.

— Je finis tôt ce soir, alors je serai là à ton retour de l'école. Et j'imagine qu'on pourra retourner voir ta mère et aviser.

Bea ne bougeait pas, la tête posée sur la table, une poignée de cheveux rouille étalée sur le bol de sucre. Les adolescentes avaient vraiment le don de faire des drames.

— Allez, c'est l'heure du petit déj. Tu aimes le porridge ? Je peux en préparer, si tu veux.

— Oui, d'accord, marmonna Bea sans bouger.

— O.K. Pourquoi tu n'en profites pas pour te débarbouiller et t'habiller, pendant que je m'occupe de ça ?

Rosa avait conscience de l'heure qui tournait, et elle avait son propre planning. Un porridge et une visite à l'hôpital, elle pouvait gérer, songea-t-elle en fouillant les placards de Jo en quête de la casserole adaptée. Et ce soir, toute cette histoire serait résolue et elle pourrait retourner à sa solitude. Mission accomplie.

***

— Tu devrais la planquer à l'hôtel, suggéra Natalya quand Rosa lui fit part de la situation.

Les deux collègues prenaient leur pause dehors, derrière le Zanzibar, Natalya avec une de ses cigarettes russes nauséabondes, Rosa avec un mug ébréché rempli de café.

— Quoi ? rétorqua Natalya devant le regard incrédule de Rosa. Je l'ai déjà fait, avec mon amie Svetlana. Personne n'a rien vu. Je la faisais passer par la porte de service.

— Elle a quatorze ans, objecta Rosa.

L'amertume du café lui arracha une grimace. Elle l'avait préparé serré, sentant le besoin de caféine, mais chaque gorgée accélérait son rythme cardiaque.

— Et c'est une petite peste, pas moyen qu'elle joue le jeu si on la questionne.

Elle tourna la tête pour éviter la fumée de cigarette de Natalya.

— Je vais devoir appeler son père.

— Le naze ? Mais elle le déteste !

— Je sais, mais… je bosse tout le week-end. Qu'est-ce que tu veux que je fasse ?

— Rien, concéda sombrement Natalya.

Elle tira une dernière fois sur sa cigarette, puis la laissa tomber par terre pour l'écraser.

— Je me demande pourquoi elle le déteste tant, dit-elle alors qu'elles se dirigeaient vers la cuisine. C'est un criminel, tu crois ? Un tueur à gages ? Un mafieux ? suggéra-t-elle avec intérêt.

— Bonne question.

— Gareth ? Bonjour, c'est Rosa. Je suis la voisine de Jo et Bea. J'appelle, car…

— Qui ?

Une musique forte et des voix parasitaient la communication. Est-ce qu'il était au pub ? se demanda-t-elle.

— Jo et Bea ? répéta-t-elle.

Face à elle, Bea mimait un flingue avec ses doigts et faisait mine de se tirer une balle. On était en début de soirée et elles revenaient de l'hôpital, où les infirmières avaient confirmé que Jo resterait encore quarante-huit heures. Rosa était maintenant au téléphone avec le père de Bea, même si elle commençait à croire qu'elle s'était trompée de numéro. À moins que ce type soit étourdi au point d'avoir oublié le nom de sa fille et de son ex-femme. Rosa repensa à sa conversation avec Natalya. Aucun père ne pouvait être naze à ce point, si ?

— Désolé, je n'avais pas entendu. Jo et Bea, oui. Qu'est-ce qui se passe ?

Il avait une voix grave et rauque, chaleureuse, avec un accent du Sud. En fond, elle entendait des acclamations et un chant de supporter de foot. Oui, il était bien au pub.

— Euh… Jo ne va pas bien, elle est à l'hôpital. Elle va y rester pour quelques jours, et je gardais Bea jusque-là, mais je dois travailler demain et…

Elle parlait à toute vitesse, les mots lui échappaient.

— … alors Jo se demandait si Bea pouvait rester avec vous.

Elle jeta un coup d'œil à Bea qui faisait maintenant mine de se pendre, et sentit son cœur se serrer. La pauvre gosse. Jo était encore très pâle quand elles l'avaient vue, mais cette fois elle était en état de parler. Elle avait insisté pour que Bea aille chez son père. « Allez, ma puce, ça fait une éternité. Ça pourrait être l'occasion de mettre le passé derrière vous et de repartir sur de nouvelles bases. — Si tu le dis », avait grogné Bea. Ses protestations étaient tombées dans l'oreille d'une sourde. Jo était demeurée inflexible.

— Ça marche, dit Gareth alors que résonnaient en fond des éclats de rire bourrus. Pas de problème. J'habite à Kemp Town, sur Essex Street. Elle sait où c'est.

— Très bien, alors je pourrais… la déposer demain matin ? Vers neuf heures ?

Les choses semblaient s'arranger plus facilement que prévu, même si Bea secouait vigoureusement la tête en faisant mine de vomir.

— Euh… oui, répondit-il après une courte hésitation. Neuf heures, c'est noté. Dites-lui que j'ai hâte de la voir.

— Il a hâte de te voir, répéta platement Rosa après avoir raccroché.

Bea émit un rugissement de dédain, et planta son regard au plafond.

— Désolée, mais il n'y a pas d'autre solution, continua Rosa.

Et c'était vrai ! Elle ne pouvait pas s'occuper de l'adolescente plus longtemps. Ça n'avait rien à voir avec elle, ce n'était pas son problème. Alors pourquoi se sentait-elle si coupable devant l'expression malheureuse de Bea ?

— Écoute, proposa-t-elle sans réfléchir. Dimanche, je termine après le service du midi, tu pourrais rentrer à ce moment-là, et je nous mitonnerai un bon rôti. Qu'est-ce que tu en dis ?

Les lèvres toujours pincées, Bea la gratifia au moins d'un léger signe de tête.

Pourquoi pas, grommela-t-elle.

*Rosa, espèce de chiffe molle,* songea-t-elle un instant plus tard, en regrettant aussitôt sa corde sensible. *Depuis quand tu te fais mener par le bout du nez comme ça ?*

— Bien, dit-elle avec un soupir. Alors c'est décidé.

# 8

Une petite enveloppe blanche glissée sous la porte attendait Charlotte quand elle revint du travail. Son nom y était inscrit à la main à l'encre noire, et elle sut instantanément qui l'y avait laissée.

Avec un petit soupir, elle la mit de côté dans la cuisine, sans l'ouvrir, puis entreprit de suspendre sa veste, de ranger ses chaussures à leur place habituelle, puis de préparer le dîner – enfin, d'ouvrir la barquette en plastique de chez Marks and Spencer Food contenant une salade de pâtes à la méditerranéenne pour la transvaser sur une assiette, puis se servir un verre de cabernet-sauvignon du Chili. Elle glissa les éclairs au chocolat sur l'étagère du réfrigérateur, juste au cas où elle aurait envie d'en croquer un plus tard. Ou même deux. On était vendredi soir, elle avait bien le droit de se faire plaisir, non ?

Les vendredis étaient toujours un peu difficiles. Kate était née un vendredi. Elle était morte un vendredi aussi, après deux courtes semaines de vie. On a du mal à imaginer que le meilleur et le pire moment de la vie d'une femme puissent être vécus dans un laps de temps si restreint, mais Charlotte avait tragiquement découvert que c'était possible. Deux mots : cardiopathie congénitale. Il avait suffi de ces deux mots pour ébranler tout son monde.

Alors, oui, les vendredis étaient particulièrement durs à vivre. Le reste du monde semblait si insouciant, et l'humeur de début de week-end ne faisait qu'empirer les choses. La seule fois où elle avait eu l'impression de renouer avec Jim, c'était un vendredi. Mais elle essayait de ne plus le contacter. « Il faut qu'on arrête », avait-il dit gentiment la dernière fois qu'elle l'avait appelé, ivre et incohérente, le visage trempé de larmes. La douceur dans la voix de son ex-mari l'avait secouée ; elle entendait sa pitié mêlée à une pointe d'agacement. Elle avait compris, sous le choc, que la prochaine fois il risquait de l'envoyer paître.

Depuis qu'elle avait emménagé à Brighton, elle travaillait tard le vendredi soir, pour retarder le moment inévitable où elle devrait rentrer chez elle seule et lutter pour ne pas rouvrir la boîte à chaussures pleine de souvenirs au fond de son armoire. Il fallait rationner la tristesse, parfois. Trouver une distraction, rester active, s'occuper, meubler les heures jusqu'à atteindre celle où elle pouvait décemment éteindre les lumières et dormir. C'est pourquoi les vendredis soir étaient souvent ses soirées les plus chargées : elle réglait toutes les démarches administratives, payait ses factures, passait ses commandes et gérait ses comptes. Elle vidait le réfrigérateur et astiquait le bac à légumes, détartrait la bouilloire, lavait le sol de la cuisine, désinfectait la poubelle, et passait l'évier à la Javel. Elle triait le linge à emporter au pressing le lendemain, le suspendait proprement près de l'entrée, puis elle jetait les reçus et autres papiers qui traînaient dans son sac à main. Elle avait à peine le temps de se sentir triste. C'était le programme. À moins qu'elle ne finisse ivre et en larmes, encore une fois. Impossible de prédire la tournure que prendrait la soirée.

Une fois son repas englouti sur ses genoux depuis le canapé (la cuisine était à peine assez grande pour des plaques de cuisson, encore moins pour le luxe d'une table à manger), elle se souvint de l'enveloppe blanche à la calligraphie élégante qui avait été déposée sous sa porte. En l'ouvrant, elle découvrit une feuille soigneusement pliée :

Chère Charlotte,
C'était un plaisir de faire votre connaissance. Seriez-vous disponible pour prendre le thé chez moi, samedi à seize heures ?
Bien à vous,
Margot Favager

Elle avait l'impression d'être convoquée devant la reine. Était-elle censée répondre quelque chose à ça ? se demanda-t-elle en vidant son verre. Fallait-il accuser réception sur du papier à lettres parfumé et le glisser sous la porte de l'appartement 5, ou juste se pointer à l'horaire indiqué avec un bouquet de tulipes et un sourire gêné ?

Elle se servit un deuxième verre. Dans le cas où elle accepterait l'invitation, bien sûr. Une décision à remettre au lendemain.

Le lendemain arriva. Le samedi, il fallait défaire les draps, lancer une machine, passer l'aspirateur, déposer les vêtements au pressing et… argh. Le souvenir culpabilisant des baskets neuves encore planquées sous son lit lui revint. *Regarde, on est là, pas encore déballées ! Qu'est-ce qu'on est belles, pas vrai ? Comme si on n'avait pas quitté la vitrine !*

Oui, bon, d'accord, peut-être qu'elle pouvait trouver un peu de temps pour une balade le long de la mer. Et ensuite, il y avait le thé chez Margot. Silences gênés et service en porcelaine anglaise, et elle qui ne manquerait pas, à coup sûr de se retrouver avec des miettes de biscuits sur ses vêtements. Elle envisagea de refaire surface dimanche avec un mot d'excuse – « Désolée, je n'étais pas chez moi, trop occupée avec mes nombreux amis. J'ai une vie très remplie, voyez-vous, et j'ai malheureusement découvert votre invitation trop tard. » Mais chaque fois qu'elle imaginait le regard perspicace de Margot, elle avait honte de son mensonge. Ce n'était peut-être pas une si bonne idée.

Elle se plongea dans les corvées, puis sortit déposer ses vêtements au pressing quelques rues plus loin. Il était maintenant temps de rentrer, mais elle se retrouva à hésiter à un coin de rue, paralysée par la conscience nette et brutale du monde qui l'entourait. C'était une jolie matinée de printemps ; le soleil brillait, il y avait une douceur dans l'air. La mer était calme, d'un bleu lumineux, et une horde de badauds profitait de la météo splendide : sur la plage, à vélo, en roller sur la promenade, s'entassant sur la jetée. Quelques âmes vaillantes s'aventuraient même dans l'eau, qui devait pourtant être glaciale.

« Vous vous plaisez ici ? » lui avait demandé Margot, et Charlotte avait viré à l'écarlate en balbutiant une réponse. Mais quelque chose ce jour-là – peut-être la brise qui caressait ses cheveux, le parfum des barbes à papa, des hot dogs et des oignons frits, le chant des mouettes dans le grand ciel bleu – allégea son humeur, juste une fraction de seconde. Puis, avant même de se rendre compte de ce qu'elle faisait, elle se retrouva à faire demi-tour et à se diriger vers la jetée.

« Je suis allée faire un tour sur la jetée », s'imagina-t-elle raconter à ses parents quand ils l'appelleraient pour leur rendez-vous hebdomadaire. Elle percevait toujours l'anxiété dans la voix de sa mère, quand elle prenait des nouvelles, elle mesurait son inquiétude dans le silence attentif alors que Charlotte lui marmonnait qu'elle allait bien, que le boulot aussi, et qu'il n'y avait rien à raconter, avant de s'empresser de leur poser des questions sur eux. Elle entendait les non-dits sous la surface de la conversation : « Est-ce que tu t'en sors ? Promets-moi que tu n'as pas essayé de voler d'autres bébés ? Tu me le dirais, n'est-ce pas, si tu avais besoin de reprendre rendez-vous avec le Dr Giles… ? »

Ils s'inquiétaient pour elle, elle le savait, mais elle était incapable de trouver quoi dire pour les rassurer. « Je suis allée faire un tour sur la jetée » pourrait être un bon début. Elle imaginait ses parents échanger un regard soulagé. « Elle est allée faire un tour ! Tu entends ça ? Il y a du progrès ! »

Elle leva les yeux au ciel, exaspérée par ses propres pensées, en traînant des pieds. Oh, ça va, Charlotte, c'est pas une balade qui va faire de toi Ranulph Fiennes. Dix minutes de marche le long d'une attraction touristique… pas de quoi fouetter un chat. Sans compter qu'elle avait oublié d'enfiler ses nouvelles baskets, donc ça ne comptait même pas comme une véritable activité sportive. Tant pis. Elle allait se balader jusqu'au bout de la jetée, voir pourquoi tout le monde l'estimait incontournable, et elle aurait enfin quelque chose à raconter à ses parents. Ensuite elle pourrait rentrer à la maison pour une bonne tasse de thé. Mission accomplie.

Une fois au début de la jetée, elle se retrouva prisonnière d'un troupeau lent de gens qui semblaient avoir eu la même idée qu'elle. Cela faisait un moment – un an, trois mois et seize jours, à vrai dire – que Charlotte vivait dans une sorte d'engourdissement qui la paralysait, mais même elle pouvait sentir le frisson enthousiaste de la foule alors qu'elle progressait sur la promenade en bois, devant les machines à sous, les jeux d'arcade, et les petites vieilles aux permanentes gris bleuté se réchauffant les doigts autour d'une tasse de thé sous les préaux. De temps en temps, une bourrasque s'élevait de la mer, et chacun s'accrochait à sa casquette ou à son fichu ; les ballons attachés aux poussettes s'agitaient, et les enfants couraient, bras tendus, espérant être ainsi portés par le vent comme des oiseaux.

*Je suis vivante*, s'étonna Charlotte en s'adossant contre la rambarde en fer forgé vert de gris. Les pans de son manteau battaient avec le vent et ses cheveux ruisselaient sur son visage. Elle sentait les embruns vifs, voyait les amas d'algues dériver en masses sombres sous l'eau. *Je suis vivante.* Elle orienta son visage vers le ciel et ferma les yeux un instant, émerveillée. Puis elle sentit quelque chose cogner doucement contre son jean, et quelqu'un tirer sur sa manche.

— Mrs Johnson ? Il est où papa ?

Charlotte baissa la tête, surprise de découvrir une petite fille en impcrméable rose, couettes blondes, et sourire auquel il manquait une quenotte.

— Euh…

— Oh.

La petite fille sembla soudain désespérée. Elle ne devait pas avoir plus de cinq ou six ans, et son nez coulait sous l'effet du vent. Ses petits doigts roses lâchèrent le manteau de Charlotte, et elle recula maladroitement.

— T'es pas Mrs Johnson.

— Non, dit Charlotte.

Son cœur se mit à battre à toute allure et elle regarda autour d'elle, se demandant où était la mère de l'enfant. Les parents étaient si négligents ! Une honte !

— Où est ta maman ?

— Je cherche mon papa, dit la petite fille en essuyant son nez avec sa manche.

Ses yeux bleus se remplirent de larmes et elle leva la tête vers Charlotte.

— Il est où mon papa ?

Charlotte ne savait pas quoi faire. La femme du parc de Reading lui revenait en mémoire, cette femme en colère, agressive, le visage rouge, qui lui hurlait : « Ne touchez pas à mon bébé ! Qu'est-ce que vous faites là ? Bas les pattes, tout de suite ! » Et elle sentit sa gorge enfler à ce souvenir.

— Je… où est-ce que tu l'as vu pour la dernière fois ?

Elle regarda à nouveau autour d'elle. D'une minute à l'autre, un parent furieux allait accourir et l'accuser de choses horribles. Elle sentit la panique monter. Déjà vu, déjà pleuré.

— À quoi il ressemble ?

— Il ressemble à *Papa* !

L'enfant avait des taches de rousseur sur le nez et ses lèvres étaient gercées.

— On était aux hot dogs parce qu'Amber elle avait faim et après je voulais aller au manège, mais il a dit non, et après Amber avait envie de faire pipi et il a dit d'attendre là, et j'ai attendu, mais après la mouette était blessée et je l'ai suivie, et après j'ai perdu Papa.

De nouvelles larmes mouillèrent son visage chiffonné.

— Je veux mon Papa ! brailla-t-elle.

Les gens se retournaient pour leur jeter un regard interrogateur, et Charlotte se sentit de plus en plus agitée. Prenant garde de ne pas toucher l'enfant, ni de trop s'approcher – elle avait déjà fait cette erreur une fois –, elle s'accroupit et dit :

— Ne t'inquiète pas, je vais t'aider à le retrouver. Comment tu t'appelles ?

— Lily.

La petite fille renifla et fit deux pas chassés pour glisser sa main dans celle de Charlotte.

— Merci, dit-elle en toute confiance.

Oh non. Oh non. La main de la petite fille était si chaude dans la sienne, si palpable, Charlotte ne pouvait pas en supporter davantage sans se mettre à renifler elle aussi. Elle rêvait parfois que Kate était encore en vie, qu'elle grandissait, un beau bébé en collants à rayures et souliers minuscules, la main dans la sienne, comme maintenant. Pendant une seconde, elle se demanda si elle n'était pas en train d'halluciner, de rêver éveillée et, quand elle baisserait les yeux, la petite fille aurait disparu et elle serait certaine cette fois d'avoir complètement perdu la boule. Mais non, la petite Lily dégoulinante de morve était bien là et se raccrochait aux doigts de Charlotte. Aussitôt de bonne humeur quand elles se mirent en marche, sautillant sur un pied, puis l'autre, l'enfant lui raconta la fois où ils avaient perdu le doudou d'Amber, et comment elle avait mouillé ses chaussures et ses chaussettes quand la mer était remontée trop vite, et que Papa n'était pas content et qu'il avait dit : « Oh, Lily, encore ? »

*Quelle adorable petite*, pensa Charlotte avec un pincement au cœur, sa réserve disparaissant comme la brume marine. Elle était si mignonne, avec sa bouille toute ronde, les larmes qui perlaient encore sur ses cils humides, son bavardage constant et son imperméable aux manches un peu trop longues. Et voilà la tentation qui s'insinuait à nouveau, aussi puissante et attirante que la marée, la tentation qui lui chuchotait de faire demi-tour avec la petite et de la ramener à la maison, de retenir cette petite main collante. C'était possible. « *Je vais prendre soin de toi, Lily. Tu peux devenir mon bébé. Ça te plairait ?* »

Mais non, il ne fallait pas. Elle ne pouvait pas faire une chose pareille. Pas vrai ?

À cet instant un homme se dirigea vers elles avec une autre petite fille sanglée dans une poussette. L'homme avait les cheveux en bataille, des lunettes, et une grimace paniquée quand il cria :

— Lily ! Bon sang ! Où étais-tu ?

Et avant même que Charlotte n'arrache sa main à celle de l'enfant – « Je n'essayais pas de voler votre fille, promis » – Lily avait relâché sa prise et la magie s'était aussitôt rompue, alors que l'enfant s'élançait sur les planches de la jetée – « Papa ! » – jusqu'à rejoindre les bras tendus de l'homme. Il la serra fort contre lui, embrassa sa chevelure blonde, ses grands bras enlacés autour de son corps de poupée.

La main de Charlotte lui parut plus vide que jamais et l'adrénaline se déversa comme échappée d'un ballon de baudruche alors qu'elle regardait, stupéfaite, la scène touchante. *Débile. Tu ne croyais quand même pas que tu allais la garder, si ?*

— Merci.

Se redressant, sans lâcher la main de Lily, l'homme la remarquait enfin, plantée là où elle n'avait pas sa place.

— Merci, vraiment, répéta-t-il avec un soulagement perceptible dans chaque syllabe. J'emmenais juste la petite aux toilettes, à peine deux minutes, quand…

Charlotte pinça les lèvres. Elle ne voulait pas écouter ses excuses. Rien ne la rendait plus furieuse – rien ! – que des parents incapables de s'occuper de leurs propres enfants. Des parents qui n'avaient aucune idée de la chance qu'ils avaient.

— Vous devriez faire plus attention à elle, déclara-t-elle froidement, ravalant la rage qu'elle sentait enfler en elle comme le tourbillon naissant d'une violente tornade.

— Je croyais que c'était Mrs Johnson, dit Lily en tirant sur le bras de son père qui ne semblait pas la remarquer. Papa ? Je croyais que c'était Mrs Johnson.

Mais l'homme restait bouche bée devant Charlotte. Pris de court, blessé, même.

— Faire plus attention... ? répéta-t-il alors que le rouge lui montait aux joues. Je *fais* attention ! Et ça ne vous regarde pas, d'ailleurs.

— Ça me regarde quand je retrouve votre enfant perdue et en larmes parce que vous n'êtes pas fichu de la surveiller correctement.

Alors que sa colère se déversait, Charlotte savait qu'elle se montrait injuste, mais elle ne pouvait pas s'en empêcher. Les pères du dimanche étaient les pires : totalement à l'ouest la plupart du temps, et plus intéressés par le contenu de leur smartphone que par des interactions avec leurs pauvres enfants.

— Papa ! Je croyais que c'était Mrs *Johnson* ! répéta Lily, tapant leurs doigts entrelacés contre la jambe de l'homme pour attirer son attention.

Il paraissait sur le point de traiter Charlotte de tous les noms, mais en entendant sa fille, il se détourna, son corps servant de bouclier. « Je vais vous protéger de la méchante dame. Papa est là. »

— Oui, j'ai entendu, ma puce.

Il s'accroupit, passa un bras autour d'elle, et posa son front contre le sien, dans un mélange de tendresse et de fatigue.

— Allez, viens, on rentre à la maison, dit-il d'une voix plus douce.

Toute la colère de Charlotte avait fondu, et elle était maintenant mortifiée.

— Je suis désolée ! Je ne voulais pas... désolée.

Elle fit volte-face, incapable de retenir ses émotions plus longtemps, et avança le long de la jetée alors que les larmes ruisselaient sur ses joues. *Idiote. Imbécile. Espèce de folle. Rentre chez toi et va te calmer, Charlotte.*

Le soleil printanier semblait se moquer d'elle à présent. Les passants lâchaient des bruits indignés alors qu'elle fendait la foule aveuglément, mais elle entendait à peine leurs protestations. Qu'est-ce qui clochait chez elle ? Qu'était-elle devenue ?

*Oui, je suis allée voir la jetée, maman,* pensa-t-elle en accélérant le pas et en serrant ses bras croisés sur sa poitrine. *C'était top. Balade sympa. Aucun problème, rien du tout.*

***

Ce n'était pas comme si elle avait réellement eu l'intention de voler le bébé de cette femme, dans le parc de Reading, en plus. Elle ne s'était approchée que parce que le nourrisson pleurait dans le berceau, et personne n'avait l'air de s'en occuper. « Coucou, mon cœur », avait soufflé Charlotte devant la bouille ronde, l'unique quenotte sur la gencive toute rose, et les boucles sombres froissées là où la tête avait frotté contre le coussin. Retenant son souffle, Charlotte avait posé une main gantée sur le plaid en tricot – juste pour l'apaiser ! pas pour la prendre ! – et avait senti la chaleur si vivante du nourrisson à travers la laine. Son cœur s'était serré sous l'effet du manque et, sans même qu'elle en ait eu conscience, son autre main avait rejoint la première, automatiquement. Juste pour renforcer ce contact chaud avec un bébé. Parce que c'était impossible de résister.

Puis était venue l'agitation, les pas précipités, l'immonde femme au visage rouge qui lui hurlait dessus. « Qu'est-ce que vous faites ? Ne touchez pas à ma fille ! » C'était comme si un charme avait été rompu, et Charlotte avait détalé, les joues brûlantes, sous le regard scandalisé des autres mères. « Tarée. Voleuse d'enfants. Pédophile. » Elle aurait voulu se défendre, leur crier : « Moi aussi j'étais mère, vous savez ! », mais sa mâchoire était restée bloquée, et elle avait décampé. Le portique à la sécurité enfant avait claqué derrière elle. « Dehors. Vous n'avez rien à faire là. » C'est à ce moment que Charlotte avait décidé de quitter la ville, de partir, n'importe où, pour repartir de zéro.

*Moi aussi, j'étais mère.* C'était le plus cruel : il n'y avait pas de mots pour décrire la situation tragique et dévastatrice de Charlotte. Elle était une femme qui avait caressé la rondeur des joues de son bébé et s'était émerveillée devant la délicatesse de ses oreilles roses, avait pressé son nez contre les volutes de cheveux sur sa tête, mais dont les doigts se refermaient à présent sur le vide. Une ex-maman. Un ancien parent. Probablement les pires qualificatifs au monde. Des mots qui avaient le pouvoir de vous arracher à la raison dans les terrains de jeux, qui vous poussaient à hurler sur des inconnus au milieu de la jetée de Brighton. *Bravo, Charlotte. Ce n'est pas pour rien que tu limites les interactions avec les autres, tu te souviens ?* Depuis le temps, elle aurait dû apprendre à serrer les dents et à fuir, mais cette petite main dans la sienne avait libéré à nouveau toute la folie.

« Tu es sûre que tu ne veux pas que j'appelle le Dr Giles pour toi ? » demanda la voix de sa mère dans sa tête, et Charlotte sentit un sanglot se former au fond de sa gorgée, nouée et douloureuse. Non. Elle ne voulait pas retourner voir le Dr Giles, ni reprendre les cachets qui l'assommaient et qui la déconnectaient du monde. Ah ça, oui, sa mère pensait avoir toutes les clés : les cachets, la thérapie, la méditation, les gâteaux. « Tu devrais planter un arbre en hommage à Kate, avait-elle insisté. Faire un album photos. » Des recommandations tout droit sorties de documentation sur le deuil et la perte d'un être cher ; toutes ces choses que Charlotte refusait catégoriquement avec colère, l'une après l'autre.

« Tu ne comprends pas », avait-elle dit à sa mère. Personne ne comprenait. En quoi planter une saleté d'arbre allait l'aider alors que son bébé était mort ?

De retour à la résidence, elle fonça dans l'escalier pour se réfugier dans son appartement, en sécurité et au calme. Mais pile au moment où elle atteignait les dernières marches avant le palier, la porte de l'appartement voisin s'ouvrit sur des résidents qu'elle n'avait encore jamais croisés. C'était un couple d'une vingtaine d'années. Un garçon blond en T-shirt et jean hipster, avec du gel dans ses cheveux. Le genre séduisant, qui le sait, et qui n'aurait jamais accordé un regard à une femme comme Charlotte. La fille avait de longs cheveux blonds relevés en une queue-de-cheval élégante, un large sourire, et elle portait une jupe de patineuse rouge cerise, des Converse grises et un bomber en satin bleu marine. Charlotte les avait entendus plusieurs fois à travers le mur – des rires, de la musique, et la douche tous les matins à six heures trente –, mais c'était la première fois qu'elle les voyait. Évidemment, il fallait qu'elle tombe sur eux à un moment où elle était à cran et essoufflée. Elle se frotta discrètement le visage pour essuyer ses larmes et plaqua un sourire forcé sur ses lèvres en croisant le regard de la jeune femme.

— Salut ! Moi, c'est Georgie, et lui, c'est Simon. Ça fait deux semaines qu'on vit ici et je n'avais encore croisé personne. Je commençais à croire qu'on avait emménagé dans une résidence d'ermites, ah ah.

— Charlotte. Appartement 4, dit-elle faiblement.

Elle se sentit vieille et mal fagotée, une ratée, comparée à ce couple solaire.

— Oh, on est juste à côté ! Génial. J'avais l'intention de passer dire bonjour. En tout cas, c'est super chouette de te rencontrer. On s'apprêtait à sortir, mais il faut absolument qu'on se revoie pour prendre un verre et papoter.

Elle fit mine d'avaler un shot, et son petit ami leva affectueusement les yeux au ciel, avant d'adresser un regard complice à Charlotte.

— Super, couina Charlotte. Je ferais bien de rentrer, mais c'était un plaisir de vous rencontrer.

— Toi aussi. Top. Et j'adore tes chaussures, elles sont tellement cool, lança Georgie en descendant l'escalier.

En gravissant les dernières marches, Charlotte baissa le regard sur ses Richelieu épaisses âgées d'au moins dix ans.

Elle ouvrit la porte, et se laissa glisser contre le mur, jusqu'à atteindre le sol de l'étroite entrée, à bout de souffle. *Tout va bien, ça va aller,* se dit-elle. Et alors que son cœur et sa respiration reprenaient un rythme normal, elle se rendit compte que ce bref échange d'une minute avec sa voisine avait fait passer la pilule de la rencontre sur la jetée, et la faisait se sentir plus normale. Oubliés, l'homme et ses petites filles, oubliée, l'humiliation de l'explosion d'émotions inappropriées. Elle était à la maison, en sécurité.

***

Un jour, alors qu'elle avait vingt et un ans et bien plus d'audace que ces derniers temps, Charlotte avait sauté en parachute pour une association caritative, en partenariat avec l'université. Elle ne se souvenait même plus de la cause pour laquelle ils levaient des fonds, mais elle se rappelait très bien cet instant à bord de l'avion minuscule, et le monde en miniature, jaune et vert, qui défilait par le hublot. Le bruit sourd du vent dans ses oreilles quand on avait ouvert la porte, et la sensation que son cœur s'était arrêté en plongeant dans le vide. La chute libre, le souffle arraché à ses poumons, le sol qui se rapprochait à une vitesse fulgurante, l'adrénaline qui atteignait des niveaux de folie. *Ouvre le parachute,* avait-elle pensé, paniquée. *Pourquoi est-ce qu'il n'ouvre pas le parachute ?...* jusqu'à se sentir brutalement tirée vers le haut, et voir le tissu se déployer au-dessus d'eux.

Depuis la mort de Kate, les pensées de Charlotte revenaient souvent vers la terreur étourdissante de cette chute de vingt secondes, et une angoisse s'emparait d'elle et faisait pression sur ses poumons. La vie lui faisait l'effet d'une chute libre permanente ces derniers temps : la perte de contrôle, l'impuissance, le supplice de ne pas savoir quand ça s'arrêterait. « Ouvre le parachute ! hurlait-elle dans ses rêves, alors que le sol se rapprochait dangereusement à nouveau. Pourquoi tu n'ouvres pas le parachute ? »

« Ces émotions finiront par passer, avait dit le psychologue. Essayez d'accepter le fait que vous ressentez de la tristesse et que vous traversez une période de deuil. Souvenez-vous que vous gardez le contrôle sur beaucoup d'autres aspects de votre vie. Il ne tient qu'à vous de choisir la façon dont vous allez réagir. »

Ces mots étaient un petit parachute qui guidait Charlotte dans les moments les plus désespérés. Elle se les remémora précisément à quinze heures cinquante-neuf cet après-midi-là, en se concentrant pour inspirer profondément, en se regardant une dernière fois dans le miroir. *J'ai le choix*, se répéta-t-elle. *Je garde le contrôle.*

À force de tergiverser sur la question d'accepter ou non l'invitation de Margot, la décision avait fini par s'imposer quand Charlotte avait remarqué la date – le 23 avril – et fait le lien avec l'anniversaire de sa grand-mère – si cette dernière avait encore été en vie. Sa tendre Nana, aux yeux pétillants, était du genre à inviter une jeune femme malheureuse à prendre le thé chez elles dans des circonstances similaires – et elle aurait été déçue et blessée si cette jeune femme ne s'était pas présentée, sans même fournir d'explication.

— C'est pour toi que je le fais, Nana, marmonna-t-elle en lissant le jean de sa robe-chemise.

Elle ajouta à sa tenue un cache-cœur rose pâle et récupéra les tulipes blanches qu'elle avait achetées plus tôt.

Une conversation autour d'un thé, c'était dans ses cordes. Charlotte était une personne polie, qui avait toujours apprécié le temps passé avec ses grands-parents. Elle pouvait même passer un bon moment. Ces pensées courageuses en tête, elle monta les douze marches recouvertes d'un tapis rouge jusqu'à l'appartement de Margot Favager, un sourire aimable plaqué sur son visage. Elle s'apprêtait à frapper quand elle entendit une voix enflammée derrière la porte : Margot en personne, manifestement en pleine dispute. Charlotte avait étudié le français au lycée, mais les phrases lapidaires étaient indéchiffrables. Le seul mot qu'elle comprenait, répété plusieurs fois à différents volumes, était « non ».

Elle renonça à frapper, et sautilla d'un pied sur l'autre, se sentant coupable d'écouter aux portes – ce qui était ridicule, puisqu'elle comprenait à peine un mot de toute cette conversation en français. « Non ! » rugit Margot avec une véhémence renouvelée, puis on entendit un léger fracas. Charlotte imagina le téléphone s'écrasant contre un mur, et recula d'un pas, par réflexe. Peut-être ferait-elle mieux de revenir dans dix minutes. Elle s'humidifia les lèvres, essayant de déterminer la bonne conduite à tenir. Elle ne connaissait pas cette femme, après tout. Dans quoi avait-elle mis les pieds ? Elle avait eu une grand-mère douce et tendre, généreuse en bisous qui chatouillaient le visage. Sa mère aussi était une femme affectueuse et démonstrative, qui distribuait les câlins et les tasses de thé sans qu'on ait besoin de réclamer, changeait ses draps, lui mitonnait de bons petits plats en cas de coup au moral et offrait un nouveau rouge à lèvres quand l'optimisme revenait.

Un silence de plomb s'était abattu sur l'appartement 5. Charlotte avait les doigts un peu moites autour du bouquet de tulipes. Elle leva son autre main et frappa.

— C'est Charlotte, annonça-t-elle au cas où sa voisine âgée prendrait peur.

Margot ouvrit, l'air troublée, les yeux cerclés de rouge, avec une lueur un peu folle dans le regard. Elle portait une robe grise en jersey et un médaillon en or, avec une collection de bagues assorties. Charlotte se sentit immédiatement mal fagotée dans sa propre robe en jean, qui d'un coup lui apparut plus froissée que devant son miroir.

— Charlotte ! l'accueillit joyeusement Margot.

Mais son sourire se mua presque aussitôt en une expression de regret en lisant l'appréhension sur le visage de Charlotte.

— J'imagine que vous avez entendu la dispute ? C'était mon fils Michel. Il pense avoir la science infuse mais… bref. Il est loin du compte.

— Vous allez bien ? demanda timidement Charlotte.

— Ça va. Mais entrez donc. En vérité, c'est bien là tout le cœur du problème. Est-ce que je vais bien ? Non. Je vais mourir.

Charlotte déglutit.

— Oh mon dieu, je suis désolée, je…

Margot la fit taire d'un geste. Elles se trouvaient dans l'entrée étroite, mais là où celle de l'appartement de Charlotte avait des airs froids et neutres d'hôtel bas de gamme, celle de Margot était décorée d'un papier peint fuchsia à rayures dorées. Derrière elles, un immense miroir au cadre doré et une applique en fer forgé sur laquelle reposait une bougie blanche scellée dans son emplacement.

— Nous allons tous mourir un jour. Et moi en premier, vu mon âge. Mais Michel voudrait que je rentre en France, pour mourir chez moi.

Elle renifla avec dédain.

— Je lui ai dit que je mourrai là où l'envie m'en prendra. Je suis ici chez moi. Point final. Mais entrez, je vais préparer un thé. J'ai des macarons et des mignardises, nous allons nous régaler. Et je vais cesser de parler de ma mort, ne vous en faites pas. Entrez, entrez.

Ébahie, Charlotte la suivit dans un grand salon aux murs recouverts d'un papier peint bleu nuit. Le haut plafond blanc était orné de moulures représentant des feuilles, des fleurs et des fruits, et un lustre scintillant pendait au centre.

— Oh, c'est ravissant.

Elle se perdit dans la contemplation des peintures à l'huile qui décoraient les murs, de la moquette grise moelleuse, du poêle d'origine en fer forgé noir et des immenses fenêtres qui accueillaient les rayons du printemps.

— Vous aimez ? J'en suis ravie.

Margot l'invita à s'installer dans un fauteuil chocolat, pile quand une sonnerie retentit. Le bruit semblait provenir de la plinthe, et Margot plissa les yeux.

— Mieux vaut ignorer cette interruption, décréta-t-elle avant de se baisser avec raideur pour récupérer le téléphone qui gisait contre le mur, et de taper d'un doigt impérieux sur l'écran. Voilà, on est tranquilles. Et maintenant, place au thé. Asseyez-vous, je vous en prie !

Charlotte obéit, puis se releva aussitôt pour offrir les tulipes qu'elle avait gardées à la main depuis tout ce temps.

— C'est pour vous.

Elle espérait que sa voisine ne trouverait pas le bouquet trop fade. Au milieu de cette décoration opulente, elle regrettait de ne pas avoir choisi des fleurs plus exotiques : des orchidées, ou des oiseaux de paradis.

— Comme c'est aimable à vous ! Les fleurs blanches sont si élégantes. Merci, dit Margot avec un plaisir sincère et gratifiant. Un instant, s'il vous plaît.

Elle s'éclipsa, laissant Charlotte seule dans le salon. Jusque-là, la conversation n'avait pas pris le tournant qu'elle avait imaginé. Rien à voir avec le bavardage rassurant qui constituait l'essentiel des conversations avec sa grand-mère.

— Vous avez besoin d'aide ? lança-t-elle en se rappelant soudain des bonnes manières. Je peux faire quelque chose, Margot ?

Mais Margot réapparaissait déjà avec un plateau regorgeant de mignardises et de macarons colorés.

— Tout va bien, je vous remercie.

Elle posa le plateau sur la table basse en noyer entre les deux fauteuils et disposa deux assiettes à dessert.

— Allez-y, servez-vous. Ça vient de chez Julien Plumart, sur Queen's Road. Vous connaissez ? La meilleure pâtisserie de la ville.

— Merci, dit Charlotte en manipulant avec maladresse un minuscule macaron au citron dont elle grignota le bord.

Un régal. Elle allait sérieusement devoir sortir ces baskets neuves de sous le lit pour se mettre à la marche, se promit-elle. Peut-être pas en direction de la jetée, cette fois-ci, pour des raisons évidentes.

— Mmmh, délicieux.

Elle lécha une miette sur son pouce.

— Alors, depuis quand vivez-vous à Brighton ? demanda-t-elle alors que Margot s'emparait d'une théière en argent terni.

— Je suis arrivée il y a vingt ans. J'ai pris un amant à la mort de mon mari, et nous avons déménagé ici.

Elle lui lança un regard complice.

— Un amant anglais… Meilleur que je ne l'aurais imaginé, je dois dire. Meilleur que mon mari, pour être honnête…

Charlotte crachota sur son macaron.

— Euh…

— Mes fils n'approuvaient pas cette décision. Nous avons eu une grande dispute à ce sujet. Puis plein d'autres. On ne s'est pas parlé pendant un long moment – je peux me montrer très entêtée, voyez-vous. Et eux aussi. Mais mon amant, Andrew, est mort il y a trois ans. Et les garçons ont fini par me pardonner. Nous formons de nouveau une famille. Même si, maintenant, ils m'appellent sans cesse, ajouta-t-elle en désignant le téléphone. « Maman, il faut que tu rentres à la maison. Maman, tu ne peux pas rester seule là-bas. Maman, tu dois consulter un médecin. »

Reposant la théière sur la table, elle tendit à Charlotte une tasse et sa soucoupe.

— Mais je refuse. Non, je ne veux pas voir de médecin. Non, je ne veux pas voyager. Je mourrai ici, dans mon fauteuil, avec un bon verre de cognac et un grand sourire. Voilà.

Face à tous ces discours sur la mort et les conflits, Charlotte ne savait pas vraiment quoi répondre. Elle saisit le petit pot de lait pour en verser un nuage dans son thé et remua le breuvage.

— C'est un bon programme.

Sitôt dit, sitôt regretté. La perspective de la mort de Margot dans son fauteuil, un bon programme ? Dire qu'elle se croyait bien élevée !

Heureusement, Margot ne sembla pas perturbée par sa réponse.

— Oui. Mais assez de ces conversations ennuyeuses, je suis certaine que vous avez bien plus intéressant à raconter. Vous êtes venue pour passer un bon moment, et voilà que je déballe mes misères. Assez ! Trinquons plutôt à notre amitié nouvelle.

Elle leva sa tasse.

— Comme on dit en France : santé ! C'est tout ce que je vous souhaite.

Charlotte l'imita, et murmura faiblement :

— Santé.

*Tableau d'affichage*
*de la résidence SeaView House*

RAPPEL AMICAL
À tous les résidents

*Permettez-moi de vous rappeler que les lumières des parties communes doivent impérativement être éteintes lorsqu'elles ne sont pas utilisées.*
*La planète vous remerciera !*
*Ma facture d'électricité aussi !!*

*Angela Morrison-Hulme*
*Gestionnaire de biens*

# 9

Tous les rideaux étaient tirés aux fenêtres de la maison d'Essex Street, et les coups frappés à la porte restèrent sans réponse.

— C'est le bon numéro, on est d'accord ? demanda Rosa après de longues secondes devant la porte fermée.

Une forte brise s'engouffrait dans la rue depuis la mer, faisant rebondir une cannette de Coca dans un tintement métallique le long du caniveau. Quelque part, au loin, un chien aboyait de plus en plus fort.

Bea confirma sombrement.

— C'est bien là.

Elle pressa son visage contre le vitrage martelé de la porte d'entrée, puis frappa du poing trois fois sur le montant en bois blanc. Un chat noir, perché sur le rebord de la fenêtre voisine, les scrutait de ses yeux dorés en amande, remplissant avec assiduité son rôle de surveillance du quartier.

Rosa jeta un coup d'œil à sa montre et se mordit la lèvre. Elle était censée commencer son service dans vingt-cinq minutes, et Brendan ne plaisantait pas avec la ponctualité. Il avait balancé une louche en inox à la tête de Natalya un matin parce qu'elle était arrivée avec dix minutes de retard en murmurant, mortifiée, que son bus était tombé en panne. « Tu crois que j'en ai quelque chose à foutre des bus ? » avait rugi le boss, alors que la louche s'éclatait au sol avec fracas. (Par chance, Natalya avait des réflexes de ninja.) « Ton vaisseau spatial pourrait tomber en panne que j'en aurais toujours rien à battre, compris ? Je veux mon équipe à son poste, à l'heure. Tu m'entends quand je te parle ? »

Oui, c'était très clair. Oui, tout le monde l'avait entendu. Même les touristes sur la plage qui écoutaient de la musique avec un casque antibruit l'avaient probablement entendu. Et, non, Rosa ne voulait pas mettre à l'épreuve ses propres capacités à esquiver les louches volantes.

Elle se balançait d'un pied sur l'autre, se demandant s'il était trop tôt pour frapper de nouveau.

— Peut-être qu'on devrait l'appeler ? suggéra-t-elle juste au moment où leur parvenaient des pas étouffés derrière la porte. Ça doit être lui, dit-elle en apercevant une silhouette déformée par les motifs de la vitre.

Il fallut un long moment pour que l'homme au regard vitreux et à la barbe drue comprenne qui elles étaient et ce qu'elles faisaient devant sa porte à neuf heures du matin. Quand il haussa les épaules, son vieux peignoir en flanelle marine dévoila un boxer noir et des jambes pâles et musclées. Rosa détourna aussitôt le regard, déconcertée, avant de le rabattre sur son visage. Séduisant, bien sûr, même à peine réveillé et débraillé, avec des cheveux noirs en bataille qui commençaient à peine à se parsemer de gris sur les tempes, et des yeux d'un brun doré, comme du caramel. Les hommes les plus beaux étaient les pires, elle le savait. On ne pouvait pas leur faire confiance.

Une seconde plus tard, l'homme cligna des yeux, se ressaisit, et sourit, avançant d'un pas vers sa fille.

— Bea-Bea ! Ça me fait plaisir de te voir, la gosse. Comment ça va ?

— Gareth, c'est ça ? Salut, moi, c'est Rosa, dit-elle, inutilement.

Gareth tendit les bras vers sa fille, et Bea, avec une réticence manifeste, s'avança pour accepter l'étreinte, et retroussa aussitôt le nez.

— Eurk, Papa, tu pues.

Une voix de femme ensommeillée s'éleva des profondeurs de la maison.

— Gar ? C'est qui ?

— Une minute ! cria-t-il en resserrant la ceinture de son peignoir.

Puis il donna une tape dans le dos de Bea.

— Alors, l'école ? Et regarde-moi ça ! À chaque fois que je te vois, tu as encore grandi.

Bea leva les yeux au ciel.

— Ouais, c'est ce phénomène qu'on appelle la croissance, je sais pas si tu connais. Crois-le ou non, tous les adolescents en sont affectés.

Il leva les mains en l'air, en signe de fausse reddition.

— Ouuuh, du calme, mademoiselle ! Laisse une chance à ton pauvre père. Tu n'as pas encore passé la porte que tu sors déjà l'artillerie lourde. On va redescendre d'un cran, dit-il en ponctuant son rire d'un coup d'œil complice à Rosa.

« Ahhh, les gosses », semblait-il lui dire.

Bea ne riait pas.

— Je savais que c'était une mauvaise idée, grogna-t-elle, les bras croisés.

Le regard de Rosa alla de l'un à l'autre. Elle pensait à l'œil intransigeant de Brendan sur la pendule, et à tous les ustensiles dont il pourrait se servir de missiles si elle s'attardait plus longtemps. Il était l'heure de déguerpir et de retrouver la vraie vie.

— Hum, bon, eh bien je vais filer. Je dois aller bosser, mais je serai en repos demain après-midi, après seize heures si…

— Je pourrai venir ? Pour le rôti ? interrompit Bea.

— O.K. Tu pourras passer. Au revoir, Gareth.

***

« Il faut laisser une chance à la joie dans sa vie », lui avait un jour dit une voyante. C'était une de ces tireuses de cartes à deux balles de Margate, où elle passait un week-end avec ses amies, encore étudiantes. « Quelles conneries », avait pesté Rosa quand ses amies l'avaient entraînée dans le petit cabinet – à l'étage d'un salon de coiffure, tu parles de mysticisme –, où Mme Zara, ou quel que soit son nom, avait lu leur avenir.

Évidemment, tout le reste du groupe – Catherine, Alexa, Meg – avait reçu des prédictions merveilleuses en échange de leurs deniers. Des voyages exaltants, des amants fabuleux (« Je ne sais pas trop comment te dire ça, ma chérie, mais les esprits me soufflent que ce beau jeune homme, dans ton avenir… est bâti comme une bombe de Pliz, si tu vois ce que je veux dire… »), des carrières extraordinaires… Tout était écrit sur les cartes de tarot, apparemment, et Zara les interprétait avec verve, moults froncements de ses sourcils bruns de charlatan, et plus encore de gestes de mains aux ongles cramoisis.

Puis ç'avait été le tour de Rosa, et les lèvres de Mme Zara, maquillées de rouge sombre, avaient formé une moue un peu trop longtemps, alors qu'elle tirait les cartes. « Hmmmm », avait-elle marmonné de façon inquiétante. Alexa s'était mise à glousser, et Rosa l'avait fusillée du regard en articulant « arnaque ».

Pas de voyage exaltant en perspective ni d'amant bien doté pour Rosa, d'après cette bonne vieille Mme Zara. Oh non. Au lieu de ça, elle n'avait pas arrêté de parler de tout l'argent que Rosa allait gagner (accompagnant sa prédiction d'un geste du pouce et de l'index désagréablement lascif), et s'était lancée dans les devinettes des défunts qui souhaitaient lui parler.

— Quelqu'un dont le prénom commence par J, je crois ? Ou peut-être… K ?

— Toujours pas, avait répondu Rosa platement, ravie de prouver aux autres que Mme Zara n'était qu'un imposteur sous le foulard qui drapait ses cheveux.

— Mon conseil : il faut laisser une chance à la joie, dans la vie, lui avait dit la voyante à la fin de la séance. Elle n'est pas toujours facile à reconnaître. Ouvrez-vous à elle, pour votre bien.

Super. Génial. C'était tout ?

— Eh bien, c'était un beau tas de conneries, avait décrété Rosa à l'instant où elles avaient passé la porte.

— Pas pour moi, s'était vanté Meg. Je vais rencontrer un homme avec un pénis énorme, apparemment. Clairement, je vais m'ouvrir à ça.

Inexplicablement – et pour son plus grand agacement –, les dernières recommandations de Mme Zara leur étaient restées en mémoire. Chaque fois que Rosa se plaignait d'un voisin, d'un collègue, du bus 43 qui n'arrivait pas, ses amies penchaient innocemment la tête sur le côté et lui disaient : « Mais est-ce que tu laisses une chance à la joie, Rosa ? Peut-être que si tu t'ouvrais un peu plus à elle… » avant d'esquiver le premier objet qu'elle trouvait à leur balancer. (Au moins, aucune d'elles n'avait osé ressortir cette histoire quand elles avaient appris pour Max. Piètre consolation.)

Les mots lui revinrent en mémoire alors qu'elle marchait le long de la plage. On était dimanche après-midi, et elle était soulagée de raccrocher enfin son tablier et de rentrer à la maison, claquée, les pieds meurtris après deux services éreintants, comprenant le mariage le plus chaotique et désordonné jamais vu à l'hôtel, d'après Brendan. (« Et, crois-moi, je sais de quoi je parle, je suis Irlandais. ») Lessivée, Rosa savoura la tiédeur des rayons dorés sur son visage, l'arc décrit par la mouette qui planait au-dessus de sa tête et la délicieuse odeur d'oignons frits qui émanait du camion à hot dogs.

*Laisser une chance à la joie*, se dit-elle, surprise de constater la justesse de cette phrase dont elle s'était si souvent moquée. Car, en réalité, la conscience de la beauté de ce qui l'entourait, même minuscule, lui faisait du bien. La rendait plus heureuse. Pas au point de la faire sautiller partout, mais assez pour envoyer des étincelles de gratitude dans son corps, lui signalant qu'en cet instant précis, elle se sentait bien.

Regardez-la, avec sa méditation de pleine conscience ! Elle imagina Mme Zara approuver, depuis son salon à Margate, et recevant la notification télépathique que Rosa avait enfin pris son conseil au sérieux (« Il était temps ! »), un discret sourire sur ses lèvres. Bon, ça va, Mme Z., vous m'avez eue. Rosa était absolument réceptive à cent pour cent à la joie en rentrant chez elle, avec rien d'autre au programme qu'une bonne tasse de café bien fort et un livre pour bouquiner sur l'herbe du petit parc et profiter du soleil et de sa vitamine D. Oui, qu'on lui balance de la joie, elle était totalement prête à la recevoir.

Son plan en tête, elle pénétrait à peine dans l'entrée de SeaView House, clignant des yeux pour adapter sa vision à la pénombre, quand elle entendit la porte d'entrée de Jo s'ouvrir, et Bea en émergea, bougonne et rebelle. Ah.

— Salut, dit Rosa.

Elle qui rêvait de calme, de solitude et de joie. L'expression furibonde de Bea donna aussitôt à Rosa l'envie de se servir une grande vodka soda.

— Je ne t'attendais pas avant un moment. Tout va bien ?

— Pffff. Papa est un abruti de première. Trop la honte d'être de la même famille. Il est tellement énervant, et… *vieux* et… argh !

Elle se prit la tête dans les mains avec une grimace, comme si les mots la dépassaient.

Bon. Père et fille s'étaient bien amusés, visiblement.

— Euh… on va se calmer sur le « vieux », je te remercie. Il n'est probablement pas beaucoup plus âgé que moi. Allez, suis-moi. Tu as des nouvelles de ta mère ? Elle sera rentrée demain, tu penses ?

Bea lui emboîta le pas, éraflant soigneusement la plinthe du bout de sa chaussure au passage.

— J'en reviens, justement. Elle n'a pas l'air très bien.

Elle baissa la tête et se mit à gratter le vernis noir sur ses ongles. Des écailles minuscules atterrirent sur la moquette claire.

— Elle a chopé une infection – je ne me souviens plus du nom –, mais ils disent qu'elle ne réagit pas très bien aux antibiotiques alors… je sais pas. Je sais pas quand elle va rentrer à la maison.

— Oh, je suis désolée.

Rosa se demanda ce que ça signifiait, en termes de baby-sitting, alors qu'elle se débarrassait de ses chaussures et remuait ses pieds endoloris. Elle avait mal aux jambes à force d'être restée debout toute la journée et d'avoir marché sur le retour. La première semaine où elle avait commencé ce boulot, ses chevilles avaient enflé.

— Tu as mangé ? Est-ce que ton père sait que tu es rentrée, d'ailleurs ?

— Pfff, est-ce que j'ai l'air d'en avoir quelque chose à faire ?

— Pas franchement, non…

Rosa prépara un pichet de sirop de fleur de sureau, y versa un bac entier de glaçons, et fut très tentée de corser sérieusement le tout avec du gin. Elle n'était pas certaine d'avoir l'énergie nécessaire pour gérer Bea avec cette humeur.

— … mais là n'est pas la question. Il voudra sûrement savoir que tu vas bien.

— Ouais, si tu le dis.

Rosa soupira, excédée par cette conversation qui ne menait nulle part. Sa patience avait des limites.

— Bon écoute, c'est pas la peine de me faire la gueule en prime, O.K. ? Et puis, qu'est-ce qu'il a fait de si terrible ?

Bea releva le menton et, pendant un instant, Rosa crut qu'elle allait partir en claquant la porte de chez elle aussi. Mais l'adolescente baissa enfin la tête et marmonna des excuses.

— Je fais pas la gueule, c'est juste que…

Elle avala une gorgée de son verre de sirop.

— … c'est juste qu'il ne veut pas de moi dans les parages. J'ai essayé de lui parler, mais il ne s'intéresse pas à moi. Tout ce qu'il veut, c'est traîner au pub avec ses potes débiles, ou avec Candy, la pouf la plus insupportable au monde.

Rosa supposa qu'il s'agissait de la petite amie, dont la voix avait flotté au loin quand Gareth leur avait ouvert.

— Non, mais tu l'as bien vu hier, continua Bea. Je crois qu'il avait même oublié que je devais venir. C'est dire à quel point il n'en a rien à faire. Et bah, moi non plus.

Elle croisa les bras.

— Je savais que c'était une idée de merde dès le départ. Je te l'avais dit.

Rinçant une barquette de fraises dans l'évier, Rosa écoutait Bea déverser sa rancœur. Un cercle vicieux semblait s'être mis en place. Bea était blessée et refusait de voir Gareth, qui prenait ses déclarations pour argent comptant et les respectait, ce qui ne faisait qu'aggraver le sentiment de rejet de Bea.

— C'est bon maintenant, tu n'y es plus, dit Rosa.

Elle n'osait pas prendre parti et dire quoi que ce soit sur Gareth, même si Bea était convaincue qu'il était l'être humain le plus décevant de toute la planète. Rosa se souvenait des disputes avec ses propres parents, ado, et de combien chaque vexation était amplifiée. Elle s'adoucit alors.

— Je vais prévenir ton père que tu peux rester dormir ici ce soir, même s'il va falloir trouver une solution pour demain. Peut-être que tu pourrais aller chez une amie, si ta maman est d'accord ?

Bea pinça les lèvres.

— Ben voyons. Parce que je suis si populaire à l'école, marmonna-t-elle entre ses dents.

Rosa la scruta, se demandant ce qu'elle voulait dire par là.

— Tu peux me parler, si tu veux.

Elle lui laissa un peu de temps pour développer, mais rien ne venait. Bon, tant pis. Elle transvasa les fraises dans un saladier et s'essuya les mains.

— J'imagine qu'il va falloir faire des efforts des deux côtés, si tu veux que les choses s'arrangent avec ton père.

— Nan, j'ai pas envie.

Bea plongea la main dans le saladier et picora une fraise. Une moue moqueuse apparut sur ses lèvres alors qu'elle mâchonnait.

— Je l'emmerde. Tu savais qu'il existe une start-up spécialisée dans la vengeance sur Internet ? Tu peux les payer pour qu'ils envoient à quelqu'un un vrai sandwich au caca, avec deux tranches de pain et une vraie crotte d'humain au milieu. Je te jure que c'est vrai !

— Ah, vraiment ? répondit Rosa en choisissant une fraise bien ronde et rouge. Les merveilles du vingt et unième siècle, qui l'eût cru ?

— Du coup, si quelqu'un t'a fait une crasse, tu peux littéralement l'emmerder !

— Je garde ça en tête, fit Rosa en pensant à une personne en particulier. Sinon, est-ce qu'on ne parlait pas de mitonner un rôti pour ce soir ? Il est temps de faire une liste de courses.

# 10

Bien au chaud sous la couette en ce samedi soir, Georgie regardait avec tendresse – ou plutôt avec ivresse – son petit ami séduisant, mais très stressé qui, allongé sur le dos, contemplait le plafond. À travers un espace entre les rideaux, l'éclat de la lune tombait sur son front, l'éclairant comme un feu de signalisation. Ce petit rectangle blanc lui donnait un air un peu ridicule, et Georgie se sentit une envie déloyale de glousser. Simon n'était pas du genre à se laisser aller au ridicule.

Basculant vers lui dans un élan soudain d'affection, elle toqua doucement contre son front.

— Toc-toc, dit-elle.

Il se tourna, et le rectangle de lumière se déplaça sur son œil comme un bandeau de pirate.

— Qui est là ?

Elle se colla contre lui.

— Monsieur Front, répondit le vin qu'elle avait bu toute la soirée.

— Monsieur Front qui ?

Ah. C'était bien le problème quand on commençait une blague sans réfléchir à la chute. Elle activa ses méninges.

— Monsieur Front-ce-pas-les-sourcils-ils-vont-rester-collés.

Elle sourit, toute fière de son jeu de mots.

— Tu vois, c'est marrant, parce que tu fronces ton front.

Il roula sur le côté et passa une cuisse lourde sur les siennes.

— Elle est archinulle ta blague, Georgie. C'est même pas un jeu de mots.

Mais elle pouvait entendre le sourire dans sa voix.

— En général, si tu es obligée d'expliquer une blague, c'est qu'elle ne marche pas.

Vexée, elle lui donna un coup de coude dans les côtes.

— Ben vas-y, toi, je t'écoute.

— Toc-toc, dit-il après un temps de réflexion en toquant sur son avant-bras.

— Qui est là ?

— Monsieur Bras.

— Monsieur Bras qui ?

— Monsieur Bras-veau-pour-la-blague-maintenant-au-lit. Compris ? Bras-veau pour bravo…

— Simon, si tu es obligé d'expliquer une blague, en général c'est qu'elle…

— Oh chut. Bonne nuit, Georgie.

— Bonne nuit, Simon.

Il y avait du progrès, songea Georgie avec optimisme en écoutant la respiration de Simon se faire plus lente et plus profonde. Il suffisait de s'adapter à cet endroit, de recalibrer leur relation dans ce nouveau décor. Ils s'étaient bien amusés ce jour-là à la fête foraine au bout de la jetée, à hurler dans les montagnes russes (surtout elle), à remporter un gorille en peluche à la pêche aux canards (lui) et à regarder les gens passer. Puis ils s'étaient arrêtés dans un pub, un demi (puis deux, puis plein) pour la route, et ils avaient fini par faire l'amour par terre sur la moquette du salon, les fenêtres grandes ouvertes. Mais oui ! Enfin un avantage à vivre à l'étage, sans vue sur la rue. S'ils avaient tenté ça à Stonefield, Mrs Huggins aurait accouru dans les deux minutes et aurait regardé par la fente du courrier, croyant entendre un oiseau coincé dans la cheminée ou des cris étranges.

Tout ira bien, pensa-t-elle en se souvenant de l'après. Eux, à bout de souffle et ravis, nus sur la moquette du salon. Dans cinq mois et demi, ils seraient de retour à Stonefield, de toute façon. Bien sûr qu'ils allaient surmonter ça.

Quand le lundi arriva, Georgie décida de retarder l'écriture pour le boulot et de charger ses nouvelles photos sur Facebook : elle et Simon, la tête coincée dans ses grands cartons aux dessins marrants qu'on trouvait sur la jetée (lui dans le rôle du maître-nageur musclé, et elle dans celui de la rescapée de la noyade en bouée). « HILARANT ! » écrivit-elle en légende, tentant de partager le fou rire du moment.

Pile quand elle publiait sa photo, son téléphone bipa pour lui indiquer qu'elle avait reçu un nouveau mail. Viv lui avait (enfin) répondu. Non seulement ça, mais l'objet du mail était intitulé : « Nouveau numéro disponible dès maintenant ! »

La pression. C'était le grand jour ! Le magazine avait paru, et avec lui son tout premier article pour la rubrique « Hey Em ». Qui a dit que les lundis étaient déprimants ? Elle imagina la tête de ses amis quand elle posterait sur Facebook le lien de l'édition en ligne. À moins qu'il ne vaille mieux récupérer un paquet d'exemplaires papier et les poster à ses amis par surprise. Ils allaient halluciner !

Sans prendre la peine de lire le contenu du mail, Georgie cliqua sur le lien, les doigts fébriles, parvenant à peine à croire qu'elle s'apprêtait à voir son nom sur la toute nouvelle rubrique du magazine. Difficile de faire plus cool ! Et ce n'était pas fini. Dans quelques mois, et elle serait déjà blasée de voir son nom imprimé, mais pour l'instant ce sentiment était inégalable.

Le magazine ouvrit une nouvelle fenêtre, et elle fit défiler la page web jusqu'à trouver sa contribution – la page d'accueil, des pubs, un article sur un acteur local, bla bla bla, qu'importe, elle lirait tout ça plus tard. Quand elle arriva sur l'entête intitulée « Hey Em » en gros, son cœur se mit à battre plus vite de fierté. La voilà !

Viv avait rédigé une petite intro en haut de la page. « Un problème ? Vous êtes au bon endroit. Voici Em, notre rédactrice courrier du cœur. Elle est cool, elle est drôle… et elle ne mâche pas ses mots ! »

Georgie ne pouvait pas être plus d'accord ! Cool et drôle, c'était tout elle. Mieux, c'était maintenant écrit noir sur blanc : quelqu'un la trouvait cool et drôle. Elle avait hâte que ses amis voient ça ! Génial ! Sauf que… ah. Aucune mention de son nom, malheureusement. Pas de grande annonce pour révéler que Georgie Taylor était la plume talentueuse derrière Em, la nana cool et drôle. C'était un peu écœurant, à vrai dire.

« Hey Em », lut-elle, sentant la satisfaction revenir en faisant défiler la page. Voilà. Le fameux problème de la serveuse qu'elle avait rédigé, et auquel elle avait répondu. Elle retint son souffle en parcourant les paragraphes, mais Viv avait à peine corrigé une virgule. La fierté l'envahit. Regardez ça. C'était ses mots, imprimés, des phrases écrites par elle, lues dans toute la ville. Elle, Georgie Taylor, avait donné vie à Em !

Puis elle remarqua un texte suivant la réponse d'Em, et fit glisser le curseur pour poursuivre sa lecture.

Em a donné son avis, maintenant c'est à votre tour. Voici un nouveau problème pour lequel nous attendons vos conseils. Alors, chers lecteurs, dites-nous ce que vous en pensez !

Georgie fronça les sourcils. Un autre problème ? Bizarre. Elle n'en avait envoyé qu'un. Est-ce que Viv aurait écrit une deuxième lettre pour remplir la page ou un truc du genre ?

Hey Em,
Tu sais quoi ? Mon copain est un vrai con en ce moment. Tout ça parce qu'il a décroché ce nouveau projet, maintenant…

Ouh là. Son sang sembla geler dans ses veines. Elle en arrêta presque de respirer. Une seconde. Quoi ?

… maintenant il se prend pour le roi du monde.
On a déménagé du Yorkshire pour qu'il puisse réaliser son fantasme, pardon : pour qu'il puisse accepter ce super boulot…

Oh non. Punaise, non. Elle crut qu'elle allait vomir. Comment était-ce… ? Non. Elle ne pouvait pas avoir envoyé le mauvais document à Viv, pas vrai ? Le mauvais fichier avec toutes ses jérémiades au sujet de Simon. Si ? Elle regarda l'écran avec horreur, le cœur battant.

… et depuis j'ai un peu l'impression de compter pour des prunes. Je fais de mon mieux – je me suis bougée et j'ai trouvé un job, moi aussi. Mais l'équilibre de notre relation est renversé.

Merde. Elle avait bel et bien envoyé le mauvais document. Impossible autrement. Sa main se leva lentement pour couvrir sa bouche alors que montait le besoin viscéral de crier. Quelle boulette ! Quelle idiote ! Quelle abrutie ! Purée ! Mais quel fiasco. Comment pouvait-on être si incompétente ?

Il se comporte comme s'il était le plus important des deux et que je ne faisais que le suivre ! lut-elle avec horreur, hantée par ses propres mots. Peut-être qu'il a raison et qu'il faudrait que je me trouve une vie, sans lui.

Viv avait ajouté : « Au secours, Em, qu'est-ce que je dois faire ? » et signé « Une nana du Yorkshire ». Le cœur de Georgie plongea plus bas encore, et elle resta hébétée devant l'écran. Bon, eh bien, il était hors de question qu'elle montre sa rubrique à Simon à présent. Même pas en rêve. Elle ne pouvait pas la partager avec ses potes non plus, jamais de la vie. Tout le monde se moquerait d'elle, à Stonefield ! Elle n'y survivrait jamais ! « Mais tu disais que tu t'éclatais comme jamais ! » lui renverraient ses amis. « Toutes ces photos de couchers de soleil ! Celle avec la baigneuse et le maître-nageur – HILARANT !!! C'est ce que tu as écrit ce matin ! »

Le seul fait d'imaginer leurs réactions – leur pitié – était si atroce qu'elle porta les mains à son visage et frissonna. Très bien, se dit-elle en tentant de rassembler ses esprits. Ils n'avaient pas besoin d'être mis au courant, fin de l'histoire. Ce serait son terrible secret, qui allait rester ici, sur la côte sud de l'Angleterre, et personne n'en saurait jamais rien.

Une seconde. Ce n'était pas fini. Sous la lettre… Oh non. La honte. Sous la lettre se trouvait le sondage interactif qu'elle avait élaboré, en théorie pour Bouclettes, mais cette fois soumis à son propre problème.

Chers lecteurs, la parole est à vous. Que doit faire notre nana du Yorkshire ? À vos votes :

La nana du Yorkshire devrait :

LE LARGUER ? Il ne sert à rien ! Oublie-le !

LE GARDER ? Rester encore un peu avec l'espoir qu'il se ressaisisse.

LE SAUTER ? OSEF, il a l'air canon, autant prendre son pied !
Pour voter, il suffit d'un clic… et vous découvrirez ce qu'en pensent les autres.

Georgie n'en croyait pas ses yeux. C'était de pire en pire. De pire en pire ! Elle allait se réveiller de ce cauchemar d'un instant à l'autre. Par pitié, qu'on la réveille !

Elle se pinça, au cas où elle serait plongée en plein rêve horrible, malheureusement elle était réveillée, et c'était bel et bien arrivé. Non seulement le magazine avait publié ses jérémiades sur Simon – les lamentations intimes que personne d'autre n'était censé lire ! –, mais en plus tout Brighton était invité à parier sur sa relation et à voter sur son avenir !

Au secours. C'était un enfer. Aux chiottes l'optimisme et le bon côté des choses. La seule maigre consolation qu'elle voyait maintenant, c'était le fait que son nom n'apparaisse justement pas sur la page.

Pour voter, il suffit d'un clic… et vous découvrirez ce qu'en pensent les autres.

— Allez-vous faire voir, grogna-t-elle.

C'était comme se retrouver dans un épisode de l'émission de téléréalité la plus vulgaire. *Qu'adviendra-t-il du couple de Georgie et Simon ? C'est à vous de décider !*

D'ailleurs, qu'en pensaient les autres ? La question lui trottait dans la tête. Quel était l'avis de la population de Brighton sur ce qu'elle devait faire ?

Se maudissant de céder, elle cliqua loyalement sur LE GARDER. (Un ajout de Viv, visiblement.) Elle n'avait pas l'intention de rester « encore un peu », s'indigna-t-elle sur la défensive. Elle l'aimait ! Simon était son grand amour ! L'homme de sa vie, qui était un peu obsédé par le boulot et à cran ces derniers temps, c'est vrai, mais ça arrivait à tout le monde, non ?

Une nouvelle fenêtre apparut à l'écran.

MERCI ! Les résultats en cours :

LE LARGUER : 76 %

LE GARDER : 4 %

LE SAUTER : 20 %

Georgie en resta bouche bée d'indignation. Seuls 4 % des votes en faveur de son couple ? C'était ridicule. Les gens étaient tellement superficiels ! Une autre pensée lui vient aussitôt. Combien de personnes, en tout, avaient participé au sondage ? Et si ces 4 % ne représentaient que son vote à elle ?

Elle ferma la page, fébrile. Un désastre total. Comment Viv avait-elle pu lui faire une chose pareille ? Elle devait bien se douter que Georgie avait envoyé la mauvaise version et qu'elle était le sujet de sa lettre sur Simon, non ? Est-ce qu'elle essayait délibérément de la faire passer pour une idiote ?

Avec un peu de retard, son esprit embrumé par l'horreur de la situation, Georgie se souvint que le mail de Viv contenait du texte, et pas seulement le lien fatidique. Ô joie. C'était sûrement plus gênant encore.

Salut Georgie,
Bien reçu les lettres - elles sont top ! On a trouvé que ta voix pour Em était parfaite, mais on s'est dit que le sondage serait plus approprié pour la question laissée sans réponse - c'était ton intention ? Ce n'était pas très clair dans ton mail. Super idée, d'ailleurs, de demander l'avis aux lecteurs. J'adore !
Pour ce qui est de tes autres idées, j'aime bien celle du « À vos défis ! » où les lecteurs choisissent pour toi une activité par semaine. Vendu ! Je vais lancer la rubrique en t'envoyant au Roller Disco de Saltdean - il y a deux entrées gratuites valables pour mardi ou mercredi, donc n'hésite pas à inviter une amie (et mentionne le magazine à ton arrivée). Si tu peux nous écrire un papier et me l'envoyer pour vendredi, ça nous permettra de poster une news sur notre page Facebook pour demander des suggestions pour la fois suivante. Cool ! Ah, et évidemment, un autre problème - ou deux -
pour « Hey Em ». Vendredi aussi. On n'a qu'à dire un de chaque, un avec réponse et un sans réponse pour que le public puisse intervenir ; plus c'est croustillant, mieux c'est ! Enfin, merci de me faire parvenir tes coordonnées bancaires, pour que je puisse te payer.
À plus,
Viv

Georgie s'adossa contre les oreillers, essayant de digérer tout ça. Bon, voilà le bon côté des choses, au moins : le salaire, même s'il lui faisait l'effet d'argent sale, maintenant qu'elle avait stupidement lavé le linge de son couple en public. Viv avait aimé son idée d'activités insolites, ce qui était positif aussi, même si elle était déjà certaine que Simon refuserait catégoriquement de l'accompagner à un Roller Disco. (« Tu plaisantes, j'espère ? » l'entendait-elle dire d'un ton cinglant dans sa tête.)

Pourtant, ça restait une forme de progrès. Une commande. Entre ça, et ces nouvelles lettres du courrier du cœur à écrire, elle pourrait même réussir à amortir ce dîner hors de prix de la semaine passée. *Hey Em*, pensa-t-elle, exaspérée, *je fais de mon mieux ici, mais le sud de l'Angleterre n'est pas tendre avec moi…*

# 11

RAPPEL
De : Anthony Gillespie
À : Tous les employés
OBJET : Sunset Years l'Amitié avec nos Aînés

Merci de vous assurer que tous les formulaires ont été dûment complétés et retournés à MON ADRESSE avant la fin de la semaine. Veuillez inclure toutes les informations nécessaires concernant votre « nouvel ami » pour nos registres. Si vous n'avez pas encore de candidat répondant aux critères, merci de le préciser clairement sur votre formulaire afin que nous puissions vous en assigner un dans les plus brefs délais.
Allez, les amis ! C'est pour le bien de la communauté ! Nous sommes lancés dans un beau projet !

*Un beau projet, c'est ça,* songea Charlotte en faisant la grimace devant son écran. Elle n'avait pas encore renvoyé son formulaire, faute d'avoir osé aborder le sujet avec Margot ce samedi après-midi. Elle n'était d'ailleurs toujours pas convaincue que sa voisine ait besoin de se faire des amies, alors que sa vie sociale semblait bien plus active que celle de Charlotte. Sans compter que Margot n'était définitivement pas faible ni en perte d'autonomie. Une fois son discours sur sa mort imminente passé, elle s'était empressée de cuisiner Charlotte pour connaître tous les détails de sa carrière et de son éducation, avec un intérêt si sincère qu'il en était perturbant.

— Et pas de mari ? Pas d'amant torride pour vous tenir chaud la nuit ? lui avait demandé Margot en haussant un sourcil parfaitement épilé.

— Euh… non, avait marmonné Charlotte. En tout cas plus maintenant.

C'est à ce moment qu'elle avait vidé sa tasse d'une traite, englouti les dernières miettes d'un macaron lilas, et s'était levée pour partir avant que Margot n'ait le temps de creuser le sujet.

— Bien, c'était très sympathique, avait-elle dit en sentant ses joues virer au rose.

Margot devait la trouver terriblement ennuyeuse, si elle aimait avant tout parler d'amour, de la mort et de passion. Charlotte était aussi sèche qu'une bûche, et n'avait rien à raconter à part les détails assommants de sa vie dans un service de notariat, et seulement pour éviter de parler de choses plus intimes.

Fidèle à ses excellentes manières, son hôtesse lui avait fait la bise et avait fouillé dans son porte-monnaie pour en extraire une pièce qu'elle avait tendue à Charlotte, à la manière d'une généreuse mécène.

— Vraiment, il ne faut pas, avait protesté Charlotte, au comble de l'embarras.

— Au contraire, j'insiste. Ce fut un plaisir de papoter avec vous. Maintenant, que me disiez-vous la dernière fois ? Que vous en feriez bon usage ?

Charlotte s'était empourprée plus encore.

— C'était ce que me disait toujours ma grand-mère, quand elle me donnait des étrennes à Noël.

Une lueur avait pétillé dans les yeux de Margot.

— Je vois. C'est très raisonnable. Je suis ravie de m'être fait une nouvelle amie si sage. Vous êtes la bienvenue quand vous le souhaitez.

*La bienvenue quand vous le souhaitez…* Charlotte fit tourner un trombone autour de son doigt à l'aide de son pouce, en relisant le mail. C'était ce que Margot lui avait dit. Et peut-être qu'il ne s'agissait que d'une formule de politesse, mais si Charlotte devait absolument se lier avec une personne âgée pour le projet de l'entreprise, est-ce qu'on ne disait pas que charité bien ordonnée commence chez soi ? Alors quoi de plus approprié que sa propre résidence ?

Avec cette idée en tête après le travail ce soir-là, Charlotte fit un détour par chez Julien Plumart, la pâtisserie préférée de Margot. Elle hésita longuement devant les meringues aux couleurs pastel en vitrine, et se décida pour une sélection de tartelettes délicates au citron et aux framboises, soigneusement emballées dans un carton blanc, puis elle frappa à la porte de Margot en rentrant à Dukes Square.

Margot lui ouvrit en robe en laine anthracite, un foulard vermillon autour du cou et des lunettes sur le nez.

— Quelle bonne surprise ! s'exclama-t-elle en voyant Charlotte et sa boîte de pâtisseries. Vous devez absolument entrer. J'étais sur le point de me servir un verre pour accompagner ma cigarette sur le rebord de la fenêtre. N'en dites rien à cette abominable Angela. Mais existe-t-il de rituel plus exquis qu'une cigarette et du gin le lundi soir ?

— Euh… non ?

Margot s'esclaffa.

— Ne vous en faites pas. Nul besoin de mentir. Je suis une vilaine vieille dame, et vous êtes une jeune fille bien comme il faut. Ne me laissez pas vous corrompre.

— Je tâcherai de faire attention. Bref, bonjour, dit-elle timidement. Voilà pour vous. C'est pour vous remercier de votre invitation samedi. C'était une conversation agréable.

— Mes préférés ! s'enthousiasma Margot en acceptant la boîte. Comme c'est aimable. Vous êtes sûre que je ne peux pas vous offrir un cocktail ? Sinon j'ai aussi une absinthe excellente en réserve…

— Merci, mais non, je… j'ai des choses à faire.

*Oui, comme une bolognaise à réchauffer au micro-ondes et un planning de corvées à tenir. Folle soirée en perspective !*

— Mais je me demandais…, hésita-t-elle.

*Vas-y, crache le morceau.*

— … l'entreprise pour laquelle je travaille vient de lancer un projet en partenariat avec la communauté. L'Amitié avec les…

Elle s'interrompit juste à temps pour ne pas prononcer le mot « Aînés ». Margot Favager avait beau parler d'elle-même comme d'une vieille dame, ça ne signifiait pas que le reste du monde pouvait en faire autant.

— … les autres. L'Amitié avec les Autres. Nous sommes censés nous porter volontaires pour aider avec les corvées, et tout ce pour quoi ils pourraient avoir besoin d'assistance…

Margot retroussa son nez délicat.

— Les corvées ?

— Oui, oui, les courses. Faire vos achats pour vous, ou aider avec le ménage. Enfin. Ça, c'est si vous acceptez d'être ma… personne. Volontaire.

Charlotte rougit, croisant les doigts pour ne pas avoir vexé sa voisine. Elle avait présenté ça de manière si formelle et si inamicale. D'ailleurs, l'appartement de Margot était impeccable et elle n'avait clairement aucun mal à l'entretenir.

— Ou on pourrait juste boire du thé et bavarder, bien sûr, ajouta-t-elle précipitamment.

— Ahhh, c'est une bonne action pour les gens seuls ? Porter assistance à des vieilles femmes malheureuses ?

Elle pinça les lèvres, puis ajouta :

— Mais je ne suis ni seule ni malheureuse.

— Non, bien sûr que non.

Des deux, Margot n'était définitivement pas la plus seule.

— Et je ne voulais surtout pas suggérer que…

— Que vous avez pitié d'une vieille femme mourante et alcoolique ? C'est ça ? Vous proposez de m'aider à traverser au passage piéton, vous croyez vraiment que j'ai besoin de ça ?

La voix de Margot était montée d'un ton à chaque question, et le visage de Charlotte était cuisant.

— Non ! Non, pas du tout ! se défendit Charlotte, mortifiée et regrettant d'avoir abordé le sujet.

Comment avait-elle pu penser que c'était une bonne idée ? Elle était si maladroite, si gourde ! Et maintenant la seule personne de Brighton à s'être montrée gentille avec elle, qui l'avait accueillie dans son salon, était offensée.

— Écoutez, ça n'a pas d'importance. C'était juste une idée comme ça. Vraiment, je suis désolée, je ne voulais pas…

Mais Margot éclata d'un rire tonitruant et lui tapota le bras.

— Ahh Charlotte, je vous embête.

*Ouf. Merci merci merci.*

— Avec plaisir. Je vous enverrai toutes les semaines faire nos emplettes de pâtisserie et de gin, et ensuite on passera une bonne soirée à papoter. Ça vous va ?

— Oui.

Charlotte se mordit la lèvre, avec l'impression d'avoir été réprimandée. Voilà qui l'avait remise à sa place. Elle retiendrait la leçon.

— Merci, ce serait super. Le vendredi en fin d'après-midi, ça vous irait ? Vous pourriez venir chez moi, si vous préférez, ou…

— Je serais ravie de vous recevoir ici. Vendredi, fin d'après-midi. Ce sera notre petit club pour refaire le monde.

— Oui, dit Charlotte. Pour refaire le monde.

On était lundi soir, ce qui signifiait qu'il fallait faire les vitres, passer l'aspirateur et trier le linge sale. Un début de semaine chargé. Après un dîner de pâtes à la bolognaise (délicieux, merci le rayon conserve de chez Waitrose), elle sortit l'aspirateur. L'appartement était si petit que ça ne lui prenait malheureusement jamais longtemps. (De temps en temps, les très mauvais jours, elle recommençait une deuxième fois, histoire de meubler la soirée interminable.) Souvent, en maniant l'embout dans les recoins, elle se prenait à regretter de ne pas avoir une multitude de pièces, un escalier sur plusieurs étages, et un couloir plus long que les deux mètres qu'elle était réduite à aspirer. Même chose avec la lessive : le maigre tas de linge ne prenait guère plus que quelques minutes à trier. Elle pensait à toutes ses amies avec enfants qui se plaignaient de toutes leurs corvées domestiques. « La lessive ! » soupiraient-elles en plaquant une main sur leur front, comme si c'était trop à supporter. « Le bazar ! » Comme si elles savaient ce que c'était que souffrir. Comme si elles en avaient la moindre idée ! Charlotte aurait volontiers trié des montagnes de vêtements puants tous les soirs pour le restant de ses jours sans se plaindre, si en échange on lui avait laissé Kate. Si seulement elle avait pu suspendre des barboteuses, secouer des collants rayés miniatures et des gilets pour bébé.

*N'y pense pas. Il faut rester occupée. Continue à t'occuper.*

Elle n'avait gardé qu'une seule barboteuse, douce et blanche décorée d'un hérisson adorable. Elle était trop grande pour Kate, dont les jambes n'arrivaient qu'à mi-longueur, et il avait fallu rouler les manches pour dégager les petites mains roses à l'allure d'étoiles de mer.

*Ne pense pas à elle, Charlotte. N'y pense pas.*

Avec un dernier passage furieux dans le couloir, elle éteignit l'aspirateur et soupira. Il n'était que dix-neuf heures trente, et il lui restait encore des heures devant elle à meubler ; elle allait devoir faire durer le lavage des vitres. Les frotter à l'eau savonneuse d'abord, puis les passer au vinaigre blanc, pour faire briller. Est-ce que le papier journal n'était pas censé être l'idéal pour ça ? Peut-être devrait-elle essayer cette méthode, pour tuer le temps. Oh, et puis à quoi bon ? Soudain, une vague d'angoisse déferla, et elle serra fort les poings. Quel intérêt ? Pourquoi prenait-elle la peine de nettoyer ses vitres ? Pourquoi ?

Elle se précipita dans la chambre, incapable de se retenir plus longtemps, ouvrit en grand les portes de l'armoire, et commença à retirer les pulls et les piles de sweat-shirts pour déterrer son précieux trésor, les seuls souvenirs de Kate. La barboteuse, les photos, le bracelet en plastique blanc qu'elle avait porté autour de son poignet minuscule à l'hôpital… Elle essayait de rationner le temps qu'elle passait à regarder ces objets, de peur qu'à trop les exposer ils en perdent de leur valeur, deviennent moins précieux. Mais parfois, comme maintenant, elle ne voulait rien d'autre que de s'immerger dans les photos, nicher son visage contre le hérisson de la barboteuse et…

Ses mains soulevaient le couvercle de la boîte – *je ne peux pas, je ne suis pas assez forte* – quand elle entendit qu'on frappait à la porte d'entrée.

— Charlotte ?

Une voix lui parvint, suivie d'un nouveau coup.

Charlotte sursauta. Elle n'avait pas eu un seul visiteur depuis son arrivée dans cet appartement, à l'exception du facteur et de quelqu'un qui s'était trompé d'interphone et voulait parler à Jo, du rez-de-chaussée. Avec un dernier regard en direction de la boîte, elle la rangea, inspira profondément plusieurs fois, puis sortit dans le couloir.

— Hum… oui ?

La voix ne ressemblait pas à celle de Margot. Pourtant, elle ne connaissait personne d'autre à Brighton, à part ses collègues, qui n'avaient pas son adresse. Enfin si, le département des RH devait bien l'avoir quelque part. Les pensées se précipitèrent dans sa tête. Était-elle en faute ? Peut-être qu'ils avaient remarqué qu'elle ne s'était jamais inscrite aux afterworks karaoké, ni à la soirée bowling organisée par une femme de la compta. Et si la big boss, Stella, avait décidé de venir pour lui faire un petit discours de motivation en privé ?

— C'est moi, Georgie. La voisine ? Tu as une minute ?

Georgie. La voisine. Vingt ans et des poussières, avec la jupe rouge et l'accent du Nord, qui l'avait complimentée sur ses chaussures.

— Oh, dit-elle, encore hébétée.

Elle reprit ses esprits et décrocha la chaînette de sécurité.

— Salut, dit-elle en ouvrant la porte et en priant pour ne pas avoir l'air d'une folle.

*Oh, ma tête ? Pas d'inquiétude, j'étais juste sur le point de fondre en larmes devant une boîte à chaussures. Ce sont des choses qui arrivent !*

— Coucou, dit Georgie.

Elle portait un jean et un dos-nu rose avec de longues boucles d'oreilles en or, et ses cheveux étaient ramassés en une queue-de-cheval négligée au sommet de son crâne.

— Désolée de te déranger. C'est juste que… Eh bien, le truc, c'est que j'ai des places pour une soirée roller disco à Saltdean. Je suis censée rédiger un article pour un magazine.

Charlotte cligna des yeux. Dans le genre amorce de conversation, c'était une première.

— Euh… chouette ? tenta-t-elle.

— Et j'espérais que Simon viendrait avec moi – mon copain.

Une ombre d'exaspération traversa le visage de Georgie quand elle poursuivit :

— Mais il n'est pas très enthousiaste. Enfin, il m'a répondu : « Plutôt crever que d'enfiler des rollers à flammes », imita-t-elle dans un accent du Nord exagéré.

Charlotte se taisait, avec l'horrible pressentiment qu'elle comprenait ce qui lui pendait au nez.

— Alors je me demandais, continua Georgie avec espoir, si ça te dirait de venir avec moi à sa place. Une soirée entre voisines ? Ça pourrait être marrant ?

— Ah.

Une soirée roller ? Elle ne s'était pas aventurée sur des roulettes depuis l'adolescence. Elle revit ses pirouettes sur la piste de Newbury, main dans la main avec sa meilleure amie Shelley, leurs cheveux au vent. Puis elle pensa à son corps négligé, à ses trente-huit ans, aux baskets blanches toutes neuves, et à ce petit souffle qu'elle poussait maintenant chaque fois qu'elle se levait d'une chaise.

— Je ne suis pas trop sûre de…

Georgie se mordit la lèvre.

— O.K., je vais jouer cartes sur table. Le truc, c'est que je ne connais absolument personne à

Brighton. On vient juste d'arriver, et mes potes sont à l'autre bout du pays. Je me disais juste… enfin, que ce serait chouette d'apprendre à se connaître, non ? Et…

Elle avait de grands yeux si bleus, Georgie, et tant d'espoir qui les illuminait. Charlotte détourna le regard. Elle ne voulait pas aller à une soirée roller disco. Elle était une adulte qui avait parfaitement le droit de refuser. D'ailleurs, il lui restait encore des vitres à nettoyer, pas vrai ?

— J'ai déjà quelque chose de prévu ce soir, répliqua-t-elle faiblement.

— Oh, je ne voulais pas dire *maintenant*, précisa aussitôt Georgie. J'ai des invitations pour demain ou mercredi, comme tu préfères. J'ai une voiture pour y aller. Et si c'est naze, on pourra toujours aller au pub à la place. Qu'est-ce que tu en penses ?

Charlotte sentait sa résistance s'émietter. Elle n'avait jamais su dire non aux autres, c'était bien son problème, surtout devant quelqu'un qui plaidait avec de grands yeux attendrissants. C'était exactement pour cette raison que les démarcheurs pour des associations la ciblaient automatiquement dans la rue. On voyait bien qu'elle ne savait pas dire non.

— Je…

De nouveau, ce souvenir d'adolescence, à patiner en huit, rapide et libre. Puis la voix de Margot qui résonnait dans sa tête : « Une nouvelle amie, quel bonheur ! »

— J'imagine que je peux me libérer demain, marmonna-t-elle.

Le mardi était toujours un peu léger en termes de ménage, et elle finissait souvent devant des documentaires animaliers ou à faire le sudoku du journal pour éviter l'appel de la boîte à chaussures contenant les photos de Kate. Vu comme elle s'apprêtait à s'effondrer ce soir-là, au moment où Georgie avait frappé à la porte… C'était un risque qu'elle ne courrait pas en s'absentant de l'appartement le lendemain…

Georgie sauta sur sa capitulation :

— Demain, c'est parfait ! Oh, merci, Charlotte, c'est génial. Merci du fond du cœur. Je passe te chercher vers dix-neuf heures ?

— D'accord.

Mais dans quoi s'était-elle fourrée ? Une soirée roller disco avec une voisine qui devait avoir dix ans de moins qu'elle ? Est-ce qu'elle venait vraiment d'accepter ? Elle avait perdu la boule, songea-t-elle en refermant la porte. Elle resta adossée contre le mur un moment, perturbée. Elle allait devoir se résoudre à inventer une terrible intoxication alimentaire. Ou alors verrouiller sa porte et faire la morte.

Pourtant, si on se concentrait sur le bon côté des choses, son accès de désespoir profond s'était éloigné sans bruit, comme un petit caillou plongeant dans les profondeurs de l'océan. Elle retourna à son armoire, empila les pulls et les sweat-shirts à leur place devant la boîte à chaussures, et ferma les portes, à nouveau maîtresse d'elle-même. *Voilà*, se dit-elle en posant les mains à plat sur les panneaux en bois. *Tout est rentré dans l'ordre.*

*Maintenant, les carreaux.*

C'est ainsi qu'à peine vingt-quatre heures plus tard, Charlotte se retrouva à claquer la boucle de serrage d'une paire de rollers de location dans un centre sportif à l'odeur de magnésie. Des enceintes diffusaient à plein volume « *Boogie Wonderland* » et des faisceaux rouges, verts, bleus, projetaient leur lumière mouvante autour d'elle. Charlotte n'arrivait toujours pas à croire qu'elle était ici. La journée de travail avait été assez mauvaise – elle était en désaccord avec un notaire trop scrupuleux qui souhaitait que ses clients retirent de leur assurance l'usage d'une allée commune derrière leur maison centenaire (ridicule !), puis elle avait passé quarante minutes au téléphone avec une cliente particulièrement collante qui avait insisté pour qu'elle l'aide à remplir chaque ligne du dossier d'information sur sa propriété. Charlotte, de plus en plus impatiente, n'avait écouté que d'une oreille, tout en gribouillant des patins à roulettes sur un coin de son bloc-notes. Puis – incroyable –, alors qu'elle raccrochait, elle avait réactualisé sa boîte mail et vu apparaître une demande d'ajout sur un réseau social professionnel de la part de Shelley, son amie depuis longtemps perdue de vue, avec qui elle partageait ses souvenirs de roller. C'était comme si le destin la poussait sans subtilité dans la même direction.

Et voilà que, grâce au destin – et aux supplications de sa voisine –, elle se retrouvait là, tachetée des lumières que projetait la boule disco suspendue au centre du plafond, à des années-lumière de sa zone de confort. Elle espérait qu'elle n'était pas sur le point de commettre une erreur irréparable qu'elle regretterait jusqu'à la fin de ses jours. Elle avait vu assez d'épisodes d'*Urgences* pour savoir qu'un terrible accident était vite arrivé, surtout avec les pieds sanglés à des roulettes.

— Youuuuuuhouuuu ! beuglait le DJ, le poing martelant l'air au rythme de la musique au-dessus des patineurs qui évoluaient en cercle. Je veux vous entendre chanteeeeeer !

— J'y crois pas, dit Georgie, hilare, en abandonnant son manteau et son sac sur un siège en plastique avant de trouver son équilibre debout. C'est totalement dingue. Il y en a qui prennent ça bien trop au sérieux. Regarde le type en jean blanc et chapeau mou ! Lui, il a gagné un portrait dans mon article.

Charlotte se leva avec précaution, s'agrippant au dossier d'un siège le temps d'établir son centre de gravité, puis jeta un regard en direction de la foule de patineurs. Ah. Lui : jean blanc, feutre bordeaux et gilet argenté… qui dévoilait fièrement les muscles de son torse nu et de ses épaules imposantes. Sa peau luisait déjà de sueur (à moins qu'il ne l'ait huilée pour l'occasion). D'autres patineurs arboraient un style tout droit sorti des années quatre-vingt, avec des bandeaux fluos, des hauts en résille noirs et des jambières. Il y avait quelques microshorts aussi, surtout chez les hommes. Doux jésus. Pourquoi avait-elle accepté de venir ?

— J'ai l'impression que mon look n'est pas tout à fait adapté, murmura-t-elle.

Elle baissa les yeux sur son jean et son T-shirt bleu à manches longues de chez Gap. Personne d'autre ne portait de casque, même si certains avaient des protège-poignets et des genouillères. Ces gens n'étaient-il pas conscients des risques de traumatismes crâniens ? N'avaient-ils jamais regardé de série médicale ?

— Ça alors, regarde Don Juan, là-bas, avec ses cheveux.

Elles regardèrent toutes les deux passer un homme séduisant, élancé, avec des cheveux comme la crinière d'un lion, les muscles moulés dans un cycliste de Lycra et un T-shirt d'une marque branchée. Puis elles lâchèrent un « beurk » à l'unisson en le voyant patiner derrière trois femmes, l'une après l'autre, pinçant les fesses de la première, attrapant la suivante par la taille, puis tortillant des hanches de manière obscène autour de la troisième.

— Glauque. Je vais clairement garder mes distances avec ce pervers, décréta Georgie.

Comme Charlotte, elle portait un jean, mais avec un T-shirt turquoise aux étoiles argentées, et elle avait divisé sa chevelure blonde en deux couettes qui la faisait se fondre un peu plus dans le décor.

— On se lance dans l'arène ? proposa-t-elle. Je te préviens, je vais avoir besoin qu'on me tienne la main pour le premier tour de piste. La dernière fois que j'ai enfilé ces trucs, je devais avoir quatorze ans, et j'étais bien plus en forme que maintenant.

— *Idem*, avoua Charlotte.

Agrippées l'une à l'autre, elles avancèrent pas à pas vers le sol lisse avec de petits cris d'appréhension.

— J'arrive pas à croire que je suis en train de faire ça, lâcha Charlotte au son de « *Lady Marmalade* ».

On était bien loin du bip de son micro-ondes et de la voix réconfortante des documentaires animaliers de David Attenborough.

— Moi non plus, gloussa Georgie, le bras libre moulinant pour garder l'équilibre. Woooooah ! Purée ! C'est dur.

Georgie avait raison. C'était dur. Mais la technique commençait déjà à lui revenir en mémoire. À une époque, Shelley et Charlotte allaient toutes les semaines à la piste de roller, peinturlurées de blush, les cheveux plaqués par des litres de laque, et des bulles de bubblegum à la fraise éclatant au coin des lèvres alors qu'elles filaient à toute allure, un œil sur les garçons. À présent, elle était furieusement concentrée, les dents serrées, et son corps semblait se rappeler quoi faire : glisser en avant, les pieds en canard, les genoux pliés, et construire un rythme avec le balancement des hanches, gauche, droite. En quelques minutes, elle ressentit l'euphorie monter ; la conviction étourdissante, alors qu'elles tournaient à un coin toutes les deux, les mains liées, qu'elle n'allait peut-être pas mourir, après tout.

— Alors, parle-moi de ce magazine, dit-elle à bout de souffle.

Elles venaient d'effectuer un tour de piste complet et de se toper victorieusement. Elles redémarrèrent, cette fois un peu plus vite.

— Tu es journaliste, c'est ça ?

— Apprentie journaliste, rectifia Georgie.

La jeune femme dérapa un peu lorsqu'un patineur plus expérimenté les dépassa, le pelvis ondulant en rythme avec la musique.

— Woup-la ! glapit-elle à nouveau.

Elle peina à retrouver son équilibre puis tomba par terre, où elle s'assit en se frottant le coude, hilare, jusqu'à ce que Charlotte la relève.

— Ouille. À peu près aussi novice en écriture qu'en roller. Merci.

Elles repartirent, timidement au début, puis leurs foulées s'allongèrent avec une confiance grandissante.

— Pas mal, commenta Charlotte alors qu'elles accéléraient.

Elle sentait une joie enfler en elle. *Coucou, Shelley, tu ne devineras jamais ce que je suis en train de faire. Salut, maman, je suis sortie l'autre soir. À un roller disco !*

— On s'en sort plutôt pas mal, non ? demanda-t-elle alors qu'elles amorçaient un virage avec aplomb.

Certains auraient même pu dire avec talent.

— On gère carrément, approuva Georgie.

Elle dévia pour éviter un homme au Stetson orné de strass, et atterrit par terre à nouveau.

— Oups. J'ai parlé trop vite.

— Ça va ? demanda l'homme en lui tendant la main pour la relever.

Il portait un gilet rose fluo, des lunettes à verres miroir et un short si court qu'il était presque indécent.

— Merci, dit Georgie. On vient d'arriver. Comme tu l'as sûrement deviné à mes gamelles.

Il lui donna une tape amicale dans le dos.

— Bienvenue au club. OH ! J'adoooore cette chanson !

Il accéléra aussitôt, se dandinant sur l'air de « *Yes Sir, I Can Boogie* ».

Georgie sourit à Charlotte.

— Tu sais quoi, j'ai un faible pour Brighton. Regarde ce type, regarde cet endroit ! Jamais on ne trouverait ça, là où j'ai grandi. Jamais de la vie. Alors que c'est génial !

Elle serra un peu plus fort la main de Charlotte alors qu'elles arrivaient au virage.

— Quand je vais retrouver mon ancienne vie à Noël, tout cela aura l'air d'un drôle de rêve.

Charlotte s'esclaffa. L'endroit avait effectivement un petit côté onirique : les patineurs en tenue fluo qui filaient à toute allure, le *boum boum* de la musique disco, les roulettes sous les pieds, la vitesse, les cheveux au vent.

— Un drôle de rêve, oui. Et tu sais ce qui est le plus bizarre ? Moi aussi, je m'amuse bien.

À vingt et une heures trente, les jambes en compote, elles se traînèrent jusqu'aux gradins pour ôter fébrilement leurs patins. Avant ça, Charlotte aurait pu compter sur les doigts d'une main le nombre de séances de sport depuis la naissance de Kate – rectification : elle aurait pu les compter sur un poing fermé. Zéro. Aucune. Pas l'ombre d'un effort physique. Jusqu'à ce soir-là, où elle avait mobilisé toutes sortes de muscles dont elle avait complètement oublié l'existence. Et… *pffiou*. Arrivaient maintenant les endorphines, se déversant dans ses veines comme une parade de pom-pom girls. Ça faisait du bien. Sacrément, même. À vrai dire, ça faisait un bien fou.

En plus d'avoir brûlé toutes ces calories – elle avait amplement mérité sa prochaine boîte d'éclairs au chocolat –, Georgie et elle avaient bavardé et ri toute la soirée, et ça s'était très bien passé. Elle s'était même amusée. Patiner en rond sur une piste disco, c'était l'assurance de ne jamais voir la conversation prendre un tournant lourd ni sombre : Georgie avait raconté à Charlotte qu'elle était là pour six mois avec son copain et qu'elle écrivait des articles pour un magazine, et Charlotte... eh bien, Charlotte avait surtout écouté, pour être honnête, et n'avait pas dévoilé grand-chose de personnel, mais elle s'était aventurée à glisser quelques bribes d'informations en retour : comment elle avait rencontré Margot de l'appartement du haut, et comment sa vieille partenaire de patinage l'avait recontactée par hasard ce jour-là. Rien de crucial. Des sujets faciles. Mais même ça, c'était une nouveauté. Georgie était comme la petite sœur polissonne qu'elle n'avait jamais eue.

Une fois leurs chaussures retrouvées – c'était si bizarre de marcher à nouveau, après tout ce patinage –, Georgie proposa d'aller prendre un verre en ville. Charlotte, qui se sentait maintenant étonnamment extravertie – voire carrément *badass* –, sauta sur l'occasion. Et c'est ainsi que vingt minutes plus tard, elles s'installèrent dans un coin du Hare and Lion, un vieux bar crasseux où elles pouvaient afficher leurs visages en sueur sans honte devant un gin tonic. Dès la première gorgée, Charlotte se sentit agréablement flotter.

— Merci, dit-elle à Georgie. Merci pour l'invitation. Ça faisait des siècles que je n'étais pas sortie, et je me suis vraiment amusée.

— Oh, Charlotte, merci à toi d'être venue ! J'aurais eu l'air fine à me pointer toute seule là-bas. Tu m'as rendu un service énorme. Et j'ai bien vu que tu n'étais pas partante au début, et que tu essayais juste d'être gentille avec moi, alors double merci. Tu es géniale.

Charlotte s'empourpra.

— Euh…

— Ne discute pas ! ordonna Georgie en levant un doigt impérieux avant de reprendre une longue gorgée de cocktail. *Pffiou*, j'en avais bien besoin. Je suis claquée ! Mais c'était marrant, non ? Dans le genre un peu délirant.

— C'était super.

Charlotte s'étonna de le penser sincèrement, pour une fois. Elle ne le disait pas que par politesse. Sur la piste, elle s'était sentie jeune, libre, heureuse. Et ça n'arrivait pas souvent.

— Il faudra que tu me dises quand ton article paraîtra, pour que je puisse le lire. Tu comptes mentionner la chenille à la fin ?

— Un peu, mon neveu. Et le limbo ! Oh, et tu n'as pas trouvé ça génial, quand les deux femmes ont fait leur battle ? J'ai adoré ! Ça m'a donné envie de devenir leur meilleure amie et de traîner avec elles pour toujours.

— Elles étaient sensass.

— Je crains déjà de ne pas avoir assez de lignes pour raconter tout ça, et c'est le pire problème qu'on puisse me souhaiter.

Elle leva son verre.

— À la tienne, aux rollers disco, et à tout ce qui brille. Santé !

— Santé, répondit Charlotte en faisant tinter son verre contre le sien. Tu sais déjà où tu iras la semaine prochaine ? Les gens font des propositions, c'est ça ? Et ensuite ? Il y a un vote, ou c'est la rédactrice en chef qui choisit ?

— J'imagine qu'elle va faire une sélection, dit Georgie. La connaissant, elle prendra l'idée la plus folle alors…

Elle croisa les doigts et fit la grimace.

— … je pourrais atterrir n'importe où. À n'importe quelle activité délirante qu'on puisse trouver à Brighton – et mon petit doigt me dit qu'il y en a des gratinées. Dans quoi me suis-je embarquée ?

Charlotte sourit. Georgie avait quelque chose de terriblement attachant. Elle était si sincère, gentille et ouverte. Elle disait les choses comme elles étaient, avec candeur. Et elle était courageuse, aussi, de s'exposer ainsi pour le divertissement des lecteurs. Charlotte n'aurait jamais eu ce cran.

— Peut-être que je pourrais inonder la rédaction d'idées d'activités que tu aurais vraiment envie de faire, suggéra-t-elle. Cours d'œnologie, spas et restaurants gastronomiques.

— Oui ! rugit Georgie dans un éclat de rire. Charlotte, tu es un génie ! C'est une idée d'enfer. Et tu sais quoi, tu auras la priorité sur les meilleurs plans, en tant que complice. Deal ?

— Absolument, s'entendit conclure Charlotte.

*Tableau d'affichage*
*de la résidence SeaView House*

RAPPEL AIMABLE
À tous les résidents

*Je me permets de vous rappeler que cette résidence est NON FUMEUR. Fumer est strictement interdit DANS TOUTE L'ENCEINTE de la résidence, dans les appartements comme dans les parties communes.*

*Angela Morrison-Hulme*
*Gestionnaire de biens*

# 12

— Tu ne savais vraiment pas ?

C'était la première question de ses amis, quand Rosa leur avait annoncé qu'elle et Max s'étaient séparés, et pourquoi.

— Tu ne t'es jamais douté de rien ?

— Non, avait-elle répondu tête baissée.

Elle n'avait absolument rien soupçonné. Parce qu'elle l'aimait ! Elle lui faisait confiance ! Elle pensait avoir tiré le gros lot, et direction le pays des couples niais pour toujours !

Il lui arrivait de se morfondre au beau milieu de la nuit, à se demander si elle n'avait pas sa part de responsabilité dans cette spirale infernale. Est-ce que son envie désespérée de trouver l'amour l'avait totalement aveuglée ? Avait-elle délibérément ignoré les signes comme tout le monde semblait le penser ?

Avec le recul, son appartement aurait dû lui mettre la puce à l'oreille ; sa déco neutre, minimaliste, qui donnait plus le ton d'une suite d'hôtel que d'un chez-soi chaleureux.

— Où sont toutes tes affaires ? avait-elle plaisanté une fois en découvrant un tiroir vide dans la cuisine.

Il avait semblé déconcerté un instant, et elle se souvenait d'avoir eu peur de le blesser – quelle ironie !

— Je voyage léger, en toute situation, avait-il plaisanté avant de changer de sujet.

Alors elle avait fait le lien avec ses deux parents dans l'armée, ses nombreux déménagements quand il était enfant, et du haut de ses vagues notions de psychologie de comptoir, elle y avait vu l'origine de son mode de vie en apparence déraciné. Elle avait emménagé peu de temps après et mis en location sa petite maison mitoyenne de Walthamstow, le cœur rempli du rêve de fonder le foyer stable qu'il n'avait jamais eu. Encore et toujours cette ironie de la vie ! Il fallait en rire, vraiment. C'était soit rire, soit poser un verrou pour toujours sur sa ceinture de chasteté.

Puis il y avait eu la question innocente de Catherine, qui croyait l'avoir aperçu sur King's Road. À l'époque, Rosa avait balayé cette éventualité sans même y réfléchir – évidemment qu'elle s'était trompée ! Max travaillait à Amsterdam et partageait sa semaine entre Londres avec elle et un petit appartement biscornu à côté du Prinsengracht, en plein centre historique. (Elle y avait passé quelques jours avec lui et elle était tombée sous le charme de l'immense escalier en bois, de la fenêtre en pignon avec sa vue sur les péniches et les cyclistes défoncés qui tombaient dans le canal et en ressortaient trempés – rien de plus divertissant.) Alors Catherine avait forcément tort, parce qu'on était mercredi et que Rosa savait très bien que Max travaillait dans les bureaux juste à côté de la place du Dam, et qu'il y rabrouait sans doute Henrik, le pauvre stagiaire dont l'incompétence était au cœur de nombreuses anecdotes. Impossible qu'il se trouve sur King's Road.

Elle avait loupé un nouvel indice la fois où elle avait suggéré des vacances en couple, avec une destination de luxe. Rosa venait d'obtenir sa prime annuelle et se sentait d'humeur dépensière. « C'est moi qui régale », avait-elle dit en rêvant de palmiers, de sable blanc et de mer cristalline. Les traces de bronzage, les pieds pleins de sable et le sexe langoureux dans un lit immense. « Cinq étoiles, la totale. Donne-moi ton passeport et je nous réserve un voyage de rêve. » Mais à sa grande surprise, il n'avait cessé d'inventer de nouvelles excuses pour se défiler. Un séminaire qui se profilait sans qu'il en ait la date exacte. Un problème pour poser ses jours au boulot. Puis la suggestion soudaine de vacances dans les Cornouailles – ou même dans le Lake District. Enfin, ce fut lui qui voulut se charger de tout réserver, et de l'inviter *elle*. « Ben dis donc, la photo de ton passeport te fait honte à ce point pour m'empêcher de faire les réservations ? » avait-elle plaisanté. Elle avait vu un éclat dans ses yeux – de la panique ? – et elle était restée perplexe. « J'ai juste envie de te faire plaisir », avait-il répondu. Elle ne voulait pas en faire tout un plat, surtout après qu'il eut organisé les vacances les plus magiques de sa vie aux Maldives. Une semaine de pur bonheur. Après tout, quelle importance de savoir qui payait et qui réservait ? Ses amies la trouvaient folle d'avoir hésité. (*Tu vois ?* se rappela-t-elle après coup. *C'est bien la preuve qu'elles non plus ne soupçonnaient rien.*)

Puis il y avait eu la prise de conscience progressive que, après huit mois de relation, elle avait à peine croisé quelques-uns de ses amis, et jamais rencontré sa famille. Lui connaissait tout le monde de son côté à elle, évidemment. Elle l'avait fièrement exhibé avec une joie presque indécente, et ce dès le deuxième rencart. *Regardez ! Regardez-le ! Est-ce qu'il n'est pas merveilleux ? Et c'est mon amoureux ! Le mien !* Il avait une explication pour tout. « Je ne suis jamais resté assez longtemps dans une ville pour m'y faire des amis, enfant. Et maintenant mes collègues sont hollandais, alors ce n'est pas comme si j'allais boire des bières avec eux le week-end. » Certes. C'était logique. Mais quand même, il y avait quelque chose d'étrange dans leur dynamique qui se limitait à son cercle social à elle, entre les restaurants, les verres au pub, les mariages de ses amies… comme s'il avait honte d'être avec elle, d'une certaine manière. Ou comme s'il avait quelque chose à cacher. *Mais non !* cherchait-elle à se rassurer. *Il l'aimait ! Ne passait-il pas son temps à le lui répéter ?*

Même le courrier qui arrivait de temps en temps pour un certain David Chandler trouvait son explication – l'ancien propriétaire de l'appartement, disait Max, en rangeant les lettres pour les lui transférer. Non, Rosa n'avait pas eu le moindre doute.

Enfin, pendant la première semaine de décembre, quand tout Londres semblait s'être paré de guirlandes lumineuses et de paillettes et que les rues sombres étaient remplies d'ivrognes affublés de bonnets de Noël à bois de rennes, il y avait eu le coup fatal. L'indice qui n'était plus tant un indice qu'une claque monumentale impossible à ignorer. Elle buvait un verre avec Max dans un bar de Liverpool Street, juste à l'angle du bureau de Rosa – un apéro rapide, parce qu'il était censé s'envoler pour Amsterdam ce soir-là, en tout cas, c'était ce qu'il prétendait. Le bar était bondé, des tubes de Noël tournaient à plein volume sur la sono – les Girls Aloud chantaient en chœur pour le Père Noël dans des microrobes sur l'écran de télé au-dessus de leurs têtes. Rosa et Max avaient trouvé une place dans un coin, devant un verre de rouge. C'était leur premier Noël ensemble et Rosa trépignait d'impatience à l'idée de faire de ce jour le plus magique de leur vie.

— Est-ce qu'on remplit chacun une chaussette pour l'autre ? demanda-t-elle avec une excitation presque insoutenable à l'idée de se réveiller à côté de lui au matin de Noël.

— Évidemment. Une mandarine et une noix, ça ira pour toi ?

Elle lui donna un petit coup, hilare.

— Essaie un peu pour voir.

— Bon, O.K., avec un morceau de charbon. C'est pas ça, la tradition ?

— Du charbon ? Ça c'est pour le Nouvel An, gros malin.

*Quel arnaqueur*, pensa-t-elle avec tendresse, en collant sa jambe contre la sienne sous la table.

Il se pencha vers elle.

— Ahhh, si tu insistes, je t'en offrirai pour Noël aussi, mais c'est bien parce que c'est toi. Et ne va pas dire que je ne te fais pas assez de cadeaux après ça ! Peut-être même que je peux monter à deux morceaux de charbon, si tu es sage…

Ils riaient aux éclats quand une voix les avait interrompus.

— David ! Hé oh, David ! Ça fait un bail, mon pote ! Comment vas-tu ?

Rosa supposa que la voix masculine à l'accent plutôt snob était destinée à quelqu'un d'autre, un prénommé David, à l'évidence, et certainement pas à lui, mais l'étrange expression paniquée réapparut sur le visage de Max, juste un instant, avant que ses traits ne redeviennent parfaitement impassibles.

— Oh non. Pas cet abruti. Je t'explique dès que je reviens, dit-il en se levant promptement et en rejoignant en quelques foulées l'homme qui l'avait interpellé.

L'inconnu était d'âge moyen, avec une mèche blonde et ondulée et un costume bleu clair de mauvais goût trop serré au niveau des épaules.

— Jeremy ! s'écria Max en lui donnant une tape dans le dos avec tant d'enthousiasme que Rosa eut peur pour les coutures déjà tendues de la veste.

— Ça fait plaisir de te voir. Je t'offre un verre ?

Aussitôt, il éloigna Jeremy le blond de leur table, un bras autour de ses épaules, mais pas avant que Rosa n'entende l'homme lui dire :

— Comment vont Ann-Marie et les petiots ? T'en as deux maintenant, c'est ça ?

C'était comme un rêve étrange. Un rêve où rien n'avait de sens. Elle pensa un moment que ses oreilles lui jouaient un mauvais tour. *Ann-Marie et les petiots ? David ?* Son cœur tambourinait dans sa poitrine, ses pensées tourbillonnaient, elle n'arrivait pas à comprendre ce qui venait de se passer. Jeremy le blond devait s'être trompé de personne, finit-elle par en déduire. Il devait être de ces gens incapables de retenir un prénom, et qui passaient leur temps à confondre tout le monde et à attribuer au hasard des conjoints et des enfants, voilà tout. Peut-être qu'il était atteint d'un rare Alzheimer précoce et que Max faisait preuve de gentillesse en ne le contredisant pas. « Je t'explique dès que je reviens », avait-il dit. Et le voilà maintenant qui tournait rapidement la tête pour vérifier qu'elle était encore là, et lui lançait un regard qui disait « Ne t'en fais pas. Il y a une explication parfaitement rationnelle à tout ça ».

*Oui,* songea Rosa, alors que l'air restait coincé dans sa gorge, le regard allant de son merveilleux, son irrésistible petit ami, au siège qu'il avait occupé trente secondes plus tôt, où il parlait chaussettes de Noël et morceaux de charbon. Elle regarda à nouveau Max, qui semblait payer un verre à Jeremy, un bras toujours passé autour de lui – mais rien que ça, c'était étrange. Pourquoi n'avait-il pas fait les présentations ? Pourquoi ne lui avait-il pas dit « Jeremy, mon pote, voici Rosa, ma copine. Viens prendre un verre avec nous, il serait temps qu'elle rencontre mes plus vieux amis ». Ç'aurait été la chose normale à faire, n'est-ce pas ? Le comportement normal d'un petit ami normal.

Le courrier arrivé à l'appartement pour un certain « David » lui revint en mémoire, ainsi que toute cette histoire avec son passeport. Puis elle se rendit compte qu'à ses pieds se trouvaient la valise que Max devait emporter à Amsterdam et le petit attaché-case qui contenait forcément ses papiers. Il lui suffisait d'ouvrir la glissière, le temps d'une seconde, et de jeter un coup d'œil. Juste pour se rassurer, pour faire taire les questions et les doutes qui commençaient à tourner en boucle dans sa tête comme des rapaces.

Décidée, elle se baissa, les doigts sur la fermeture Éclair, et tira… juste au moment où elle entendit la voix de Max.

— Désolé pour ça, vraiment…

Elle eut tout juste le temps de se redresser et de faire semblant d'avoir fait tomber un mouchoir par terre. Mariah Carey gazouillait maintenant dans les enceintes, et des femmes l'accompagnaient d'une voix suraiguë à la table voisine.

Rosa n'arrivait pas à regarder Max dans les yeux. D'un coup, elle avait oublié comment s'asseoir normalement à côté de son propre petit ami, et son genou se mit à tressauter nerveusement alors qu'il reprenait sa place à côté d'elle.

— Un vieux pote d'école, dit-il avec un petit rire.

Un rire feint ? s'interrogea Rosa, tous les sens en alerte.

— Il avait cette blague débile d'appeler tous les joueurs de l'équipe de rugby David, je ne sais plus trop pour quoi. Un délire d'étudiant.

Son cœur battait encore. Elle regardait ses lèvres bouger alors qu'il parlait, ses yeux lui sourire, mais quelque chose avait changé, comme si un gouffre s'était ouvert entre l'instant présent et leur vie passée insouciante. *Qui es-tu ?* songea-t-elle, prise de panique. *Qui es-tu vraiment ? Et qui sont cette Ann-Marie et ces enfants qu'a mentionnés Jeremy ? Pourquoi ne me parles-tu pas d'Ann-Marie et des enfants, bordel ?*

— Allez, on se magne, Butternut, j'ai pas de temps à perdre avec des tire-au-flanc, lança sèchement Brendan.

Blafard et pas rasé, il était d'humeur particulièrement maussade en ce mercredi matin. *On dirait que quelqu'un a besoin d'un câlin,* se moqua intérieurement Rosa, tout en s'escrimant à éplucher et couper un tas de courges butternut en prévision d'un potage.

— Tu m'entends ? grogna-t-il.

— Oui, chef, répondit-elle entre ses dents serrées, en épluchant en longues bandes la peau épaisse des courges.

Butternut ? C'était vraiment le nom qu'il lui avait trouvé pour la journée ? Après presque trois mois à trimer pour cet imbécile ? C'est pourtant pas si compliqué d'apprendre les noms des gens avec qui on travaille tous les jours. À côté d'elle, Natalya s'occupait des betteraves, les mains déjà violettes, pendant que Liam, l'apprenti pâtissier, penchait son visage boutonneux sur les dentelles délicates de sucre filé qui devaient décorer les desserts. Aucun d'eux n'était fainéant. Tous méritaient un minimum de respect. Peut-être qu'elle n'était pas faite pour ce job, après tout. Peut-être que sa mère avait raison depuis le début, qu'elle s'était plongée dans l'univers de la gastronomie uniquement parce qu'elle traversait une crise de la quarantaine, et qu'il était temps de rendre son tablier, de distribuer ses CV dans une agence de recrutement, et de décrocher un poste dans un bureau comme tout le monde.

Mais il y avait ces muffins au caramel beurre salé de la veille (si délicieux qu'elle avait dû se rationner fermement) et le poulet rôti, qui était venu à bout de la mauvaise humeur de Bea. Il y avait aussi ces millions de dîners et de brunchs cuisinés pour ses amis, qui lui avaient tous dit, l'eau à la bouche, qu'elle était leur amie préférée, une déesse indétrônable, et qu'elle remporterait haut la main le concours de « Masterchef » ou du « Meilleur Pâtissier » ! C'était dans ces moments, rosie de fierté et de satisfaction, qu'elle se souvenait que cuisiner pour les autres était sa passion. Mais travailler pour ce lourdaud de Brendan était une plaie.

— Le prends pas mal, mais ton job a l'air nul à chier, avait dit Bea sans pincettes le dimanche soir, en ne faisant qu'une bouchée du succulent poulet rôti.

Les doléances sur les échecs de Gareth et autres conversations sur des sandwichs aux excréments avaient fini – fort heureusement – par laisser place à d'autres sujets, et Rosa lui avait parlé de son poste à l'hôtel.

— Non, mais c'est vrai, quoi… c'est vraiment ce que tu te vois faire toute ta vie ? Éplucher des trucs et te faire gueuler dessus ? Je vais pas te mentir, pour moi ce serait non direct. Déso, mais non merci. Hors de question de me prendre des louches en pleine figure.

— Tu sais, c'est assez nouveau pour moi aussi, je débute seulement dans ce milieu. Avant je travaillais dans la pub pour une boîte à Londres, mais…

Bea en avait presque lâché sa fourchette.

— Attends, comme dans *Mad Men* ? J'y crois pas, et t'es partie pour venir éplucher des carottes au Zanzibar ?

D'ahurie, son expression s'était voilée d'un doute.

— Oh. À moins que tu te sois fait virer, ou un truc du genre… merde. C'est gênant. Hum.

— Non, je ne me suis pas fait virer. C'était… un nouveau départ. Je voulais quelque chose de différent, qui me ferait plaisir. C'était entièrement ma décision.

— Je vois, avait dit Bea manifestement dubitative.

Rosa avait saisi cette opportunité pour parler d'autre chose, mais l'adolescente avait dû ruminer cette information en fond, parce qu'elle y était revenue un moment plus tard, en attaquant le crumble pommes-cannelle.

— Mais je comprends pas… pourquoi tu deviens pas chef cuisinière quelque part, au lieu de faire la boniche ? Je te jure que t'es vachement douée.

Elle pointa du doigt le crumble chaud qui baignait dans une crème anglaise, s'en servant comme d'un élément de preuve devant un tribunal.

— Genre, vraiment douée.

Rosa avait été touchée par l'éloge. Elle connaissait maintenant assez Bea pour savoir que l'adolescente ne mâchait pas ses mots.

— Merci, mais ce n'est pas si simple. Je ne peux pas juste demander un poste de chef sans aucune expérience. Les temps sont durs, les restaus mettent la clé sous la porte, et il y a des candidats bien plus qualifiés que moi.

— Oui, mais... tu ne peux pas monter le tien, alors ?

— Hmmm peut-être, si j'avais un demi-million de livres de côté.

Et encore. Rosa avait quelques économies, et elle touchait le loyer de sa maison à Walthamstow, mais c'était son matelas de sécurité, au cas où les choses tourneraient mal ici.

— C'est pas si terrible, je t'assure. J'apprends des tas de choses tous les jours, j'ai l'opportunité de voir des chefs incroyables à l'action...

Bea n'avait pas l'air plus convaincue.

— Je te parie que tu préférerais cuisiner des bons trucs plutôt que de gérer les épluchures.

Rosa n'avait pas répondu immédiatement. En vérité, elle rêvait parfois d'ouvrir son propre petit restaurant, le fruit de son imagination qu'elle aimait laisser voguer. Juste un tout petit bistro, avec dix tables, pas plus, et un beau menu soigné ; un endroit convivial, où elle connaîtrait chaque client et émergerait des cuisines pour partager un brandy avec eux à la fin du service, sur le petit nuage de compliments qu'ils adresseraient à sa cuisine.

— Eh bien, c'est sûr, mais...

— Butternut ! beugla Brendan, interrompant sa rêverie et faisant trembler sa main sur le couperet. Dis donc, la miss ! T'es avec nous aujourd'hui ou tu dors ? Magne-toi avec cette putain de courge avant que je vienne te la fourrer là où je pense !

De la salive écumait sur ses lèvres à force de brailler.

Trêve de rêvasseries. Rosa revint sur terre, et le décor de la cuisine redevint tangible. Elle marmonna un « oui chef » et reporta son attention sur la montagne de courges. *Hop hop hop.* Au moins, toute cette découpe lui faisait les biceps.

Après avoir commencé à six heures du matin, Rosa termina son service à quinze heures, et elle se dépêchait de rentrer quand elle fut surprise par une averse, sans parapluie. Aussitôt, elle pensa à Max. Comme toujours, quand il pleuvait. Pleuvait-il aussi, là où il se trouvait ? Elle remonta le col de sa veste sur son cou et s'abrita sous l'auvent d'une boutique. Ou alors était-il au lit avec une autre jeune femme naïve, complètement oublieux des préoccupations météorologiques ?

Au final, il avait été simple de démêler le vrai du faux. Après l'incident de la rencontre avec Jeremy au pub, ils s'étaient quittés devant la gare de Liverpool Street, parce qu'il devait y prendre un train pour rejoindre l'aéroport de Londres Stansted, comme d'habitude, tandis qu'elle prenait le bus pour rentrer à l'appartement. Sauf qu'elle ne s'en était pas tenue à ce programme. Et il s'était avéré que lui non plus.

Après lui avoir assuré qu'il n'avait pas besoin d'attendre que son bus arrive – *ça allait prendre des plombes ! Il risquait de louper son vol !* –, elle l'avait regardé s'éloigner, puis était sortie elle-même de la file pour le suivre dans la gare avec une discrétion exagérée. Il y aurait eu un côté excitant à se cacher dans les entrées des boutiques et des cafés, si l'aventure n'avait pas été hautement dévastatrice. D'après les panneaux d'information, le Stansted Express avait quitté la voie numéro 4, mais Max était passé devant le train sans même lui accorder un regard et s'était dépêché de s'engouffrer dans le couloir du métro, ligne Hammersmith et City, direction ouest. *Menteur*, avait-elle pensé les larmes aux yeux en montant dans le wagon suivant, cachée derrière un groupe de supporters de rugby, et jetant des coups d'œil sur le quai à chaque arrêt.

King's Cross. Euston Square. Baker Street. C'était comme un coup de couteau dans le ventre, une douleur physique, à mesure que le métro s'éloignait de l'aéroport de Stansted. Il n'allait même pas à Amsterdam, c'est ça ? Y travaillait-il vraiment ? Il l'avait pourtant emmenée dans ce petit appartement de Prinsengracht, non ? Alors c'était forcément vrai ! Au moins en partie ?

Le métro poursuivait son circuit, jusqu'à Edgware Road, puis Paddington, où Max était descendu du wagon et s'était dirigé prestement vers la gare ferroviaire. *Menteur. Menteur.* Elle l'avait regardé monter à bord d'un train pour Oxford – en route pour rejoindre la mystérieuse Ann-Marie et les petiots ? – puis son énergie s'était vidée, comme un pneu qu'on dégonfle, et elle avait dû prendre appui sur un kiosque buvette tandis que le train cahotait lentement hors de la gare. *Adieu, Max. Ou David, peu importe ton nom. Va-t'en retrouver Oxford et la deuxième vie qui t'attend clairement là-bas.*

*Quant à moi, je vais retourner chez nous – chez toi – et révéler tes mensonges, une bonne fois pour toutes.*

Il pleuvait encore quand elle atteignit Dukes Square et dans sa folle hâte pour se réfugier au sec, elle manqua de trébucher sur une femme assise sur les marches du perron, qui la regardait avec espoir.

— Salut ! dit la jeune femme le souffle court, avec un accent du Nord.

Ses cheveux blonds étaient entortillés en macarons façon Princesse Leia, et elle portait des énormes boucles d'oreilles pendantes en or, vaguement en forme de poissons.

— Tu habites ici ? Je me suis enfermée dehors, comme une débile, dit-elle en se levant d'un bond et en tendant une main. Moi, c'est Georgie, au fait. Appartement 3. Salut.

C'était la voix que Rosa avait entendue résonner dans l'escalier de temps en temps, celle qui chantait terriblement faux des tubes pop à tue-tête. La femme au rire tonitruant, qui semblait jouir d'une vie sexuelle indécemment abondante et bruyante.

— Rosa, dit-elle en serrant la main de Georgie sous la pluie. Je crois que je n'ai jamais eu droit à des présentations si… météorologiquement anglaises. Bonjour. Attends, je t'ouvre.

— Merci beaucoup. Ça fait une demi-heure que je suis assise là, et je sens de moins en moins mes fesses. La seule chose qui me revenait en tête, c'était ma mère me disant que j'allais choper des hémorroïdes à m'asseoir sur des murets froids. J'espère que ça ne vaut pas pour les marches.

Une fois la porte ouverte, Georgie secoua son parapluie à pois. Elle portait une veste en jean noire sur une robe à rayures bleues et blanches, jambes nues, ballerines argentées. Rosa se sentit soudain crasseuse après son service dans une cuisine qui tournait à plein régime. Pourvu qu'elle ne sente pas trop l'oignon…

— Je n'ai aucune idée de ce que j'ai bien pu faire de mes clés, j'étais sûre qu'elles étaient là-dedans.

Georgie tapota le petit sac à main rouge à son épaule. Elle fit la grimace, avec un regard espiègle.

— Imagine un peu : si je les ai vraiment perdues, je vais devoir annoncer la terrible nouvelle à Angela la diabolique. Si tu entends que quelqu'un s'est fait assassiner avec le talon d'un escarpin à imprimé zèbre, c'est moi.

Les coins de la bouche de Rosa frémirent au surnom de leur propriétaire.

— Elle est terrifiante, pas vrai ? Mais il semblerait que son fils ne soit pas trop mal, en tout cas d'après elle. « Si vous cherchez un homme, Rosa, je l'enverrai faire un tour par ici. Il est très séduisant, même si je ne suis pas tout à fait objective. »

Georgie éclata de rire.

— Non ! Elle m'a sorti exactement la même chose ! Et à Charlotte aussi, on en parlait justement l'autre soir. Paul, de son petit nom. Si beau qu'il a besoin que sa mère s'occupe de sa vie sentimentale pour lui… ce n'est pas du tout mauvais signe.

— Franchement, ça vaudrait presque le coup de se retrouver avec un évier bouché ou je ne sais quoi, juste pour le faire venir et voir de quoi il a l'air…

À cet instant, le téléphone de Georgie se mit à sonner.

— Absolument, il faut qu'on fasse ça, dit-elle en plongeant la main dans son sac. Je suis désolée, je dois décrocher. C'est Simon, mon copain. Désolée.

Elle balaya l'écran.

— Allô ! lança-t-elle, perchée sur l'escalier, coudes sur les genoux. Je t'ai laissé un million de messages ! T'étais… ? Ah, O.K.

Rosa patienta devant sa propre porte, hésitant sans savoir quoi faire. Elle ne voulait pas avoir l'air d'écouter une conversation privée, mais si Georgie était à la rue, il serait malpoli de l'abandonner dans la cage d'escalier. Elle porta subrepticement une main à ses narines et renifla. Odeur d'oignons. Super.

— Du coup tu as reçu mes messages ? demanda Georgie. Oui, je sais, je suis débile. Non, je suis dans la résidence, là, mais je ne peux pas entrer dans l'appartement. Tu ne pourrais pas passer, juste le temps de m'ouvrir ?

Rosa inséra la clé dans la serrure et ouvrit la porte, pile quand la voix de Georgie s'éleva de désespoir.

— Oh non, t'es pas sérieux ! Est-ce que je peux aller au cabinet et les récupérer là-bas, alors ?

Rosa se retourna pour la voir porter une main à son front et grimacer.

— Merde. Qu'est-ce que je suis censée faire ?… Oui, je sais, mais…

Elle soupira.

— Oublie. T'en fais pas. Juste… non, mais ne te dérange pas. Je vais me débrouiller.

Elle tapa sèchement du doigt sur l'écran pour mettre fin à l'appel et étouffa un cri de rage.

— Punaise !

Rosa lui tint la porte ouverte.

— Tu veux entrer en attendant ? J'ai des muffins au caramel beurre salé et tu me rendrais un immense service en m'empêchant de les engloutir tous.

Georgie sourit et se leva d'un bond.

— Ahh, ça, c'est le genre de service que j'aime rendre. Volontiers !

# 13

Alors que la circulation se délayait en sortie d'autoroute, Georgie se tortilla de satisfaction sur son siège. C'était un week-end de trois jours et, comme toute une horde d'automobilistes, Simon et elle avaient prévu une escapade pour l'occasion et se dirigeaient au nord pour revoir leurs amis et leur famille. Elle n'était dans le Sud que depuis trois semaines, mais son cœur s'emballa avec une joie sincère en passant devant le panneau « Bienvenue dans le Yorkshire ». *Oh oui.* Brighton était une ville fabuleuse et elle venait d'y passer la meilleure semaine depuis son arrivée (en rencontrant non pas une, mais deux femmes incroyables à SeaView House, la première était une patineuse du feu de dieu, et la seconde cuisinait comme une fée. *Ces muffins !*) Mais au bout du compte, son cœur appartenait au Yorkshire. Rien ne valait la maison, ces magnifiques collines verdoyantes, les moutons, les fermes et les murets en pierre ! Tout ce vert à perte de vue. Il faisait même plutôt beau, ce qui donnait à la scène une allure tout à fait idyllique. Oui, bon, d'accord, pas au point de sortir les bikinis. Au moins, il ne pleuvait pas. C'était du pareil au même.

— Ahh, je préfère ça, dit-elle joyeusement en baissant la vitre et en posant ses pieds nus sur le tableau de bord. Inspire, Simon, tu sens l'air du Yorkshire ? Ahhh… quel bonheur !

— Il gèle, marmonna-t-il en souriant toutefois. Et ça pue la merde.

— J'ai du mal à croire que l'office du tourisme régional ne t'ait pas encore démarché pour inspirer leur nouvelle campagne marketing, rétorqua-t-elle avant de singer sa voix bourrue. Le Yorkshire : il gèle, et ça pue la merde.

— Hé, c'est toi, la littéraire, pas moi. En tout cas, tu ferais un tabac dans la com touristique, si cette histoire de journalisme tombe à l'eau.

— Comment ça si le journalisme tombe à l'eau ? Je te ferais dire que ma rédactrice en chef a adoré mon article sur le roller disco. Et en plus, elle m'a envoyé plein d'autres problèmes à résoudre pour le courrier du cœur.

— Cool, dit-il en tendant le bras pour serrer affectueusement le genou de Georgie. Alors quand est-ce que je vais pouvoir lire ce fameux magazine ?

— Euh…

Clairement, elle n'allait pas le laisser ouvrir le numéro de la semaine.

— La prochaine édition sort lundi, dit-elle. Tu pourras lire celle-là et te rendre compte de ta chance d'avoir une copine si talentueuse, géniale et éblouissante.

T'en fais pas, je te laisserai goûter à quelques miettes de mon succès. Je suis généreuse, tu vois.

— C'est trop d'honneur.

Sans prévenir, il actionna le clignotant et bifurqua pour s'engouffrer sur une petite route sinueuse.

— Euh… tu fais quoi, là ? demanda Georgie alors qu'il se garait dans un coin désert.

— Je goûte à quelques miettes de ma copine talentueuse, géniale et éblouissante.

Il bascula son siège en arrière et attira Georgie sur ses genoux.

— Salut, beauté, tu veux voir ma générosité ?

— Ohhh, salut toi, dit-elle en pouffant. Simon ! glapit-elle lorsqu'il commença à l'embrasser dans le cou.

Elle ne put résister plus longtemps, et murmura :

— Le Yorkshire : il gèle, ça pue la merde, et ça fait bander.

Elle enleva son T-shirt et se pencha sur lui pour l'embrasser.

— Oh oui, confirma-t-il en déboutonnant son jean.

— Ça, c'est ce que j'appelle une pause revigorante, dit Georgie, un peu plus tard, de nouveau vêtue, alors qu'elle se réinstallait sur son siège.

Elle espérait que le tracteur qui était passé devant eux et leur avait adressé un signe enthousiaste était myope comme une taupe et n'avait pas réellement vu ses fesses à l'air. Peut-être que c'était banal sur cette route, après tout.

— Je me sens parfaitement revigoré, confirma Simon, en faisant demi-tour pour rejoindre la route principale. J'ai l'impression d'être déjà à la maison.

— Ça fait du bien de rentrer, dit Georgie en contemplant le ciel, comblée.

Même sans leur détour crapuleux, le programme était prometteur. Ce soir-là, ils devaient rejoindre tout le monde à Shepherd's Crook, demain elle passait la journée à Leeds avec Amelia et Jade, avant un dîner romantique avec Simon. Une bonne vieille randonnée le dimanche matin, puis l'incontournable rôti de sa mère digne de faire craquer son pantalon. Du pur bonheur. Le week-end s'annonçait plus beau que jamais, et il commençait à peine.

Une demi-heure plus tard, Simon ralentit en dessous des trente kilomètres-heure réglementaires en passant l'entrée du village marquée par une pierre gravée de feuilles de chênes. Ses épaules se détendirent aussitôt au moment où ils foulèrent la terre de Stonefield. (Bon, O.K., le bitume. Même combat.)

Il y avait le pub. L'épicerie. L'école primaire. La maison des parents d'Amelia où Georgie avait dormi un million de fois, ado. La barrière de laquelle elle était tombée la deuxième fois qu'elle avait embrassé Simon. (Le baiser était bon à ce point.) L'arrêt où ils attendaient ensemble le car scolaire, main dans la main, et se roulant parfois des pelles. (Le conducteur avait klaxonné pendant une session particulièrement passionnée. « Pas de ça dans mon bus, c'est compris, vous deux ? ») Tout était là, si familier, si normal, si bon. Exactement comme elle l'avait laissé.

— Rien n'a changé, constata-t-elle avec un soupir de satisfaction.

Simon lui lança un regard amusé.

— Georgie… On est parti à peine trois semaines… évidemment que rien n'a changé. Stonefield ne changera jamais.

— Tu dis ça comme si c'était une mauvaise chose.

— Non, mais… enfin bref. Nous y voilà.

Il se gara dans l'allée devant la maison de ses parents, et coupa le moteur.

— Arrivés à la maison.

Ah. Oui. La maison des parents de Simon. Dans sa joie de rentrer au village, Georgie avait réussi à occulter ce détail crucial : ils devaient dormir chez Christine et Harry, et pas dans leur propre maison adorée. Leur propre cocon était temporairement loué à un autre couple, deux enseignants, locataires exemplaires d'après l'agent immobilier. C'était un peu étrange que des inconnus habitent chez elle. Elle se demanda si elle serait capable de passer devant sa maison sans coller son nez à la fenêtre.

Arrivée à Stoney ! écrivit-elle à Amelia et Jade rapidement, en voyant les rideaux frémir du côté du salon de ses beaux-parents. Sûrement Christine, la mère de Simon, qui était tellement au fait des moindres allées et venues dans le village qu'elle pouvait probablement rapporter avec précision qui avait pété en dernier sur le territoire, ainsi que ce que le coupable avait mangé à midi.

Vous serez à quelle heure au pub ? Trop hâte de vous voir !!
Bisouuus.

Elle envoya le SMS.

— Tu viens ou pas ?

Le nez dans le coffre, Simon déchargeait leurs sacs de voyage ainsi que le bouquet de tournesols et la bouteille de vin que Georgie avait insisté pour acheter à la station-service. Elle regrettait déjà cette dépense, pressentant que Christine ne manquerait pas cette opportunité de critiquer l'impact environnemental des fleurs importées, et que Harry grimacerait devant l'étiquette du vignoble avant de décréter « pour rire » que la bouteille leur serait utile la prochaine fois qu'ils tomberaient à court de vinaigre.

— J'arrive !

Elle s'efforça de contenir sa médisance. Christine et Harry étaient des gens très bien, se rappela-t-elle, et ils étaient très gentils de les accueillir pour le week-end.

Son téléphone bipa : Amelia.

Top ! Vers 20 h ? Tout le monde sera là, même Chloe et Daz ! Bisous

Georgie fronça les sourcils. Chloe et Daz ? Qui étaient Chloe et Daz ?

— Dépêche ! lança Simon.

La porte s'ouvrit sur Christine, les bras croisés sous sa poitrine de matrone.

— Vous voilà enfin ! s'exclama-t-elle avec l'air de martyre qu'elle maîtrisait si bien. On vous attendait il y a des heures ! Le dîner est froid maintenant, mais tant pis. Entrez !

Pauvre Christine, le monde conspirait en permanence pour lui rendre la vie plus difficile.

Simon s'avança, les bras chargés.

— Salut, Maman. Content de te voir. Désolé pour le retard. Tiens, c'est pour toi.

Il lui tendit le bouquet.

— Oh, mon chéri ! Elles sont magnifiques ! Tu n'aurais pas dû, roucoula-t-elle en le prenant dans ses bras.

— C'est Georgie qui les a choisies.

Georgie ferma le coffre dans un bruit sourd.

— Oh.

Le sourire de Christine s'effaça aussitôt, et Georgie la vit plisser les yeux en examinant l'étiquette sur le bouquet.

— Origine Kenya, je vois. Tu sais, la prochaine fois, du bon vieux muguet anglais fera parfaitement l'affaire.

Georgie tenta vaillamment de sourire.

— Bonjour, Christine, lança-t-elle d'une voix un peu étranglée. Merci de nous accueillir, ajouta-t-elle en essayant de ne pas s'imaginer en train d'étrangler la mère ingrate de Simon.

— Mais pas du tout. C'est toujours un plaisir de récupérer mon fils. Oh, tu m'avais manqué !

Christine témoignait simplement de son amour maternel et ne la mettait pas délibérément à l'écart, se dit Georgie, les dents serrées. Quand même, elle n'était pas obligée de parler de « récupérer » son fils, comme si elle avait dû se battre pour le libérer des griffes de son horrible belle-fille. Elle inspira un grand coup et fit de son mieux pour garder son sourire poli.

Simon se dirigea aussitôt vers la cuisine, et elle l'entendit dire :

— Salut, Papa ! Tiens, on t'a apporté du vin pour le dîner.

— Ah oui ? Voyons voir. Ouh là ! Où est-ce que vous avez trouvé ça ? Il est tombé d'un camion polonais ou quoi ? Ah ah. Enfin… si jamais on manque de vinaigre…

Écroulé de rire, il claquait sa propre cuisse quand Georgie entra pour interrompre ces retrouvailles émouvantes.

— Je te charrie, fiston. Allez, laisse-moi te regarder. Ah ! qu'est-ce qu'il est beau, mon fils !

Harry lui donna une tape sur l'épaule – sa version la plus intime d'une embrassade avec un autre être humain de sexe masculin.

— Content de t'avoir à la maison.

Georgie n'avait jamais été si heureuse de mettre les pieds dans un pub quand vingt heures arrivèrent ce soir-là. Oubliés, Christine et Harry. Elle débarquait ce soir dans son plus beau jean bootcut, celui qui lui faisait des fesses relativement fermes, avec un chemisier en satin anthracite au motif floral rose et col lavallière qu'elle avait dégoté dans une boutique de seconde main de Brighton. Elle s'était détaché les cheveux, et elle avait (pour une fois) réussi un smoky eye pour compléter des lèvres rouge vif qui la faisait toujours se sentir au top. Personne, absolument personne, ne pourrait dire qu'elle s'était « laissée aller » depuis son départ de Stonefield, c'était certain.

Le Shepherd's Crook était l'un des plus vieux établissements du village. La vieille pierre, les plafonds bas et les petites fenêtres créaient une ambiance chaleureuse de cottage, et les collections de médaillons de harnais cloués sur le crépi ainsi que les photos sépia encadrées témoignaient du passage du temps, depuis l'époque où Stonefield n'était composé que de fermes. Comme toujours, le pub sentait les frites et la bière, et Georgie fut ravie de voir que Big Bill, le gérant aux éternelles boucles grasses, était toujours derrière le comptoir pour servir au vieux Barney Wheelwright une pinte de Tetley. Retour à la normale.

Georgie prit la main de Simon en entrant, pour afficher leur complicité. Combien de vendredis soir avaient-ils passé ici avec la bande ? Des centaines et des centaines. Trop pour les compter. Les pintes sur la table, le pain de viande et Bonnie Tyler au juke-box (Big Bill était resté coincé dans les années quatre-vingt et il en était fier). Le bruit des conversations et des rires, les ragots échangés dans les toilettes répugnantes avec les filles pendant les retouches maquillage – « Non, il a pas fait ça ! — Si, je te jure. »

— Ils sont là-bas, dit-elle en faisant de grands signes à ses amis.

Amelia et Jason étaient installés à l'une des grandes tables du fond, avec Jade et Sam, Lois et sa sœur Mel, ainsi que Steve, Rob et Ed. Son cœur enfla à leur vue. Amelia était passée chez le coiffeur et ses nouvelles boucles mettaient en valeur son visage. Jade portait un haut bustier bleu marine tout neuf, et elles avaient toutes les deux la tête rejetée en arrière dans un gloussement simultané qui, lui, n'avait pas changé.

— Salut, tout le monde ! lança-t-elle, rayonnante.

Elle entendit vaguement Simon marmonner dans son dos quelques mots proposant d'aller chercher à boire, mais elle se précipita vers ses amies, trop heureuse pour lui répondre.

— Georgie !

— Elle est de retour !

— Oh, viens dans mes bras !

Il y eut beaucoup d'embrassades, de cris de joie, de compliments entre les cinq filles, tandis que les garçons levèrent à peine le nez de leur conversation sur les sentiers de randonnée, le temps de lui adresser un bref signe de tête amical.

— J'adore ce haut, il est nouveau ? demanda Amelia. Tu es magnifique.

— Merci ! Je l'ai trouvé dans une toute petite boutique de Brighton, dit Georgie avec le sentiment d'être devenue cosmopolite.

Elle décida de ne pas préciser qu'il s'agissait d'un vêtement de seconde main, et s'extasia plutôt :

— J'adore ta nouvelle coiffure ! Ça te va super bien.

— Oh, merci. C'est Chloe, dit Amelia en effleurant ses boucles. Elle ne devrait pas tarder à arriver. Tu devrais lui demander des conseils, c'est la reine du fer à friser.

— Elle va même me coiffer pour mon mariage, déclara fièrement Jade en entortillant une mèche châtain autour de son index. Il faudra que je te montre les photos, Georgie. On a déjà fait des essais. Elle est où, d'ailleurs ? Je croyais qu'elle devait arriver tôt.

— Qui est..., commença Georgie, perplexe de voir mentionner encore cette Chloe.

Mais Amelia était intarissable.

— Elle avait prévu de déposer une tarte chez Mrs Huggins, je te parie qu'elle est restée coincée à l'écouter radoter sur sa vieille teigne. Impossible de se débarrasser d'elle quand elle s'accroche – Mrs Huggins, pas la chatte !

Devant l'hilarité générale, Georgie se sentit d'autant plus déroutée. Mrs Huggins était son ancienne voisine, sur Orchard Road, une commère invétérée pleine de rhumatismes.

— Euh… vous parlez de qui, là ?

Ils la dévisagèrent avec consternation.

— *Chloe* ! Chloe Phillips. Ta locataire, espèce de nouille ! dit Amelia.

Ses boucles dégringolèrent sur ses joues alors qu'elle s'esclaffait encore.

— Ah, dit Georgie, prise de court.

Amelia avait-elle toujours eu ce rire de bécasse ? Nouvelle coiffure, nouveau rire, nouvelle *amie*… Que disait Simon un peu plus tôt ? Que Stonefield ne changerait jamais ? Elle commençait à croire au contraire qu'il y avait un peu trop de changements à son goût.

— D'accord. L'agence immobilière a tout géré, je ne l'ai jamais vraiment rencontrée…

— La voilà ! Chloe ! Par ici !

D'un coup, Georgie fut oubliée, alors qu'Amelia, Jade, Lois et Mel se tournaient vers la nouvelle venue.

— Coucou !

— On t'attendait !

— Qu'est-ce qui t'a retenue si longtemps ?

Qu'est-ce qui l'avait *retenue* ? Georgie jeta un coup d'œil à la pendule en laiton fixée au mur. Il n'était que vingt heures cinq. Où était l'urgence ? Et pourquoi toutes ses plus vieilles amies semblaient obnubilées par cette autre fille quand – hé oh ? – Georgie, leur véritable amie, revenait après trois semaines d'absence. C'était leur plus longue séparation depuis des années ! Elle posa les mains sur ses cuisses, soudain mal à l'aise. Dépêche-toi, Simon. Il ne fallait quand même pas une heure pour récupérer deux bières

Chloe était petite, avec une belle poitrine mise en valeur par le décolleté de sa robe moulante. Elle était perchée sur des talons aiguilles étriqués qui, aux pieds de Georgie, se seraient coincés dans les fissures d'une dalle en moins de deux minutes – si elle avait réussi à y compresser ses orteils. Ses cheveux cuivrés étaient relevés en un chignon dont s'échappaient quelques mèches délicatement froissées, elle avait des yeux verts et une peau claire constellée de taches de rousseur. Georgie se sentit immédiatement mal fagotée. Depuis quand venait-on au pub en petite robe noire, à part pour le Nouvel An ?

— Les gars ! lança Chloe en approchant.

Elle avait même la classe, remarqua Georgie avec amertume. Elle débarquait comme le messie alors qu'elle n'habitait au village que depuis cinq minutes. Mais pour qui se prenait-elle ?

— Coucou. Désolée, je suis en retard. Mrs H me parlait de son fils – il était en Afghanistan, vous savez, et elle est tellement fière de lui. Bref, grande nouvelle, il va être papa, et elle est super contente.

Elle tapota sa montre et fit une grimace mignonne.

— Vingt minutes sans me laisser en placer une. Mais bon, ça lui a fait plaisir.

— Ohhhh, dit Jade, attendrie. Quel amour ! C'est juste qu'elle t'adore, Chlo. C'est chouette qu'elle ait quelqu'un comme toi à qui parler.

Georgie se raidit. À l'entendre, on aurait pu croire qu'elle avait toujours fui sa voisine âgée, alors que c'était archifaux. Impossible de mettre le nez dans le jardin sans voir Mrs Huggins rappliquer pour lui tenir la jambe. Et combien d'heures avait-elle passées dans le salon à l'odeur de renfermé, les jambes qui la démangeaient sur le fauteuil en vieux velours rose, à l'écouter radoter sur son chat, son fils, son mari parti trop tôt... ? Beaucoup trop, merci bien. Certainement plus que cette usurpatrice de Chloe.

— Allez, viens t'asseoir, je t'ai gardé une place, dit Amelia en se poussant pour tapoter la banquette.

Puis *tout le monde* se mit à bouger et à réorganiser les chaises pour que Chloe se retrouve au centre de l'attention, et on relégua Georgie à un coin de la table à côté de la toute timide Mel, qui ne s'incrustait avec Lois que parce qu'elle n'avait pas d'amis. Georgie tenta de ne pas avoir l'air vexée. Elle avait été littéralement mise à l'écart, par ses propres amies, dans son pub. Super. On était loin de la soirée de bienvenue qu'elle avait anticipée.

— Merci, ma biche, dit Chloe en se tortillant pour caser ses fesses sur la banquette.

*Ma biche ?* S'il y avait bien une chose que détestait Amelia, c'était qu'on lui donne des surnoms. Ma biche. Ma belle. Mon chou. Elle qualifiait ça de crimes contre le vocabulaire. Des mots niais pour les gens niais. Georgie masqua un rictus moqueur en attendant la réponse verte qui ne vint pas. Amelia se contenta de caresser ses anglaises et d'afficher un sourire de gourde.

— Bonjour, bonjour, dit Chloe qui semblait seulement remarquer sa présence. On a une nouvelle parmi nous et personne ne me la présente ?

Georgie sentit ses poils se hérisser.

— Une nouvelle ? Je ne crois pas, non. C'est plutôt moi qui devrais te demander qui tu es.

Elle avait voulu prendre un ton blagueur, mais le résultat était plutôt agressif.

Amelia, dans toute sa déloyauté, fit mine de lui donner une tape sur la tête comme si Georgie avait remporté le concours de la plus simple d'esprit.

— C'est Chloe, banane, on te l'a dit il y a une minute ! Chloe, je te présente Georgie, notre pote qui est partie à Brighton. C'est ta proprio, alors fais gaffe à ce que tu dis !

Était-ce l'imagination de Georgie, ou bien les yeux de Chloe s'étaient teintés d'une lueur malveillante à cette nouvelle ?

— Ohh, mince, alors j'espère que personne n'a cafté pour la grosse soirée d'hier ! dit-elle en portant une main à sa bouche. Mais non, t'en fais pas, je blague. On n'a presque rien cassé pour l'instant. En revanche on a repeint le salon en violet, j'espère que ça te va.

La voix de Georgie s'en fit l'écho hésitant.

— En violet ?

— Je te charrie encore ! Bien sûr que non, on n'a rien repeint. On a même été très sages, c'est promis. Sauf pour ce qui est de baiser dans tous les endroits possibles et imaginables.

Elle lui adressa un clin d'œil appuyé.

— Sympa, ton lit, d'ailleurs. Oh, on en a bien profité !

— Et voilà. Désolé, ça m'a pris des plombes.

Simon était de retour, et il posa des verres sur la table – ouf, pensa Georgie, parce qu'elle avait vraiment besoin d'une distraction pour penser à autre chose qu'à cette horrible Chloe. Baiser dans tous les endroits imaginables. Sous son toit ! Dans son lit super confortable à mémoire de forme ! Elle allait devoir emprunter le nettoyeur à vapeur de sa mère avant de réemménager. Le matelas était bon à brûler ; elle n'allait certainement pas le reprendre maintenant qu'il avait été souillé par les culbutes de l'horrible Chloe.

— Merci, dit-elle avant de prendre une grande gorgée de bière.

Elle n'appréciait pas cette soirée autant qu'elle l'avait imaginée. D'ailleurs, si Chloe pouvait avoir l'amabilité de se barrer maintenant et disparaître du cercle de ses amis pour toujours, elle lui en serait très reconnaissante. Elle regarda tristement Simon s'éloigner vers le bout de la table, où les autres garçons l'accueillirent avec des tapes amicales dans le dos et autres embrassades viriles. « Ne m'abandonne pas », eut-elle soudain envie de lancer après lui. Mais c'était ridicule. À l'exception de Chloe, elle était entourée de ses meilleures amies, des femmes qu'elle aimait le plus au monde. D'ordinaire, elle aurait eu hâte qu'il la laisse pour pouvoir discuter des ragots les plus croustillants.

Elle détourna son attention de Simon pour feindre d'écouter poliment Chloe qui décrivait dans ses moindres détails assommants un incident au travail ce jour-là. Ah oui, c'est vrai qu'elle était enseignante. Georgie s'en souvenait à présent, tout comme son compagnon grand et baraqué que Big Bill servait en ce moment même au bar. Étonnamment, elle les avait plutôt imaginés comme des intellos sérieux, du genre qui respecteraient ses meubles et passeraient leurs soirées à corriger des copies. Elle n'avait certainement pas anticipé cette grande gueule sans gêne qui semblait lui avoir piqué sa place auprès de ses potes en son absence. Ça lui apprendrait à céder aux clichés faciles.

La conversation en arriva – inévitablement – au mariage d'Amelia et à celui de Jade et, provoquant l'agacement suprême de Georgie, Chloe insista pour s'appesantir sur le moindre détail. Même quand Amelia et Jade commencèrent à en être gênées, prétextant des « oh, mais je vous saoule probablement avec tout ça » et des « je suis désolée, je suis pénible ? », deux questions pour lesquelles les réponses évidentes étaient « Oui » et « OUI CARRÉMENT », Chloe balaya leurs excuses d'un geste en protestant :

— Mais non ! Si c'est important pour toi, c'est important pour nous. Pas vrai, les filles ?

— Oui, approuvèrent en chœur les autres.

Sauf Georgie, qui fit mine de voir une notification très urgente sur son téléphone.

— Comment ça se passe à Bournemouth ? demanda Mel, la timide.

— Brighton, rectifia Georgie, pourtant soulagée de changer enfin de sujet. Ça va, ça se passe super bien. Rien à voir avec ici, évidemment. C'est plus… mouvementé. Et scandaleux. Très bohème.

Lois fit la moue.

— Elle essaie de nous dire qu'elle se fait chier avec nous maintenant.

— Bien sûr que non ! protesta Georgie en riant. N'oublie pas, Lois, que j'étais là à tes vingt et un ans avec le strip-teaseur et l'histoire du concombre. En matière de scandale, je crois que j'ai été servie pour toute ma vie, merci.

Amelia se mit aussitôt à fredonner une mélodie de strip-tease, en battant des cils de manière aguicheuse, et en faisant glisser le col de son haut pour découvrir ses épaules de manière suggestive, et tout le monde s'esclaffa. Elles rirent plus encore quand Lois en recracha accidentellement sa vodka tonic par le nez.

Chloe eut l'air un peu contrariée de ne pas comprendre la blague, et reporta son regard façon rayons X sur Georgie.

— Alors, qu'est-ce que tu fais là-bas, à part aller à la plage ? On m'a dit que tu avais suivi ton copain. C'est mignon !

Georgie se hérissa de cette critique à peine voilée.

— Figure-toi que j'écris pour un magazine.

*Prends ça dans les dents, Chloe.*

— C'est vraiment cool, continua Georgie avec hauteur. Je gère le courrier du cœur, et j'ai une rubrique où je…

— Ohhh, comment ça s'appelle ? demanda aussitôt Chloe en sortant sa tablette et en ouvrant le moteur de recherche.

— Je…

Soudain, Georgie hésita. Elle avait le sentiment que Chloe ne ferait que tourner en ridicule son travail.

— … tu ne connaîtras pas, c'est un petit truc local. Mais oui, c'est super cool de vivre en bord de mer. Il y a plein d'artistes, d'acteurs célèbres, les boutiques sont dingues…

Sa voix s'éteignit. Les autres n'écoutaient plus. Elles étaient toutes penchées sur la tablette de Chloe.

— Brighton… magazine… local, dit-elle en tapant dans la barre de recherche. Voyons voir. *BN1… Regency Magazine… Brighton Rocks…*

Georgie tressaillit légèrement et malheureusement pour elle, Jade le remarqua et suggéra :

— Essaie le *Brighton Rocks.*

La traîtresse.

— Non, c'est pas la peine. Mes articles n'y sont pas encore, intervint Georgie en sentant la panique monter.

Merde. La première chose qu'elles verraient, en arrivant sur la page de « Hey Em », serait ses jérémiades abominables sur Simon. Il n'était absolument pas au courant de cette histoire, et elle n'avait pas l'intention de remédier à cette ignorance.

— Un autre verre, quelqu'un ?

Chloe la fit rasseoir d'un regard.

— Georgie, détends-toi, ordonna-t-elle. Sinon on va finir par croire que tu as honte de ta nouvelle carrière de journaliste. Ou que tu as tout inventé.

Elle donna un coup de coude complice à Amelia, et poursuivit :

— Je meurs d'envie de lire cette rubrique du courrier du cœur maintenant !

Elle cliqua sur un lien, et fit défiler la page.

— Ah ah ! J'ai l'impression qu'on tient quelque chose. « Hey Em » ! C'est toi, pas vrai ? Ils ont trouvé que ton vrai nom n'était pas assez cool ou bien ?

— Non, je…

Georgie envisagea un instant d'arracher la tablette des mains de Chloe – c'était la pire des pestes, elle flairait sa proie et attaquait sans scrupules. Puis elle entendit Amelia pousser un petit cri, et sut que son destin était scellé. Trop tard.

— Attends une minute, intervint Amelia qui avait toujours lu plus vite que les autres. Est-ce que ça parle de… ?

Puis, avec une loyauté admirable, Amelia tenta de fermer la page avant que les autres ne rattrapent sa lecture, échangeant avec Georgie un regard scandalisé. *Houlà,* semblait-elle dire en silence. *Vraiment ?*

*Eh oui, vraiment.* L'expression torturée de Georgie parlait pour elle. Malheureusement, Chloe avait récupéré la tablette et, hors de portée, elle psalmodiait déjà la seconde lettre.

— « Hey Em, tu sais quoi ? Mon copain est un vrai con en ce moment. Tout ça parce qu'il a décroché ce nouveau projet, maintenant il se prend pour le roi du monde. »

Elle afficha un air moqueur, et poursuivit :

— « On a déménagé du Yorkshire pour qu'il puisse réaliser son fantasme, pardon : pour qu'il puisse accepter ce super boulot… »

Son regard tomba sur Georgie, alors qu'elle comprenait elle aussi la situation délicate de la jeune rédactrice.

— Uh oh, dit-elle avec un plaisir manifeste.

*Prise sur le fait.*

— Tu m'étonnes, que tu veuilles nous cacher ça. On dirait qu'il y a de l'eau dans le gaz.

— Je ne comprends pas, Georgie. Est-ce que Simon est au courant ? demanda Jane en tendant le cou pour lire la suite. Oh, l'horreur, il y a même un bouton pour voter en bas. Tu peux choisir de… le garder, le larguer ou le sauter !

Elle renifla avec mépris.

— Écoutez, c'était juste une blague, ça ne devait même pas…, balbutia Georgie.

Mais elle fut interrompue par la pire question qu'on lui ait jamais posée :

— Est-ce que Simon est au courant de quoi ?

Quand on parlait du loup… pile au mauvais moment, il débarquait. Il avait toujours eu l'oreille qui sifflait, quand on mentionnait son nom. Il croisa son regard et lui fit un clin d'œil, qu'elle fut incapable de lui rendre, détournant lâchement le regard. *Oh merde. Oh, Simon, je suis désolée. Vraiment, vraiment désolée. J'ai merdé.*

— Non, c'est rien, marmonna-t-elle.

Mais Chloe, flairant l'embrouille, brandit la tablette et s'écria plus fort sur un ton chantant :

— Super gênant ! Alors, ma petite Georgie, tu lui dis ou je m'en charge ?

# 14

Comme l'avait décrété la direction, le cabinet Dunwoody and Harbottle ferma ses portes à quinze heures trente ce vendredi après-midi pour s'assurer que ses employés puissent parcourir la ville et répandre de la joie parmi la communauté des seniors. C'était la théorie, en tout cas. Charlotte avait entendu beaucoup de protestations et de plaintes de la part de collègues qui estimaient que l'opération était une pure perte de temps, et qu'ils avaient bien mieux à faire de leur journée. Le lundi était férié, et certains avaient prévu de limiter leur visite en maison de retraite au strict minimum, à peine le temps d'engloutir un café, de sorte de filer au plus vite sur l'autoroute du week-end.

Charlotte avait complètement oublié cette histoire de jour férié. Ce n'est que quand son supérieur lança « à mardi » avant de disparaître, ne laissant derrière lui qu'un sillage de parfum, que Charlotte comprit pourquoi tout le monde n'avait cessé de parler des activités du week-end, encore plus que d'habitude. Du camping (ambitieux, vu la bruine annoncée), un séjour au spa, une nuit dans un hôtel avec restaurant étoilé, une visite aux beaux-parents, aux frères et sœurs… chacun semblait avoir un programme bien chargé pour les prochains jours. Sauf Charlotte, évidemment.

Elle médita sur la question pendant tout le chemin du retour, et passa chercher un bouquet de roses blanches veloutées (pour Margot), une barquette de curry à réchauffer (pour elle), ainsi qu'une bouteille de sauvignon de Nouvelle-Zélande en promo (clairement pour elle). Les week-ends étaient suffisamment déprimants en vivant seule et sans amis sur place, mais quand en plus il s'étirait sur trois jours de vide… il n'existait pas assez de tâches ménagères pour occuper tout ce temps. Pas avec un appartement de la taille du sien, en tout cas. Et il suffisait de voir ce qui s'était passé le week-end précédent, quand elle avait osé s'aventurer sur la jetée, et s'était embourbée dans une situation gênante avec cet inconnu et sa petite fille perdue !

De retour à SeaView House cet après-midi-là, elle rangea son curry et son vin, songeant distraitement à son ex-mari qui lui aurait fait renoncer à cette association. « Avec un curry, tu es censée boire de la bière, pas du vin ! » aurait-il critiqué avec un air navré devant ses piètres manières. Jim était vraiment un snob de l'alcool, maintenant qu'elle y repensait. Charlotte, en revanche, était ravie de boire du vin en accompagnement de n'importe quel plat, même avec des frites et des haricots blancs à la sauce tomate. Même avec un sandwich et des chips. Et oui, effectivement après la mort de Kate, quand ses seins étaient encore enflés comme des ballons de volley, énormes, tendres, et pleins d'un lait qui ne servait plus à rien, Charlotte s'était servi un verre de vin au petit déjeuner, et avait fini par vider la bouteille avant même que le facteur ne sonne pour lui apporter d'énièmes cartes de condoléances.

Il y avait eu des jours terribles. Les pires. Des jours auxquels elle ne devrait certainement pas repenser maintenant, alors qu'elle était attendue chez Margot Favager dans cinq minutes. *Charlotte, ressaisis-toi. Il faut aller de l'avant – ou, à défaut, ne pas reculer.*

Elle se vaporisa un peu de parfum et, en approchant du miroir pour retoucher son rouge à lèvres – Margot était le genre de personne dont la présence seule vous incitait à soigner votre apparence –, elle croisa son propre regard. Jim était tombé amoureux de ses yeux, c'était ce qu'il disait toujours. Grands, marron, et fidèles. « Ne me regarde pas avec tes yeux de chien battu », la prévenait sa mère chaque fois qu'elle venait lui réclamer quelque chose, enfant. Cela faisait un moment qu'elle ne s'était pas regardée. Son souffle déposa une légère buée sur la glace. Elle avait évité le reflet de son malheur après la mort de Kate, parce que ses yeux lui semblaient vides. Charlotte s'entraîna à sourire et se rendit compte qu'elle avait du rouge sur les dents. Là, voilà. Peut-être que sourire avait une utilité, finalement. Elle effaça la trace avec une feuille de papier toilette.

*Inspire, expire,* se dit-elle en se dirigeant vers l'étage quelques minutes plus tard. Tout va bien se passer. Si elle continuait à se le répéter, elle finirait par y croire – en tout cas, c'était ce que préconisaient tous les articles de développement personnel que sa mère continuait de lui envoyer.

— Ahh, Charlotte, quel bonheur de vous revoir. Un régal pour les yeux. Entrez, entrez, dit Margot en ouvrant la porte.

Elle portait ce jour-là un pull en cachemire gris clair à col bateau, ainsi qu'un pantalon de tailleur anthracite à la coupe masculine, le tout avec un imposant collier de perles grenat, comme des billes polies.

— Et quel charmant bouquet, c'est trop aimable. Je vous remercie. Maintenant…

Son regard pétillait, mais Charlotte n'arrivait pas à déchiffrer son expression.

— … je vais nous faire du thé, mais je me demandais si vous pourriez me rendre un petit service. De quoi parliez-vous déjà ? De corvées ? Je crois que c'était le mot. Un petit service de rien du tout. Ça vous ennuierait ? Je suis navrée de vous embêter, mais… vous savez, je suis une vieille dame mourante. Et…

— Ça ne me dérange pas du tout, bien sûr. Que se passe-t-il, vous vous sentez mal ?

C'était déroutant, cette manière qu'avait Margot d'aborder le sujet de sa mort avec tant de nonchalance. Quand ses grands-mères étaient mortes, elle se souvenait de leurs derniers jours comme d'un témoignage du flegme typiquement britannique. Aucune d'elles n'avait montré sa maladie, impassibles quasiment jusqu'au dernier souffle. Margot, en revanche… Il serait probablement déplacé d'aller jusqu'à dire qu'elle en jouait, mais Charlotte ne pouvait s'empêcher d'y voir un goût du drame.

— Voulez-vous que j'appelle quelqu'un ? Un médecin, ou… ?

L'indignation se peignit sur le visage de Margot.

— Je ne vais pas mourir dans la seconde, précisa-t-elle. Et les médecins n'y connaissent rien, de toute façon. Ils ne me sont d'aucune utilité.

Le rythme cardiaque de Charlotte ralentit.

— D'accord. Alors… qu'attendez-vous de moi ?

Quelques minutes plus tard, Charlotte repartait au centre-ville avec une liste de courses très étrange. L'écriture penchée et pleine d'enjolivures de Margot donnait les instructions suivantes :

*1. Grey and Green – Bougie Figuier (demander Johann)*

*2. Madame Chocolatier – 12 crèmes à la rose (demander Marc)*

*3. Fromagerie de Western Road – L'Ami du Chambertin (demander Émile)*

*4. Wine and Dine – une bouteille de Cornas Les Prémices (demander David)*

…

Et ainsi de suite. Vin, chocolat, fromage, articles de beauté de luxe et de papeterie – et, associé à chaque boutique, un interlocuteur privilégié. Étrange qu'il s'agisse à chaque fois d'un homme, songea Charlotte en déchiffrant la liste. Elle se demanda si tous ses collègues avaient droit à des courses si luxueuses.

La première étape était une boutique de déco haut de gamme aux articles de bon goût, contemporains. Une musique douce était diffusée en fond et les assistants branchés se tenaient à une distance respectueuse des clients. On aurait dit une épreuve de *The Apprentice.* Charlotte trouva Johann, un jeune homme d'une vingtaine d'années incroyablement beau, aux cils à se damner, qui portait un pantalon très moulant. On pouvait faire confiance à Margot pour se souvenir d'un vendeur pareil. Il trouva pour elle la bougie en question, une Diptyque, non des moindres, au parfum divin. De sa voix grave et sexy, Johann l'assura qu'il ferait passer les frais sur le compte de Madame Favager. Incroyable. L'expérience semblait si luxueuse à Charlotte, qui n'aurait jamais imaginé dépenser autant dans une bougie. « Ou comment faire littéralement partir son argent en fumée », commenta la voix sarcastique de son père dans sa tête, et au fond, elle ne pouvait s'empêcher d'être un peu d'accord.

Après avoir remercié Johann, en tâchant de ne pas regarder trop indiscrètement son pantalon moulant, Charlotte glissa son achat emballé d'un tissu délicat dans son sac à main et passa à la boutique suivante.

C'était donc ce à quoi ressemblait la vie de Margot. Traverser le centre-ville pour récupérer un article magnifique après l'autre, se faire servir par des jeunes hommes séduisants. Une ligne de sa liste n'était même pas consacrée à un achat : il s'agissait de passer chez un fleuriste du quartier des Lanes pour transmettre les meilleurs vœux de Margot à un certain Éric qui – bien sûr – ressemblait lui aussi à un mannequin. À la mention du nom de Margot, il sourit avec ravissement et fourra un bouquet de violettes dans la main de Charlotte – cadeau pour Margot. Ce monde lui échappait complètement !

Le dernier article sur sa liste était un grand cappuccino du Sea Blue Sky, le café le plus proche de Dukes Square, « et prenez-vous ce qui vous fera plaisir, très chère avait ajouté Margot avec un clin d'œil. Nous vivons dangereusement aujourd'hui, pas vrai ? N'ayez pas peur de faire des folies. Mais bien sûr, je vous préparerai à boire moi-même, si vous préférez ».

Charlotte bascula ses sacs sur un seul bras pour pousser la porte du café. Elle s'était contentée jusque-là de passer devant sa devanture, mais elle découvrait maintenant un intérieur ravissant, à la décoration chic et au parfum du bon café. Un homme aux cheveux roses portant un costume très élégant à rayures fines était installé à la première table et, à la suivante, il y avait une jeune femme au chignon volumineux décoloré, en minirobe vert citron. Oui, Charlotte comprenait parfaitement pourquoi Margot fréquentait cet endroit.

— Bonjour, qu'est-ce que je peux vous servir ? demanda l'homme derrière le comptoir.

— Je cherche Ned, j'ai été envoyée par Margot Favager…, commença-t-elle.

Mais sa voix s'éteignit quand elle se rendit compte qu'elle avait déjà rencontré cet homme. Cheveux en bataille, lunettes, yeux marron, oui, elle l'avait déjà vu. Mais où ? Le déclic se fit dans un grand fracas. C'était l'homme de la jetée. Merde ! En personne, face à elle, l'homme sur lequel elle s'était énervée comme une harpie, le pauvre père qu'elle avait accusé de négliger ses enfants. (« Je croyais que c'était Mrs Johnson » – la voix de la petite fille résonnait dans sa tête, et le souvenir de sa petite main dans la sienne était encore palpable.) Chaque cellule du corps de Charlotte lui intima de prendre ses jambes à son cou, comme elle l'avait fait sur la jetée. Mais ses pieds semblaient collés au sol, incapables de bouger, et sa peau virait à l'écarlate.

Il la regardait avec perplexité, mais, soudain, elle vit une lueur de compréhension dans ses yeux.

« Hé, vous ne seriez pas cette foldingue ? »

— Oh, dit-il. On s'est déjà vus.

— Euh… En fait, je dois y aller, dit-elle dans une tentative désespérée de fuir avant qu'un autre mot ne soit prononcé. Au revoir.

Elle fit volte-face et se dépêcha de sortir du café, le cœur battant, le corps animé par un flux d'adrénaline, à peine capable de respirer avant d'avoir tourné au coin de la rue, hors de vue.

— Charlotte ! Doux Jésus, vous semblez épuisée. C'était trop de corvées pour vous, je le crains, s'exclama Margot quand Charlotte rentra à l'appartement, encore fébrile et les joues roses. Je suis désolée. J'ai été trop égoïste, n'est-ce pas ? Trop paresseuse. Et maintenant vous souffrez par ma faute !

Charlotte ne prenait plus les mélodrames de Margot au premier degré, et elle se contenta de sourire en brandissant les sacs.

— Je vais bien, je ne souffre pas. Désolée d'avoir été si longue. J'ai pris les cappuccinos dans un autre café, j'espère que vous ne m'en voudrez pas.

Elle s'était remise à rougir de plus belle en suivant Margot dans le salon. *Surtout ne me demandez pas pourquoi. Ne posez pas de questions.*

— Où voulez-vous que je pose tout ça ?

Margot lui lança un regard perçant.

— Vous n'aimez pas mon petit café ?

— Oh, je suis sûre qu'il est adorable, mais…

Charlotte posa ses sacs et laissa sa chevelure cacher son visage.

— … eh bien, c'est une longue histoire…

Margot ne semblait pas décidée à laisser tomber le sujet. Charlotte posa sur la table le support en carton contenant les cappuccinos.

— … c'est compliqué.

— Ahhh, le mystère !

Charlotte sentait le regard intense de Margot et sa curiosité piquée.

— Mais je vois que ce ne sont pas mes affaires. Très bien. Avez-vous apprécié les autres… attractions de ce petit parcours ?

Charlotte eut un rire hésitant. Est-ce que Margot sous-entendait bien ce qu'elle croyait ?

— Vous parlez des… hum… vendeurs ?

— Oui. Bon sang, ils sont à croquer, pas vrai ? On ne peut plus sexy. Non, non, protesta-t-elle alors que Charlotte déballait les achats. Tout cela est pour vous. C'est cadeau. Comme ça, maintenant, vous avez aussi les adresses de tous mes amants. Je plaisante, malheureusement… Mais laissez-moi transvaser ces boissons dans des jolies tasses, et nous pourrons bavarder.

— Vous…

Charlotte avait du mal à intégrer les paroles de Margot.

— Tout ça… pour moi ? Vraiment ?

La bougie à elle seule avait coûté quarante livres, et la bouteille de rouge presque vingt. En tout, il devait y en avoir pour une centaine de livres.

— Mais enfin, balbutia-t-elle, je ne peux pas accepter.

— Bien sûr que si. Et vous le devez ! Ce sont mes cadeaux. J'espère qu'ils vous plaisent.

Charlotte en resta bouche bée.

— Mais… vraiment ? Ils sont magnifiques. Et c'est tellement généreux de votre part. Mais…

Margot brandit un doigt réprobateur.

— Vous parlez toujours de faire bon usage de l'argent, hein ? Vous apprendrez que, parfois, il faut aussi le dépenser sans compter. Faire des folies. Profiter.

Elle tapota le bras de Charlotte et ajouta :

— Et n'oubliez pas les hommes. Ce sont mes chouchous, et je les ai partagés avec vous. Ça signifie que nous sommes amies. D'accord ? Venez.

— Merci.

Charlotte avait encore du mal à trouver ses mots en suivant Margot dans le salon. Mais pourquoi ? aurait-elle voulu lui demander. Pourquoi moi ? Pourquoi tout ça ? Cependant, elle ne parvenait qu'à répéter « Merci ».

Margot balaya ses remerciements d'un geste ample.

— Je vous en prie. Maintenant installez-vous. Faites comme chez vous.

Contrairement au bulletin météo pessimiste énoncé plus tôt dans la semaine, le samedi amena avec lui un soleil radieux, parfait pour un week-end de trois jours, comme le radotaient les présentateurs de la radio locale alors que Charlotte s'installait à table devant son petit déjeuner. À travers la fenêtre, elle voyait la lumière sirupeuse scintiller sur les pare-brise des voitures plus bas, et elle remarqua ses reflets dorés qui parsemaient la mer comme des confettis. L'eau semblait plus bleue que jamais ; les manèges sur la jetée tourbillonnaient, les cafés étaient ouverts, et une horde de gens se débattaient avec leur transat sur la plage.

La veille, Charlotte avait savouré un morceau du succulent fromage après son dîner, puis avait allumé sa délicieuse bougie pour grignoter du chocolat hors de prix et elle s'était sentie… bien. En tout cas, mieux. Elle avait ouvert une romance historique pour la première fois depuis des lustres, et s'était perdue dans les pages, laissant l'histoire l'emporter loin, à une époque où les hommes galopaient à cheval pour sauver des demoiselles en détresse. (C'était le genre de livre que Jim – lecteur de non-fiction et de journaux sérieux – aurait méprisé, mais d'unc certaine manière, le plaisir de la lecture n'en était que plus grand.) Puis elle avait dormi d'un sommeil profond et sa première pensée au réveil, pour une fois, n'avait pas été le désespoir. Qui plus est, elle était maintenant debout, à contempler le monde ensoleillé qui s'offrait derrière sa fenêtre, et avait le sentiment que, peut-être, ce n'était pas une mauvaise chose que d'être en vie pour cette journée.

Un fromage délicieux, un héros romantique, un ciel sans nuages et une gentille voisine qui la chouchoutait et lui tendait la main pour la sortir de sa tristesse… était-ce donc suffisant pour rendre à une femme la vague impression d'être humaine ? Le deuil engloutissait Charlotte depuis si longtemps à présent ; c'était ce qui avait causé la dissolution malheureuse de son mariage, un deuil qui avait résisté à la thérapie et aux cachets, et elle avait commencé à l'accepter comme un paramètre par défaut de sa vie future. Pourtant… ce matin, elle avait l'impression qu'elle pouvait regarder le monde en face. Ce matin, elle se disait qu'elle allait survivre après tout, qu'elle allait surmonter cette épreuve de la vie, si seulement elle continuait à regarder vers l'avant.

Elle vida sa tasse de café et s'empara du téléphone. Non, elle ne passerait pas le week-end à faire le ménage toute seule dans l'appartement, décida-t-elle en tapant un rapide message. Oui, elle allait tirer profit de ce changement d'humeur inespéré.

Salut, Maman, désolée de prévenir à la dernière minute. J'imagine que tu n'es pas dans le coin aujourd'hui ? bisous

— Laisse-moi te regarder un peu. Oh ! Tu as l'air en si bonne forme, ma chérie. N'est-ce pas, Tony ? Et quelle bonne surprise d'avoir de tes nouvelles. Tu as de la chance parce qu'on était justement en randonnée du côté de Fenley Hill, où il n'y a pas de réseau, mais on a fait un détour par le village à cause de cette adorable petite boutique qui vend de la confiture maison, tu te souviens ? Alors j'ai dit à ton père, je vais juste y faire un saut, on est à court de gelée de groseilles, et c'est là qu'il m'a dit : mais ce ne serait pas la sonnerie de ton téléphone ? Et si ! c'était bien mon téléphone ! Et c'était toi, et j'étais si heureuse de recevoir ton message. Assieds-toi, pose-toi un peu – Tony, pourquoi tu ne commandes pas un verre à Charlotte ? Qu'est-ce que tu veux, ma chérie ? Regarde-moi, déjà au cidre – j'ai prévenu ton père : c'est toi qui conduis au retour, et il fait si beau que je n'ai pas pu résister. Oh, je suis tellement contente de te voir, ma chérie. Comment vas-tu ? J'ai pris de la confiture pour toi, au fait. Gelée de mûres. J'espère que c'est toujours ta préférée.

Incapables de rester à l'intérieur si le soleil pointait son nez, les parents de Charlotte étaient déjà dehors en chaussures de randonnée quand elle les avait appelés plus tôt, mais grâce aux miracles de la technologie moderne – et de la boutique de confitures du village de Fenley – ils s'étaient retrouvés dans un pub pour déjeuner, et étaient maintenant installés autour d'une longue table en bois vieilli par les intempéries dans le jardin du pub. Sa mère risquait même de faire une pause dans son bavardage pour respirer à un moment – tout était possible.

— Je vais bien, glissa Charlotte, saisissant la première chance de placer un mot. Juste un Coca Light, merci, Papa.

Sa mère la prit encore une fois dans ses bras, et elles restèrent entre femmes. Charlotte respira les effluves réconfortants du shampoing mêlé au savon *Pears* de sa mère, un parfum unique et reconnaissable entre tous. D'un coup, elle retrouva ses six ans, à l'époque où elles rentraient toutes les deux de l'école primaire, main dans la main, pendant que les frères de Charlotte couraient loin devant. « Rien que nous deux, entre filles », disait sa mère sur un ton complice qui donnait l'impression à Charlotte d'être la préférée.

— Moi aussi, je suis contente de te voir, dit-elle quand elles se séparèrent enfin.

Elles avaient toujours été proches, et Charlotte savait que sa mère n'avait pas compris sa décision abrupte de quitter Reading, de découdre toute la vie qu'elle s'y était construite, et de recommencer à zéro. Dans des moments comme celui-ci, où elle retrouvait ses parents et se sentait si choyée, si en sécurité – le sourire sur leur visage quand ils l'avaient vue entrer dans le pub ! leur joie en accourant vers elle ! –, elle ne pouvait s'empêcher, elle aussi, de remettre en question sa décision.

— Quelle bonne surprise de se retrouver comme ça, reprit sa mère en portant une main à son cœur. À chaque fois que je passe devant ton ancienne maison, j'ai ce réflexe de ralentir et de te chercher du regard. Tu penserais que je me suis faite à ton déménagement depuis le temps, mais non, toujours pas !

Charlotte sentit son sourire s'effacer. La maison avec la chambre d'enfant au décor Winnie l'ourson. La maison achetée avec Jim, juste après leur mariage, où elle était tombée enceinte et s'était émerveillée de son ventre qui s'arrondissait. L'endroit où elle était restée prostrée sur le lit pendant des jours quand l'impensable était arrivé, noyée dans sa douleur. Elle ne voulait jamais revoir cette maison de sa vie.

— Bien sûr, les garçons sont toujours là, et c'est toujours un plaisir de les voir. Mais ça n'a rien à voir avec la relation d'une mère avec sa fille, évidemment. Incomparable, on…

Elle s'interrompit aussitôt, comprenant son erreur. *Ne pas mentionner la relation mère-fille.*

— En tout cas je suis contente de te voir, répéta-t-elle précipitamment en serrant les doigts de Charlotte.

— Un Coca Light avec glaçons et citron, annonça le père de Charlotte.

Il posa le grand Coca avec précaution sur un sous-verre devant elle. (Il avait un problème avec les sous-verres et les sets de table. Partout, sur n'importe quelle surface, leur maison en était recouverte. Même sur les tables en plastique qu'une tasse de thé n'abîmerait jamais. Même en extérieur, dans l'arrière-cour d'un pub, sur une table de pique-nique si vieille que le bois en était devenu gris.)

— Et trois cartes, annonça-t-il.

— Merci, Papa.

C'était la bonne décision, pensa Charlotte en sirotant sa boisson et en savourant la petite brise qui faisait voler ses cheveux. C'était une journée agréable. Le jardin derrière le pub était spacieux, la pelouse était d'un vert luxuriant, moelleux, un oiseau chantait non loin et il régnait une torpeur plaisante, comme si rien de mal ne pourrait jamais arriver ici. Ils allaient déjeuner et bavarder tranquillement, puis retourner dans la petite maison douillette de ses parents, où les chats se rouleraient sur le dos en ronronnant pour célébrer le retour de la fille prodigue.

Tony s'éclaircit la gorge et lança un regard entendu à sa femme.

— Alors tu as… euh… ?

— Non, le coupa-t-elle aussitôt, avec un regard de travers que Charlotte avait déjà vu si souvent.

Un regard très clair qui disait « Motus, ne mets pas les pieds dans le plat », et « Pour l'amour du ciel, réfléchis avant de dire encore des âneries ».

— Ah, dit-il en baissant la tête.

Il prit la carte et se mit à l'étudier consciencieusement, et la mère de Charlotte fit de même.

Charlotte soupira. Son sentiment de bien-être s'était évaporé comme une flaque au soleil.

— Allez-y, dites-le-moi. Qu'est-ce qu'il y a ?

Une de ses belles-sœurs était enceinte, sûrement. Elle avait redouté ce moment ; savoir que la place de Kate, la première petite-fille de la famille, allait être usurpée par un autre bébé en meilleure santé. Quant à l'impératif d'être *heureuse* pour eux, de jouer à la tata gâteau, d'assister au baptême, au premier anniversaire, au premier Noël… rien qu'à cette idée, elle sentait sa gorge se serrer. Toutes ces occasions qu'elle n'aurait jamais avec Kate. C'était si injuste. Comment allait-elle le supporter ?

— Ce n'est rien, assura sa mère. Tu sais ce que tu vas prendre ? Le poulet et la tourte au jambon ont l'air bons, non ? Mais avec les frites, pas la purée de patates douces. Je ne sais pas toi, mais je trouve un peu snob, cette façon qu'ont tous les pubs maintenant de…

— Maman. Arrête. Qu'est-ce que vous évitez de me dire ? demanda Charlotte en essayant de percer le verre noir des lunettes de soleil de sa mère pour la regarder droit dans les yeux. S'il te plaît. Je ne suis pas stupide. Et je ne suis plus une enfant. Tu peux me le dire.

— Eh bien…

Sa mère bafouillait, elle cherchait ses mots ; c'était rare. La pause fut suffisamment longue pour allumer tous les signaux d'alerte dans la tête de Charlotte.

— C'est Jim, intervint son père, par pitié pour sa fille.

— Jim ? Il va bien ?

Elle n'avait pas parlé à son ex depuis un moment. Depuis qu'elle s'était forcée à arrêter ses appels larmoyants et ivres, il n'avait pas pris de nouvelles du tout. Est-ce qu'il avait du mal à s'en sortir, comme elle ? Le traumatisme frappait les gens à différentes vitesses, elle l'avait lu. Jim avait été le plus solide des deux quand le drame était arrivé ; il avait soutenu Charlotte comme une béquille alors qu'elle continuait de chuter et s'était montré inébranlable aux obsèques. Peut-être que la perte ne le frappait que maintenant ?

— Il a rencontré quelqu'un, avoua soudain sa mère. Je suis tombée sur Sheila en faisant les courses, et c'est elle qui me l'a appris.

Elle pinça aussitôt les lèvres et tendit le bras pour saisir la main de Charlotte.

— Je suis désolée, ma chérie. Ce n'est pas ce qu'on s'attend à apprendre au rayon conserves. Je ne savais pas s'il fallait que je te le dise ou non.

Les mots s'écrasèrent sur Charlotte avec la puissance d'une vague contre une digue. Jim avait rencontré quelqu'un. Son mari – ex-mari – était maintenant avec une autre femme. Il ne se débattait pas avec le deuil. Au contraire, il était passé à autre chose et l'avait oubliée – les avait oubliées.

Charlotte s'humidifia les lèvres, tentant de digérer l'information, d'estimer son degré de douleur. Elle se sentait surtout engourdie. Pétrifiée. Elle s'efforça de feindre d'indifférence.

— Pas grave, dit-elle.

Ses parents échangèrent un regard. Un regard qui annonçait à Charlotte que ce n'était pas tout. *Tu lui dis ou je m'en charge ?* Oh non. Quoi encore ? Il ne s'était pas recasé avec une de ses amies, quand même ? Il avait toujours eu un faible pas si discret pour Ruth – Charlotte le taquinait avec ça, quand leur couple allait très bien, à l'époque où leur vie était tout ce qu'il y avait de plus ordinaire. En y repensant, est-ce qu'elle n'avait pas justement vu sur Facebook que Ruth avait posté quelque chose à propos d'un nouveau copain ?

— Est-ce que je la connais ? demanda-t-elle avant de pouvoir s'en empêcher.

La mère de Jim devait être aux anges, s'il s'agissait effectivement de Ruth. Tout le monde l'adorait, elle était si jolie, si intelligente. Elle voyait d'ici les photos de mariage – la deuxième fois est la bonne ! – et son nom discrètement évincé de la liste des invités. « Désolée, mais tu comprends… on ne voulait pas que tu sois mal à l'aise. »

— Ce n'est quand même pas Ruth, si ?

— Ruth Collins ? Non, pas du tout ! s'écria sa mère. Elle fréquente un gros bonnet de Londres, d'après Janice. C'est ce qu'elle m'a dit quand je l'ai croisée au Coop.

— Une pépinière à ragots, ce supermarché, commenta nerveusement le père de Charlotte.

Il posa le menu et annonça :

— Bon, moi je vais prendre la tourte. Charlie, tu sais ce qui te ferait plaisir ?

Ses parents étaient si mauvais lorsqu'il s'agissait de lui faire croire que tout allait bien. Maintenant, son père racontait quelque chose au sujet du tournoi de golf auquel il avait participé récemment, et sa mère nettoyait ses lunettes de soleil avec sa manche. Charlotte savait que deux options s'offraient à elle : jouer le jeu et rester dans l'ignorance en ce qui concernait les détails sordides de la vie amoureuse de son ex, ou risquer de souffrir plus encore en insistant pour rouvrir la plaie. Elle soupira à nouveau, sachant que l'ignorance ne la conduirait qu'à la paranoïa, et qu'elle passerait la nuit à imaginer le pire des scénarios.

— Allez-y, marmonna-t-elle. Je sais que vous me cachez quelque chose. Dites-le une bonne fois pour toutes, pour qu'on puisse passer à autre chose. Merci.

La lèvre inférieure de sa mère se mit à trembler. Elle semblait sincèrement désolée et tournait et retournait le menu entre ses mains. Et, avant que personne ne dise quoi que ce soit d'autre, Charlotte comprit – une révélation –, son cœur se mit à battre à toute allure, son sang se glaça dans ses veines. *Non.* Pas maintenant. Pas si tôt. Elle ne supporterait pas d'entendre ces mots prononcés à voix haute. Elle avait changé d'avis, elle ne voulait pas savoir.

— En fait…, commença-t-elle.

Mais sa mère parlait déjà.

— Ils attendent un bébé.

Quatre mots, quatre coups portés en pleine tête. K.-O.

— C'est rapide, évidemment – ce n'était pas prévu, c'est ce que m'a dit Sheila, mais ils vont garder le bébé. C'est pour cet automne. Alors…

Elle essayait de croiser le regard de sa fille, mais Charlotte se concentrait très fort pour ne pas hurler, et elle ne voyait plus clair.

— … alors maintenant, tu sais.

# 15

En rentrant chez elle ce samedi soir, Rosa ne pensait plus qu'à ses pieds, ses pauvres petits petons endoloris. Elle sortait d'un service de quatorze heures incluant un petit déjeuner de mariage à sept plats, ainsi qu'un buffet du soir pour deux cent cinquante personnes. Elle avait à peine eu le temps de s'asseoir durant toute cette épreuve. Il y avait ces soirs comme celui-ci où elle regrettait de ne plus avoir de baignoire pour détendre ses membres fatigués dans l'eau fumante et parfumée. Elle n'était pas certaine de pouvoir tenir debout encore suffisamment longtemps pour passer sous la douche.

La lune était cachée et le ciel obscur la poursuivit le long de la mer, avec une brise fraîche et salée. Puis, par-dessus le bruit des vagues, elle entendit les injures et quolibets d'hommes ivres. Elle resserra sa prise sur l'anse de son sac et plongea une main dans sa poche pour refermer les doigts sur ses clés, qui pouraient lui servir d'arme pour se défendre si nécessaire. On n'était jamais trop prudente.

À l'approche de Dukes Square, elle vit un troupeau tout droit échappé du pub au coin de la rue, et une femme avachie sur le coffre d'une Land Rover à l'arrêt. Un des hommes placés derrière elle mimait un acte obscène avec ses hanches, sous les acclamations de ses copains. Oh non. Est-ce que la femme allait bien ? Est-ce qu'elle devait appeler la police ?

— Hé, lança Rosa.

En s'approchant, elle constata que la femme n'avait pas conscience de la foule amassée derrière elle. Sa tête était posée sur la roue de secours comme sur un oreiller, et ses longs cheveux châtains s'étalaient sur ses épaules.

— Qu'est-ce qui se passe ici ?

Les hommes se tournèrent vers Rosa, le visage à moitié éclairé par les lampadaires et les lumières du pub derrière eux. Il y avait quelque chose de menaçant dans leur présence, en bande, autour d'une femme si vulnérable.

— La demoiselle a bu un verre de trop, expliqua l'un d'eux, provoquant un chœur de ricanements.

La femme, comme si elle se rendait enfin compte de leur présence, leva un bras en l'air.

— J'fais juste une p'tite pause, balbutia-t-elle. Juste une p'tite pause.

Ignorant la bande, Rosa se dirigea vers elle.

— Ça va ? Vous voulez que je vous raccompagne chez vous ?

La femme la dévisagea sans la voir. Son mascara avait coulé sur ses joues, et même dans la pénombre, Rosa voyait qu'elle avait pleuré.

— Mon mari, haleta-t-elle.

Son haleine était acide comme la bile et sa voix gémissante.

Rosa fit signe aux hommes de dégager, puis leur tourna le dos.

— Votre mari ? Vous voulez que je l'appelle ?

Les lèvres de la jeune femme se mirent à trembler, et Rosa recula instinctivement, au cas où elle vomirait encore.

— Il a, il a…, dit-elle, ses grands yeux marron pleins de larmes. Il a rencontré quelqu'un. Et, et…

Une larme s'écrasa sur le pneu, scintillante à la lumière du lampadaire. Puis elle leva vers Rosa des yeux angoissés.

— … et ils vont avoir un bébé.

Quelle horreur. Le désespoir de cette femme, sa douleur.

— Ils vont avoir un bébééééé, se moqua un des hommes derrière.

Rosa fit volte-face, les poings serrés, et s'écria avec rage :

— Qu'est-ce que vous foutez encore là ? Vous devriez avoir honte. Allez, dégagez. Laissez-la tranquille.

Elle les vit avec soulagement battre en retraite à l'intérieur du pub, et se tourna vers la femme qui sanglotait.

— Venez, dit Rosa en passant un bras autour d'elle pour l'arracher à la Land Rover. On va vous ramener à la maison. Où habitez-vous ?

Titubant légèrement, la femme pointa vaguement le haut de la pente.

— Par là.

Ses mains étaient égratignées, comme si elle avait fait de trop nombreuses chutes dans la soirée.

— Au numéro onze.

Rosa tiqua.

— Le onze ? Dukes Square ? Moi aussi.

Elle remit la femme en mouvement, et la soutint dans sa démarche lente et chancelante.

— Je suis Rosa, appartement numéro un.

La femme s'immobilisa.

— Oh merde. Désolée.

— Aucun problème. Écoutez, on est toutes passées par là. Je pourrais vous raconter de sacrées histoires au sujet de mon horrib…

— Non, protesta la femme en se dégageant des bras de Rosa. Je veux dire, je suis désolée, je vais…

Elle fut interrompue par ses propres vomissements sur le trottoir.

Un peu plus tard, après avoir enfin remonté la côte qui menait à SeaView House et s'être accordées à dire que les hommes étaient des connards, Rosa avait réussi à reconduire Charlotte en sécurité dans son appartement, laissant un grand verre d'eau et une bassine près du lit, et elle put enfin se réfugier sous son propre édredon. Un chagrin d'amour pouvait être dévastateur chez une femme, pensa-t-elle. C'était ce qui avait réduit la pauvre Charlotte à sangloter et vomir partout dans la rue, et qui avait poussé Rosa à fuir Londres avec toute sa vie à l'arrière d'une voiture. « Je ne suis même plus amoureuse de lui, avait gémi Charlotte en pleurant à chaudes larmes, à mi-chemin. Je me sens juste tellement triste. » Oui. Rosa connaissait.

L'impression de ne plus avoir de sentiments pour son ex – comme elle ces jours-ci – n'empêchait pas le sujet d'être sensible. Il suffisait de prendre pour exemple son espionnage en ligne de la vie d'Ann-Marie. Qu'est-ce que ça disait d'elle ?

Se retournant dans son lit, elle ferma les yeux et se remémora la résolution ferme qui s'était emparée d'elle quand elle avait vu le train pour Oxford quitter la gare de Paddington pour permettre à Max – David – de rejoindre sa femme et ses enfants. Dès qu'elle était rentrée à l'appartement, elle s'était attelée à la tâche, animée par la volonté de découvrir coûte que coûte ce qui se tramait. Elle avait vidé la penderie et les tiroirs des vêtements de Max, fouillant chaque poche, une par une. Puis était venu le tour des sacs de sport, de l'étui à ordinateur portable, de la valise de rechange – tout avait été vidé et examiné en quête d'une doublure dissimulant une cachette. Par terre, la paperasse de leur chambre d'amis/bureau, afin de passer au peigne fin la moindre ligne et ne manquer aucune preuve. *David, David… où te caches-tu, David ?*

Elle avait renversé une boîte de photos, détournant le regard en triant les clichés niais de leurs vacances et de leur bonheur partagé, elle avait inspecté son côté du lit et vidé sa table de chevet. Il y avait forcément une preuve quelque part. À moins qu'elle ne soit devenue folle

Il ne restait plus qu'un tiroir auquel elle ne s'était pas encore attaquée – le seul de son bureau doté d'une serrure. Elle n'en avait jamais vu la clé, mais surtout parce qu'elle n'y avait jamais prêté attention. Jusqu'à ce moment. Et elle voulait désespérément fouiller le contenu du tiroir de ce magnifique bureau ancien en chêne qu'il prétendait avoir hérité de son grand-père (un autre mensonge, probablement). Ayant épuisé toutes les autres cachettes potentielles, et n'ayant aucune idée d'où cette clé pouvait bien être, elle n'avait pas le choix. Elle était allée chercher le marteau et avait défoncé la planche au niveau de la serrure. Le bois s'était fracturé avec un bruit satisfaisant, et elle avait arraché le tiroir. Une pile de papiers s'était étalée sur la moquette, essentiellement des lettres, adressées à Mr David Chandler. *Je te tiens.*

Après ça, ça avait été facile. Il avait suffi de chercher David et Ann-Marie Chandler en ligne, pour tomber aussitôt sur le profil Facebook parfait d'Ann-Marie, ouvert au public, sans restriction, sur lequel elle publiait des photos de leur vie de campagne idyllique. Les enfants qui aidaient avec les décorations de Noël (adorable), le chien qui n'aidait pas avec les décorations de Noël (tout aussi adorable), les discussions autour du concert de la chorale de Josh, la première dent qui bougeait de la petite Mae, et David, le beau, le bienheureux David, encourageant Josh à un match de football, portant sa petite fille sur ses épaules, un bras passé tendrement autour de la jolie Ann-Marie. Le tout était insupportable, et elle avait été incapable d'en voir plus, parce que les larmes coulaient à flots sur ses joues, et sa gorge était irritée à force de pleurer.

Salopard de David Chandler et sa vie cachée. Comme elle le haïssait !

— Comment ça va ? Tenez, je vous ai apporté des gâteaux et des magazines ; celui-là, c'est celui pour lequel travaille Georgie. Vous l'avez rencontrée ? Elle vit au premier.

Ce lundi était férié et Rosa rendait visite à Jo dont le séjour à l'hôpital s'éternisait. Bea lui avait envoyé un SMS le matin même pour lui dire que Gareth l'emmenait voir ses cousins et lui demander si elle pouvait passer voir sa mère pour elle. C'était la première fois que Rosa revoyait sa voisine depuis qu'elle avait dormi chez elle, et elle avait du mal à faire le lien entre la femme pâle comme un linge dans le lit et l'hédoniste exubérante des photos qui décoraient son appartement.

— Oh, et voilà votre courrier, ajouta-t-elle.

— Merci, dit Jo en se redressant un peu dans le lit.

Elle était encore faible, mais ses joues avaient retrouvé un soupçon de couleur, juste une pointe. Dix jours s'étaient maintenant écoulés depuis qu'elle avait été amenée aux urgences et, d'après l'infirmière, l'infection qu'elle avait attrapée était sacrément agressive. Heureusement, elle réagissait mieux aux antibiotiques et espérait rentrer rapidement.

— Oh, ils sont faits maison ? demanda-t-elle en déballant le paquet qu'avait déposé Rosa sur ses genoux pour découvrir des cookies aux pépites de chocolat. Bea me dit que vous êtes une excellente cuisinière. Elle a l'air de penser que vous allez bientôt ouvrir votre restaurant.

Rosa s'esclaffa.

— Hum… pas vraiment. J'apprends d'abord les bases au Zanzibar. Leçon numéro un : si le chef vous balance une spatule à la figure, plongez.

— Aïe, vraiment ? Ça semble… violent, commenta Jo en prenant un cookie. Waouh, ils ont l'air divins, merci. Mais servez-vous aussi. Comment va Bea ? Vous savez si elle s'entend mieux avec Gareth ?

Rosa hésita avant de répondre. Toute la semaine, Gareth et Bea avaient fait la navette entre sa maison et l'appartement de Jo, et elle avait entendu plus d'une dispute à travers le mur, ainsi que quelques portes claquées. Cependant, il avait aussi frappé à sa porte pour lui demander (assez timidement) si elle pouvait lui donner quelques notions de diététique pour les devoirs du cours de vie pratique, et une seconde fois pour la recette du porridge – parce qu'apparemment Bea lui répétait que ses tentatives étaient nazes.

— Il m'a semblé aimable, mais je ne suis pas certaine qu'ils s'entendent, résuma-t-elle avec diplomatie.

— Hmmm, dit Jo en croquant dans le cookie. Ils ont eu quelques années difficiles, il faut dire. J'espérais que cette histoire les réconcilierait, mais visiblement pas.

Rosa brûlait d'envie de lui demander ce qui s'était passé, mais la politesse prit le dessus.

— Bea est une super gamine.

Ses propres mots la surprirent. Pourtant c'était vrai : ces derniers jours, elle avait trouvé Bea amusante et de bonne compagnie, rien à voir avec l'ado boudeuse et hostile qu'elle avait rencontrée. Mais Rosa aussi avait changé. Elle n'était plus l'ermite asociale du début d'année qui ne voulait qu'une chose : tenir les autres à distance.

— J'adore son indignation face aux injustices du monde, sa manière de voir tout en noir ou blanc. « Pourquoi tu ne deviens pas chef cuisinière quelque part ? » avait demandé Bea, comme si cette solution coulait de source.

Jo esquissa un sourire.

— Je crois que c'est en partie le problème avec Gareth, admit-elle. On s'est violemment disputés quand j'ai emmené Bea en Inde contre sa volonté et... disons que les choses ont tourné au vinaigre. Il était en colère, j'étais sur la défensive... Et Bea a pris parti pour moi. Elle s'est rangée côté Maman.

— Et parce qu'elle était côté Maman, ça voulait dire qu'elle ne pouvait pas être en même temps côté Papa ?

— Voilà. Même si, d'ailleurs, Gareth avait complètement raison de m'en vouloir, parce qu'avec le recul, je me rends compte à quel point ma décision était égoïste et impulsive et... bref. On fait tous des erreurs.

Elle grimaça et sa voix s'éteignit.

— Ça, c'est sûr, approuva Rosa.

Elle en avait certainement commis plus d'une elle-même.

— Je ne savais plus où j'en étais à l'époque. Je n'avais pas compris que.... Enfin. L'ironie dans tout ça, c'est que Gareth et moi sommes en bons termes maintenant, il n'y a plus la moindre tension. On s'est séparés parce que je me suis rendu compte que je préférais les femmes. Je ne peux même pas imaginer ce que cette révélation ferait à l'ego de n'importe quel type, mais il s'en est remis, on est amis, et on est passés à autre chose. Sauf Bea... c'est comme si elle avait arrêté son avis il y a trois ans et qu'elle refuse d'en changer. Elle est persuadée qu'il n'en a rien à faire d'elle, alors elle le rejette, et ensuite elle lui en veut encore plus quand il ne lui court pas après. Bref. C'est compliqué, pas vrai ? La vie, je veux dire. La famille. L'amour.

— Oui…

Rosa pensa à la pauvre Charlotte, samedi soir, au fond du gouffre avec ses mains égratignées et son visage baigné de larmes. Elle se souvint de son propre état quand elle avait quitté Londres, faisant son maximum pour ne pas regretter ce qu'elle laissait derrière elle. Elle pensa aussi à Jo, Bea, et Gareth…

— … ce n'est pas facile tous les jours.

Il y avait une grande soirée pour fêter des noces d'or à l'hôtel ce soir-là : de la musique gnangnan, un défilé interminable d'amuse-bouches, une pièce montée colossale, et beaucoup de monde sur son trente et un.

— Ça fait du bien d'entendre des gens rire, je commençais à croire que l'humanité toute entière n'était que malheur, dit Rosa à Natalya à la pause.

Elles entendaient des acclamations s'échapper d'une fenêtre ouverte. On devait couper le gâteau, ou peut-être que le couple à l'honneur avait enfin investi la piste. (Jusque-là, seul un homme à la chevelure volumineuse s'y était pavané, un genre de don Juan se prenant pour le meilleur danseur de la planète, soit par excès d'arrogance, soit par ivresse.)

— Au moins, il y en a qui s'amusent.

— Pfff, réagit Natalya.

Sa collègue avait une propension naturelle à la morosité. Elle avait le teint cireux, une masse de cheveux châtains attachés sans soin en queue-de-cheval et des rides de contrariété qui semblaient imprimées sur son front.

— Ils sont heureux là tout de suite, oui, parce qu'ils mangent ce qu'on a cuisiné, parce qu'ils sont bourrés, et parce qu'ils sont réunis. Mais au fond, ils sont tous aussi malheureux, je te le dis.

On pouvait faire confiance à Natalya pour la faire redescendre sur terre. Ses mots lui fournirent matière à réflexion. C'était vrai, dans un sens, qu'on pouvait fabriquer la joie et l'enthousiasme, même éphémère, à base de nourriture, de vin et de bonne compagnie. Elle songea à combien elle avait adoré organiser des dîners par le passé, réunir des gens autour d'une table. La vie était sans conteste plus belle quand on était ensemble, le ventre plein, les verres tout autant.

— À quoi tu penses ? demanda Natalya.

— Oh, à rien.

Rosa vida son café et grimaça. Il fallait vraiment qu'elle arrête de le faire aussi serré.

— Je me disais juste que j'aimerais bien…

— Hé oh ! Les deux feignasses, là-bas, vous comptez arrêter de jacasser un jour ? brailla Brendan. Allez, bougez-vous, y a du boulot en cuisine.

— Travailler, marmonna Natalya en écrasant sa cigarette contre le mur. Encore et toujours travailler. Il n'a que ce mot à la bouche, ce type.

Elle lança, plus fort :

— On arrive !

*Je me disais juste que j'aimerais bien organiser un dîner.* Rosa termina sa phrase dans sa tête, en regagnant la cuisine avec sa collègue. Un dîner pour ses voisines. *Regardez-moi ça,* fit la voix moqueuse dans sa tête. *Voilà qu'elle joue à la nana sociable tout d'un coup, et veut s'ouvrir aux autres, pour changer !* Mais, après tout, pourquoi pas ? C'était peut-être pile ce dont les femmes de la villa avaient besoin, y compris elle. Et c'était bien mignon, de s'ouvrir à la joie, comme le disait Mme Zara, mais parfois il fallait aussi essayer de la partager avec ceux qui nous entourent.

SALUT ! Je m'appelle Rosa et j'habite dans l'appartement 1. Je suis ici depuis quelques mois maintenant et je travaille à des horaires tellement décalés que j'ai à peine eu l'occasion de vous croiser. Mais j'ai bien l'intention d'y remédier ! Ça vous dirait de venir dîner chez moi ? Je suis une apprentie chef cuisinière, et ça me donnerait l'occasion de m'entraîner… vraiment, vous me rendriez service. Si vous êtes libres ce vendredi à 20 heures, venez, je serais ravie de rencontrer autant de monde que possible.
Vous pouvez me confirmer votre présence en passant me faire coucou, ou en me laissant un mot. Dites-moi si vous avez des intolérances alimentaires, ça m'aidera à choisir le menu.
J'espère vous voir vendredi !
Bises,
Rosa.

# 16

— T'es dispo aujourd'hui, ma belle ? fit la voix de Viv au téléphone.

On était le lendemain du catastrophique week-end à Stonefield et Georgie était encore au lit. Elle ne s'était pas réveillée pour voir Simon partir travailler et c'était certainement une bonne chose, dans la mesure où il était d'humeur massacrante depuis que l'abominable Chloe l'avait grillée devant tout le monde.

— Euh…

Elle se demandait ce que cette question impliquait. Peut-être que, par un miracle de la télépathie, sa rédactrice avait prévu de l'envoyer tester une thérapie de couple. Georgie avait besoin de toute l'aide qu'on voudrait bien lui donner en ce moment, si elle comptait briser la glace polaire qui la séparait de son copain. « Comment as-tu pu me faire ça ? » avait-il dit après avoir lu la rubrique. Elle en tressaillait encore.

— Je te demande ça parce que j'étais censé faire une interview, mais je me suis bloqué le dos, dit la voix de Viv dans son oreille. Je peux à peine bouger. Bref, le boulot est à toi, si tu veux te faire un peu de blé. Ça t'intéresse ?

Quelques minutes plus tôt, Georgie avait consulté son compte en banque, en essayant de ne pas vomir d'angoisse (elle n'aurait vraiment pas dû acheter toutes ces fringues avec les filles samedi) et cette proposition n'aurait pas pu tomber à un meilleur moment.

— Bien sûr, répondit-elle du tac au tac, en regrettant aussitôt son avidité transparente. Je veux dire… est-ce que ça va ? Tu as quelqu'un pour s'occuper de toi ?

Viv éclata de rire.

— Non. Mais je compte bien survivre à cette journée. O.K., tu as de quoi noter ? C'est au Foyer des femmes déchues, tu connais ?

— Non. Les femmes déchues ? Ça fait un peu archaïque.

— Oui, ça l'est. C'est une énorme baraque victorienne sur le littoral, qui était un véritable foyer d'accueil pour les femmes soi-disant déchues, il y a un siècle et des poussières. Les mères célibataires, les prostituées, toutes les femmes exclues de la société et livrées à elles-mêmes, en gros. Argh, ouille. Punaise.

— Ça va ?

— C'est juste le… canapé de merde, s'énerva Viv.

Elle devait être de ces personnes exécrables quand elles étaient malades. Comme Simon. Quand il avait attrapé un rhume l'hiver dernier, elle l'avait retrouvé devant un vieux *Tom et Jerry*, en train de traiter Jerry de petit con insupportable. « Quoi ? Je déteste les rongeurs, s'était-il défendu quand elle s'était moquée de lui. Tom devrait lui arracher sa tête de débile une bonne fois pour toutes. »

— Donc, je disais. La maison a été laissée à l'abandon pendant un moment, quand on a arrêté de punir les femmes pour des circonstances qui ne dépendent pas d'elles et quand de meilleures ressources ont été mises à leur disposition. Il y a quelques années, un collectif de femmes s'y est installé pour ouvrir un refuge et un centre d'accueil – sérieusement, t'en as jamais entendu parler ? Il y a pas mal de manifs en ce moment là-bas. Elles se sont renommées la Maison des Femmes – pour faire une croix sur cette histoire de déchéance, tu vois.

— Cool.

La plus grande action militante de Georgie se réduisait pour l'instant à une pétition lancée pour sauver une bibliothèque qu'on menaçait de fermer dans un patelin de la région. Tout était si calme et si paisible à Stonefield que sa conscience sociale s'était rouillée, faute d'usage.

— Ouais. En tout cas, ça l'était. Sauf que le site a été racheté par un riche promoteur immobilier, et elles se font virer. Évidemment, elles ne vont pas se laisser expulser sans rien dire. Elles veulent rester pour préserver ce pilier du matrimoine de la ville. Et c'est là que tu interviens.

— Tu veux que j'aille les interviewer ?

Georgie s'éclaira. Ça avait l'air d'un super sujet, bien plus intéressant que les nouvelles locales. Du vrai journalisme ! L'occasion d'aller soutenir ces femmes, de porter leur voix dans le magazine, et peut-être même les aider avec les banderoles…

— T'as tout pigé. Elles veulent alerter le public sur leur action et faire passer le mot aux historiens locaux et aux autres associations féministes qui pourraient leur venir en aide. Du coup, il faudrait que tu rencontres Tasha et Cleo, qui font partie du collectif. Je t'envoie aussi un photographe. Tu pourrais y être pour onze heures ce matin ? C'est en bordure de la ville, en direction d'Ovingdean.

Georgie déglutit. Il était déjà neuf heures trente et elle était encore en pyjama, ordinateur sur les genoux, au lit. Il fallait qu'elle prenne une douche, se sèche les cheveux et essaie de trouver une tenue qui lui donnerait l'air d'une journaliste sérieuse – en plus de trouver cette maison.

— Carrément, dit-elle avec tout l'aplomb dont elle était capable.

Elle le ferait pour les femmes en difficulté, se jura-t-elle en reposant le téléphone et en sautant du lit.

Ce n'est qu'en quittant la route principale et en approchant de ce qui ressemblait à un site en construction que Georgie eut l'impression qu'elle oubliait un détail important. Son sixième sens lui prédisait un nouveau sale coup du destin. Puis, en ralentissant pour lire les panneaux qui annonçaient le chantier prévu pour la fin d'année, son horrible prémonition s'intensifia. Au-dessus d'une image de synthèse s'étalait en grandes lettres le nom du promoteur immobilier. *Macaulay Developments. Prochainement : un hôtel cinq étoiles avec vue à couper le souffle !*

Elle avait déjà vu cette image sur l'ordinateur de Simon, sur les prospectus étalés sur la table de la cuisine ; elle reconnaissait ce nom, en tête des courriers et des contrats qui étaient arrivés par la poste dans leur maison de Stonefield. Quelle poisse ! Ce promoteur immobilier se trouvait justement être l'employeur de Simon ; et l'hôtel en question était celui qu'il s'était donné tant de mal à concevoir et dont il supervisait le chantier. Cet endroit était la raison même de leur présence à Brighton.

*Oh zut*, pensa-t-elle en immobilisant le véhicule. Les commentaires de Simon lui revinrent en mémoire, au sujet des manifestations sur le site et de la contestation qui grondait. En l'envoyant faire un reportage sur ces mêmes manifestantes, Viv venait, sans le savoir, de fournir à Georgie une nouvelle brique à balancer sur leur relation déjà fragilisée. « Plus de secrets », avait menacé Simon après le supplice de la révélation de Hey Em. — C'est juré ! avait-elle répondu, désespérée. Croix de bois, croix de fer ! » Mais dans quoi se fourrait-elle à présent ?

Elle tourna à droite et franchit l'entrée du site. Elle vit l'état du chantier en cours. Même si la vieille bâtisse victorienne avait été savamment incorporée au complexe, le bâtiment principal de l'hôtel s'élevait à quelques mètres de là, des poutres d'acier gigantesques guidées par une équipe de casques fluo et une tractopelle jaune, pendant qu'une pelleteuse aplanissait bruyamment le terrain tout autour. Un immense parking en construction, à en croire la terre remuée. Il y avait deux préfabriqués à côté du chantier et Georgie se ratatina sur son siège en passant devant, se demandant si son bien-aimé se trouvait en ce moment même à l'intérieur. Elle imagina le regard de Simon s'il la surprenait sur son territoire – il supposerait certainement qu'elle était venue faire la paix en lui apportant quelque chose pour le déjeuner. Puis il s'en décrocherait la mâchoire en comprenant qu'elle était là pour rencontrer le collectif féministe. *Espèce de traîtresse, Georgie. Qu'est-ce que tu fous… ?*

En approchant de la maison victorienne, elle parvint à lire les banderoles enrubannées sur sa façade. SAUVEZ LE FOYER, SAUVEZ LES FEMMES. NE LAISSEZ PAS L'HISTOIRE SE FAIRE BROYER AU BULLDOZER. La porte et le cadre des fenêtres avaient été peints en violet, blanc et vert – les couleurs emblématiques des suffragettes – et quelqu'un avait placardé des visages de femmes et d'enfants sur chaque vitre, certains portant des charlottes du dix-neuvième siècle, comme pour représenter les anciennes résidentes. Gravés dans la pierre au-dessus de la porte, on pouvait lire les mots : DANS CETTE MAISON VOUS TROUVEREZ LA MISÉRICORDE, et Georgie en fut étonnamment émue.

Dehors, on entendait le grondement de la circulation sur la route principale, le bruit des vagues qui s'écrasaient au loin, mais il y avait aussi le chant des oiseaux, des fleurs sauvages parmi les buissons et un long terrain d'herbe luxuriante devant la maison. Georgie pensa à toutes ces femmes qui l'avaient précédée, seules, désespérées, peut-être même avec un bébé sur la hanche, une main sur un ventre enflé, et le cœur lourd. La maison avait dû représenter une lueur d'espoir pour ses résidentes brisées par la vie, à une époque. Les murs devaient avoir tant de choses à raconter ; les histoires des femmes et des enfants qui s'y étaient réfugiés, la tendresse et le réconfort qu'ils avaient pu y trouver. Puis elle imagina les bulldozers débarquant pour tout fracasser, l'air chargé de poussière, et ce monument de l'histoire réduit à un tas de briques. « Une bande d'imbéciles moralistes qui n'ont rien de mieux à faire de leurs journées », avait dit Simon au sujet des manifestations. Était-ce moraliste que de vouloir protéger un lieu qui avait sauvé tant de vies ? se demanda-t-elle en actionnant la vieille sonnette. Pouvait-on vraiment leur reprocher d'en avoir quelque chose à faire ?

Deux femmes lui ouvrirent : la première, élancée, à l'allure éthérée, portait une longue robe blanche et marchait pieds nus. La seconde, plus trapue, arborait un jean noir, un T-shirt noir orné d'un logo que Georgie ne reconnaissait pas, avait des couettes rousses et un piercing au nez.

— Georgie ? Salut, moi c'est Tasha. Et elle c'est Cleo, dit la fille aux couettes rousses, son piercing scintillant au soleil. Merci d'être venue. On a tout préparé dans la bibliothèque, c'est par ici. Suis-nous !

Quand Viv lui avait fait le topo le matin même, Georgie n'avait pas su à quoi s'attendre – elle imaginait une ambiance estudiantine avec des posters, des slogans barbouillés un peu partout, une odeur de renfermé, un militantisme en colère –, mais ses préjugés furent balayés presque instantanément. Au lieu de ça, elle pénétra dans un hall élégant peint dans un gris doux, avec un escalier central. La lumière inondait l'espace à travers les grandes fenêtres, et on entendait dans des pièces au loin le bruit d'une conversation, le bavardage d'une radio, et des rires de temps en temps. On était plus près de la maison d'hôtes en pleine campagne que d'un local associatif au budget serré. Elle observa autour d'elle les hauts plafonds, les tapisseries colorées sur les murs – sur l'une d'elles on pouvait lire « bienvenue » en une dizaine de langues – et des cadres affichant des photos artistiques de femmes et d'enfants en noir et blanc.

— C'est tellement paisible, dit-elle.

Elle faillit ajouter combien elle adorerait revenir et rester plus longtemps, avant de se rendre compte de l'indécence d'un commentaire de ce genre. Comme si une femme pouvait un jour vouloir se retrouver dans un refuge.

— C'est un sanctuaire, approuva Cleo, la fille avec les longs cheveux bruns et la voix douce.

Tasha les mena dans un couloir et désigna les portes en passant :

— On a quelques psychologues qui viennent aider pour tout l'aspect émotionnel et une avocate qui consulte un après-midi par semaine, pour les problèmes d'ordre pratique. Les pièces peuvent être utilisées pour de la méditation ou des sessions de thérapie de groupe, en fonction des besoins.

— On peut rester en tant que résidente temporaire ? demanda Georgie en gribouillant des notes. Ou est-ce que vous vous limitez à l'accueil de jour maintenant ?

— Les femmes peuvent rester, expliqua Cleo. N'importe quelle femme, peu importe sa situation. Si on a de la place, elle est la bienvenue. Les chambres sont à l'étage.

Elles s'étaient arrêtées devant une porte portant un écriteau « Bibliothèque », mais Tasha désigna un espace plus loin dans le couloir.

— Là-bas, il y a notre cuisine – avec accès à ce qu'il reste du potager – et on a aussi une salle de jeux pour les enfants, un atelier d'activités manuelles. On te montrera tout ça plus tard. La bibliothèque est un espace calme où les femmes peuvent travailler, ou simplement s'installer pour lire un livre de notre collection. C'est aussi ici que l'on conserve les archives de la maison – viens voir.

Une heure plus tard environ, Georgie fit ses adieux et regagna sa voiture, l'esprit bourdonnant des échanges avec les femmes qu'elle venait de rencontrer. Certaines avaient été victimes de violences domestiques et ne voulaient pas qu'on les prenne en photo, d'autres étaient des bénévoles qui donnaient un coup de main pendant que leurs enfants étaient à l'école ; elle avait rencontré une magnifique femme âgée aux longs cheveux blancs nattés et au visage doux qui avait été expulsée de son domicile par son mari violent, et n'avait nulle part où aller. Il fut un temps où on leur aurait fait croire qu'elles étaient « déchues », mais ces femmes s'étaient entraidées pour se relever ensemble et rendre à chacune sa dignité.

Les archives étaient tout aussi fascinantes – des documents datant de plus de cent vingt ans qui répertoriaient les femmes ayant trouvé refuge sous ce toit, avec leurs noms, âges et professions. Elsie Marks, bonne ; Martha Cartwirght, gouvernante ; Florence Henry, couturière ; nom après nom, femme après femme, leurs arrivées étaient inscrites à l'encre noire d'une écriture penchée. Il y avait des lettres de remerciement conservées précieusement, certaines venant de mécènes, d'anciennes résidentes du foyer dont la fortune s'était considérablement améliorée après leur départ.

— J'allais vous demander d'où provenaient les financements, avait dit Georgie en feuillant les documents. Vous êtes une association caritative répertoriée, ou est-ce que vous vous reposez sur la générosité de riches donateurs… ?

— On demande aux femmes de contribuer à la mesure de leurs moyens, avait expliqué Cleo.

— Toutes les victimes de violences conjugales ne sont pas pauvres, avait précisé Tasha. Ça peut arriver à n'importe qui, même à la plus riche des femmes.

Cette conversation l'avait vite dégrisée, savoir qu'il était encore nécessaire de fournir des refuges aux femmes, parce que la violence et la cruauté perduraient dans la société. Mais la visite, en fin de compte, avait été incroyablement inspirante. Ces femmes étaient formidables ! ne cessait-elle de se répéter, émerveillée. Elles étaient fortes, infatigables, pleines de compassion. D'ailleurs, elle-même commençait à culpabiliser de ne rien faire pour la société et de traîner en pyjama, comme le matin même avant que Viv ne la sorte du lit.

*Rester neutre et professionnelle*, se rappela Georgie. Son boulot était de rapporter les faits, pas de prendre position – mais comment faire quand elle vénérait du plus profond de son être l'action de ses femmes et les soutenait de tout cœur ? Elle avait vu de ses propres yeux le potager ravagé par les promoteurs immobiliers.

— Par pur mépris, avait expliqué Cleo, la voix tremblante. Ils n'ont même pas l'intention de construire quoi que ce soit sur cette parcelle.

Elle avait entendu le harcèlement sexiste des ouvriers du chantier, et leurs insultes quand une résidente était sortie étendre du linge.

— Dire que c'était le seul endroit où les femmes pouvaient se sentir à l'abri des connards de ce genre, avait dit Tasha avec rage en brandissant son majeur à l'intention des ouvriers, s'attirant une pluie de railleries. Le seul refuge où elles pouvaient venir pour guérir. Et maintenant on se tape ces têtes de nœuds, qui nous harcèlent pour qu'on s'en aille. Ils n'en ont rien à faire, du sort de ces femmes.

— Je raconterai votre histoire, je ferai mon maximum pour faire entendre votre voix, avait promis Georgie.

Pour rejoindre sa voiture, elle avait dû passer devant celle de Simon et s'était aussitôt sentie comme la plus déloyale des petites amies. Mais cet endroit lui tenait à cœur à présent, c'était là tout le problème. Elle comprenait davantage ces femmes que le projet d'hôtel de Simon. Et puis, elle brûlait d'envie de faire du véritable journalisme, de rédiger un article sérieux et militant, avec un sujet profondément ancré dans l'histoire et l'injustice, plutôt que tenir le courrier du cœur.

« *Plus de secrets.* » La voix de Simon résonnait dans sa tête quand elle déverrouilla la portière. Plus de secrets, elle avait promis. Mais si elle lui confiait son projet d'article, cela signerait probablement la fin de leur relation. Est-ce qu'un article, peu importe le sujet, en valait vraiment le sacrifice ?

— C'est ce qu'on appelle un dilemme cornélien, dit-elle au gnome aux cheveux verts en s'installant derrière le volant. T'es pas d'accord ?

Comme d'habitude, le gnome ne daigna pas répondre et se contenta de lui livrer son sourire béat et mystérieux. Un sourire parfaitement inutile.

— Tu ne m'aides pas, tu le sais, ça ? marmonna Georgie en desserrant le frein à main et en enclenchant la marche arrière. Bon, ben, j'ai plus qu'à me débrouiller seule, c'est ça ?

# 17

Le jour où Charlotte rencontra Jim, elle venait d'emménager dans un appartement semi-enterré en rez-de-jardin d'un quartier ouest de Reading, avec accès à sa propre petite cour. Charlotte était encore une optimiste invétérée à l'époque, une romantique, même, capable de projeter des rêves de féerie domestique sur la plus sinistre des pièces et sur des parterres jonchés de crottes de chat – c'est comme ça qu'elle s'était acharnée sans relâche pour repeindre les murs, installer des rideaux, et acheter une collection de coussins pour égayer le salon et la chambre. *Une véritable métamorphose*, pensa-t-elle avec satisfaction.

Elle décida ensuite de s'attaquer au jardin et se rendit à la jardinerie la plus proche. Elle voyait déjà les petits parterres éclatants de fleurs colorées à l'approche de l'été : des tournesols aussi hauts qu'elle, des roses trémières capiteuses et des œillets qui attireraient les abeilles et les papillons à des kilomètres à la ronde. Certes, elle n'avait jusqu'alors jamais rien planté de sa vie, pas même semé du cresson, mais quand elle en aurait fini avec son jardinage, la minuscule cour serait transformée en un véritable Eden. Fini, le bout de terre qui servait de litière à tous les chats du quartier.

Tous ces projets d'aménagement lui donnaient l'impression d'être une adulte. Une adulte, avec un vrai travail et un emprunt immobilier, qui prenait le contrôle de sa vie, faisait des choses, payait ses factures, arrachait du papier peint, possédait sa propre perceuse et ses outils de jardinage. Enfin... C'était en tout cas ce qu'elle croyait encore en poussant son petit chariot plein vers le coffre, quand elle se rendit compte qu'elle était en réalité incapable de soulever les sacs de terreau qu'elle venait d'acheter. Ah. Bon, et maintenant ? Un vendeur l'avait aidée à les installer sur le chariot, mais elle n'avait absolument pas anticipé qu'il lui faudrait ensuite a) les transvaser dans sa propre voiture et b) les décharger à nouveau en arrivant chez elle, puis les traîner dans l'allée jusqu'à sa cour. Zut. Elle se sentait vraiment stupide et faible, et s'il y avait une chose que ne supportait pas Charlotte, l'optimiste invétérée, c'était de se sentir stupide et faible.

— Vous avez besoin d'un coup de main ?

Grand, le visage sympathique et souriant, un homme chargeait un arbuste dans son propre coffre, deux voitures plus loin. Heureusement, il avait eu pitié d'elle.

— Euh... oui, merci.

Charlotte rougit, gênée par sa propre faiblesse. Une fois rentrée, elle irait tout de suite faire vingt pompes tremblotantes dans son salon pour que ce genre de situation ne se reproduise plus jamais, se jura-t-elle.

— Merci beaucoup, dit-elle alors qu'il rangeait proprement le contenu du chariot dans le coffre. C'est très gentil à vous.

Tout, même les pots de fleurs et les sachets de graines (*ceux-là, elle pouvait très bien les soulever seule, merci bien !* avait-elle eu envie de s'indigner).

— Pas de problème, répondit-il en s'essuyant les mains sur son jean. Et j'imagine que quelqu'un vous attend à la maison pour vous aider à décharger tout ça ?

— Euh…

Elle hésita un instant. Bien sûr qu'il n'y avait personne d'autre qu'elle, à moins de demander son aide au type bougon de l'étage du dessus. C'était lui, ou la voisine sportive que Charlotte croisait à son retour de footing, quand elle-même partait travailler – elle semblait si musclée qu'elle aurait certainement pu soulever un sac avec chaque bras.

— Pas vraiment, avoua-t-elle. J'appellerai mon père pour lui demander de passer. Ce n'est pas grave.

— Ou alors je pourrais vous suivre et les décharger pour vous ?

Les cheveux châtains et le visage jeune, il était de ces hommes dont on imagine parfaitement à quoi il ressemblait à huit ans, avec des taches de rousseur sur l'arête du nez, et des oreilles un tout petit peu décollées.

— Promis, je ne suis pas bizarre, ni rien. Et évidemment, si vous vivez à Glasgow ou à l'autre bout du pays, je me rends bien compte que ce ne serait pas une solution envisageable…

— J'habite juste au coin de la rue.

Elle avait soudain le souffle court. Il dégageait quelque chose de si compétent et de si… viril. Elle se sentait toute chose, comme téléportée dans son propre roman d'amour (même si le décor du parking de la jardinerie n'avait rien de sexy).

— Ça ne vous ennuierait pas ? Je peux vous offrir un café pour vous remercier…

— Un café ? Décidément, je ne peux pas refuser.

Il lui tendit sa large main douce et virile.

— Moi, c'est Jim.

— Charlotte, répondit-elle, plus rouge que jamais.

— Alors, c'est parti ! conclut-il avec un sourire.

L'annonce de la nouvelle petite amie de Jim et de son nouveau *bébé* avait achevé Charlotte. Elle avait fait de son mieux pour maintenir les apparences en compagnie de ses parents après la bombe qu'ils avaient lâchée. Mais dès l'instant où elle s'était retrouvée seule dans la voiture pour reprendre la route en direction de Brighton, elle avait versé des torrents de larmes angoissées. Ce n'était pas juste. Ce n'était tout simplement pas juste. Elle n'arrêtait pas d'imaginer Jim, posant fièrement ses mains sur le ventre d'une autre femme, l'accompagnant à un cours de préparation à l'accouchement, élaborant des projets avec elle. Elle se souvenait comment, à l'époque, Jim avait transformé leur chambre d'amis en chambre pour bébé pendant un week-end pluvieux, et l'optimisme qu'ils avaient ressenti en brandissant leurs rouleaux de peinture, sur le sol protégé par des papiers journaux. Leur hâte d'être parents, leur joie.

Pendant un instant de folie, elle avait envisagé de faire demi-tour et de retourner à Reading pour débusquer l'heureux couple, de se garer devant leur maison et d'espionner Jim et sa nouvelle petite amie, le tout en enfonçant ses ongles profondément dans sa paume, le visage mouillé de larmes. Puis elle avait imaginé leurs regards empreints de pitié s'ils la remarquaient. « Oh non. Ce ne serait pas ton ex ? Celle qui a complètement déraillé ? Elle a l'air de le prendre vraiment mal. Pauvre Charlotte. Si seulement elle pouvait trouver quelqu'un qui la rendrait aussi heureuse que nous ! » Et son cœur s'était endurci. Non. Elle refusait d'afficher sa douleur au grand jour. Ou pas devant eux, en tout cas.

Même si, avec le recul, ça ne valait pas franchement mieux de finir complètement bourrée à en vomir dans la rue. Ni d'être secourue par sa voisine.

« Pauvre Charlotte. Elle a l'air de le prendre vraiment mal. »

Non seulement elle le prenait mal, mais en plus elle trouvait le moyen de se ridiculiser. Bravo. Un pas en avant, deux pas en arrière. Elle avait rassemblé son courage pour éclaircir les choses avec la femme terriblement gentille de l'appartement 1, et avait frappé à plusieurs reprises. Mais sa voisine semblait absente en permanence, alors elle avait dû se contenter de laisser un bouquet de fleurs devant sa porte en guise d'excuses et de remerciements. Peut-être qu'elle l'évitait exprès, l'apercevait à travers le judas et choisissait de ne pas répondre. Du moins c'était ce que Charlotte craignait, avant de recevoir une invitation à dîner glissée sous sa porte, quelques jours plus tard. En la lisant, elle hésita entre le rire et les larmes. Voilà qu'elle allait devoir regarder cette femme en face pendant tout un dîner, et bavarder de la pluie et du beau temps ! Encore un coup du destin. Allait-il enfin la laisser tranquille un jour ?

***

Mais avant de se préparer mentalement pour le dîner chez Rosa ce vendredi soir, il y avait la visite hebdomadaire à Margot. Avec une boîte du thé aromatisé préféré de sa voisine dans son sac, elle gravit l'escalier, se demandant quelles corvées la vieille dame lui réservait. Un nouveau tour des hommes les plus sexy de la ville, peut-être ? Ou alors du thé et des gâteaux, avec sa conversation inimitable qui passait sans transition de l'évocation de sa mort à la vie sentimentale de Charlotte. *Il n'y a qu'une manière de le découvrir*..., pensa-t-elle en frappant à la porte.

Margot lui ouvrit, teint pâle et peignoir de soie noire, se frottant les yeux.

— Oh non, vous vous sentez mal ? Est-ce que je peux vous aider ?

— Ce n'est qu'une migraine, répondit Margot avec une grimace. Je déteste ça. Elles arrivent, et hop, il n'y a plus rien d'autre à faire que dormir. Vous m'en voyez navrée. Pas de thé et de bavardages aujourd'hui. Pas de corvées. Oh, mais attendez...

Elle s'éloigna à pas feutrés dans le couloir. Ses petits pieds nus lui donnaient un air étonnamment vulnérable.

— En réalité, j'ai bien une tâche à vous confier. Une toute petite.

Elle revint avec son porte-monnaie vintage dont le fermoir finit par s'ouvrir sèchement sous les efforts de ses doigts affaiblis.

— Tenez, dit-elle en lui tendant un billet de cinq livres. La corvée du jour. Vous devez absolument retourner au café. Vous vous souvenez de l'adorable café de la semaine dernière ? Retournez-y et prenez un cappuccino. Demandez Ned.

Charlotte sentit ses épaules s'affaisser.

— Oh, mais…, protesta-t-elle sans prendre le billet. C'est très gentil de votre part, mais je ne suis pas sûre que…

— Je vous demande ça parce qu'il a demandé de vos nouvelles. Il m'a demandé qui était cette jeune femme envoyée de ma part. Je crois que vous lui plaisez. Il vous plaît ?

Impressionnant. Même en proie à une migraine paralysante, Margot parvenait à prendre Charlotte au dépourvu avec son flot de questions.

— Euh…

Elle finit par pousser un soupir de résignation. Il était temps de mettre les points sur les « i », et certainement pas sur celui du *Oui*.

— Je suis sûre qu'il est très sympathique, mais je ne crois pas lui plaire. Je me suis complètement ridiculisée devant lui. À deux reprises. C'était très gênant.

— Si, si, vous lui plaisez, j'en suis sûre. Il avait des étoiles dans les yeux. Je connais les hommes.

Charlotte ne doutait pas une seule seconde de ses compétences en la matière, mais elle était bien décidée à corriger sa voisine sur ses prédictions.

— Écoutez, quoi qu'il en soit, il est déjà avec quelqu'un. Il a des enfants. Il a sûrement dit ça par politesse.

Margot secoua la tête une fraction de seconde, et grimaça de douleur.

— Non, non, il est libre. Son épouse est décédée il y a trois ans, c'est tragique. Ils géraient le café ensemble, voyez-vous. Maintenant il n'y a plus que lui. Alors…

Elle lui lança un regard entendu, posa le billet de cinq livres dans sa paume, et referma délicatement les doigts de Charlotte autour, avant qu'elle ne puisse protester.

— Allez, filez, c'est votre tâche du jour. Il vous attend. Amusez-vous bien.

Charlotte en resta bouche bée. Sa voisine venait de lui arranger un coup avec l'homme qu'elle voulait à tout prix éviter. Qu'est-ce qui ne tournait pas rond dans le monde pour qu'une femme de quatre-vingts balais lui organise ses rencarts ?

— Très bien, dit-elle faiblement.

Y avait-il vraiment un intérêt à lutter pour y échapper ? Elle commençait même à douter de l'existence de cette migraine si pratique pour jouer à Cupidon.

Comme lisant dans ses pensées, Margot déclara :

— Et maintenant, il faut que je me repose. Ma pauvre tête. Je suis navrée de ne pas pouvoir me rendre au dîner de ce soir. Et de ne pas pouvoir bavarder avec vous, ma chère. J'apprécie sincèrement nos rendez-vous.

— Moi aussi.

Malgré ses soupçons de manipulation et son impression d'être catapultée dans une nouvelle situation humiliante, Charlotte se surprit à prendre spontanément sa voisine dans ses bras. C'était comme étreindre un oisillon fragile. Puis elle lui tendit la boîte de thé.

— Je vous ai apporté ça. J'espère que vous irez mieux rapidement. N'hésitez pas à frapper à ma porte si vous avez besoin de quoi que ce soit.

C'était très gênant, songea-t-elle en descendant l'escalier. Que faire ? Elle pouvait toujours sécher le café, bien sûr, et inventer une excuse pour Margot – une intoxication alimentaire fulgurante, ou une migraine aveuglante pour elle aussi, qui l'empêcherait de quitter la résidence. Mais Margot n'était pas stupide. Et Charlotte était à peu près certaine qu'elle n'était pas du genre à laisser tomber, une fois qu'elle avait une idée en tête.

Et puis zut. Elle allait devoir se faire violence et prendre un cappuccino avec Ned du café, pas vrai ? Et ensuite, elle allait devoir être claire avec Margot : cette « corvée » était une exception, à ne jamais reproduire ; d'ailleurs, la définition de « corvée » chez Charlotte n'impliquait pas des rendez-vous à l'aveugle avec des hommes sélectionnés par ses soins, merci bien. (Même si, tout en formulant cette pensée, elle se rendait bien compte qu'elle aurait beau taper du poing, Margot continuerait de n'en faire qu'à sa tête.)

Charlotte repassa par son appartement pour regagner un peu d'assurance en se parfumant. Elle s'entraîna à sourire devant le miroir. Au moins, cela lui permettrait de présenter ses excuses pour le scandale sur la jetée. Calmer le jeu. Peut-être qu'ils finiraient même par rire de la situation, de ce rendez-vous arrangé et de l'abominable fautrice de troubles qu'était son élégante voisine. Puis Charlotte boirait son café, s'excuserait d'avoir fait perdre son temps à cet homme, et partirait pour ne plus jamais remettre un pied dans ce café. Peu importe ce qu'en dirait sa voisine.

— Bon, allez, dit-elle à son reflet pétri de stress. Il est temps d'en finir avec cette histoire.

Il était occupé derrière le comptoir quand elle entra. Crayon calé derrière l'oreille, lunettes légèrement de travers. Comme la dernière fois, il portait un T-shirt blanc et un jean sous un tablier bleu marine, et même si Charlotte s'était préparée à l'humiliation de le revoir, elle n'avait pas anticipé le rouge qui lui monterait aux joues quand Ned se détournerait de la mamie qu'il servait pour lui sourire. « Vous lui plaisez, avait insisté Margot. Je connais les hommes. »

C'est ça, oui. Qu'elle laisse donc le soin à Charlotte d'en juger. Pour ce qu'en savait Cupidon, le gérant du café avait très bien pu la faire venir ici sous un faux prétexte pour se plaindre de son comportement inadmissible. D'une minute à l'autre, il pouvait dégainer un mandat l'interdisant d'approcher à moins de dix mètres, ou bien appeler la police.

— Bonjour, dit-elle avec appréhension une fois que la femme devant elle eut réglé et qu'elle s'éloigna lentement pour ne pas renverser sa tasse pleine.

— Bonjour, répondit-il en remontant ses lunettes du bout de l'index.

Il avait des yeux charmants. Marron chocolat, pétillants.

— Content de vous revoir.

Vraiment ? Elle n'arrivait pas à savoir s'il était sarcastique ou pas.

— Écoutez, se lança-t-elle en espérant le devancer, je tenais à vous présenter mes excuses. Pour ce que j'ai dit l'autre jour. Je me suis énervée pour rien. C'était terriblement déplacé. Et je suis désolée. Promis, je ne suis pas toujours aussi folle.

Il agita la main, comme pour dire : « Oh, ça ? »

— Ne vous en faites pas pour ça. J'avais tout oublié avant que vous ne veniez la semaine dernière. Et puis, je vous étais tellement reconnaissant d'avoir retrouvé Lily que vous auriez pu raconter n'importe quoi sans que je m'en offusque.

C'était très généreux de sa part, et certainement faux. Elle se souvenait parfaitement de l'avoir vu tressaillir quand elle s'était mise à le traiter de père indigne – elle ne se rappelait plus exactement quel juron de poissonnière lui avait alors échappé.

— C'est très aimable à vous.

Il y eut un silence insoutenable, qu'ils s'empressèrent de combler de concert.

— Je suis aussi désolée si Margot…, commença-t-elle.

Pile au moment où il déclarait :

— J'espère que vous ne m'en voulez pas d'avoir…

Ils s'interrompirent tous les deux, puis éclatèrent de rire.

— Allez-y, vous d'abord, dit-il.

Elle se mordit les lèvres. Après tout, mieux valait la franchise.

— Eh bien, je suis désolée si Margot vous a forcé à quoi que ce soit. Elle semble avoir décidé de prendre en main ma vie sentimentale en me faisant rencontrer tous les célibataires de la ville, et quelques autres. Ça part certainement d'une très bonne intention, mais c'est aussi très gênant. Surtout si les hommes en question ne sont pas intéressés.

Voilà, la parfaite porte de sortie, s'il la voulait. L'opportunité sur un plateau d'argent d'admettre que oui, bon, d'accord, Margot l'avait contraint et forcé, le persuadant de jouer le jeu avec ses manières charmantes de bulldozer, par pitié pour cette pauvre célibataire solitaire de Charlotte.

Mais au lieu de ça, il secoua vigoureusement la tête, faisant danser ses mèches désordonnées.

— Non, non, aucune raison de vous excuser. En réalité, je m'apprêtais à dire que j'espérais que vous ne m'en voulez pas d'avoir posé des questions sur vous. Je ne voulais pas avoir l'air insistant ou pénible, mais… eh bien, quand je vous ai revue et que vous avez mentionné Margot, j'étais intéressé. Curieux, en fait. Je n'ai pas pu m'empêcher de lui demander qui vous étiez.

Il hésita, semblant craindre d'en avoir trop révélé.

— Mais elle ne m'a forcé à rien du tout, je vous assure. C'est plutôt l'inverse.

— Oh.

Les joues de Charlotte s'enflammèrent. Il était curieux de savoir qui elle était, se répéta-t-elle, étonnée – et flattée. Elle ne s'était jamais vue comme le genre de femme qui intriguait les hommes. Faire tapisserie, c'était sa spécialité. Discrète, banale, elle vivait sa vie dans son coin, du mieux qu'elle pouvait. Sauf quand elle se transformait en harpie pour hurler sur les gens, évidemment. (Pourvu que ce ne soit pas ça qui l'ait rendue si « intéressante » à ses yeux. Ce n'était pas une combine pour la faire interner en hôpital psychiatrique, pas vrai ?)

Lui semblait ne rien remarquer de sa panique soudaine, et dit :

— Du coup, je me demandais… Est-ce que vous auriez du temps pour un café ? C'est plutôt tranquille à cette heure-ci, je peux prendre ma pause. On pourrait descendre sur la plage, et parler un peu ?

Ah. Ça, elle ne l'avait pas vu venir. « *Si, si, vous lui plaisez.* » La voix de Margot résonna dans sa tête, et l'instant d'après un frisson la parcourut.

— Pourquoi pas. Oui, avec plaisir.

Le soleil jaune vif brillait dans le ciel bleu clair ; sous sa jupe en lin, Charlotte sentait les galets agréablement réchauffés par les rayons. Elle avait ôté ses ballerines pour marcher jusqu'à cet endroit de la plage, et tortillait maintenant ses orteils sous ses collants chair, regrettant de ne pas avoir l'audace de les enlever eux aussi, pour libérer ses jambes.

— Vous savez, c'est la première fois que je descends sur la plage, avoua-t-elle.

Il déposa entre eux le plateau en carton avec leurs boissons, et elle gigota pour trouver une position plus confortable.

— Ça fait quatre mois que j'ai emménagé ici, juste à l'angle de votre café, et il m'a fallu tout ce temps pour me mettre à…

Elle désigna l'étendue de galets autour d'eux.

— … vadrouiller.

*Pfff*, pensa-t-elle aussitôt. « Vadrouiller », quoi de plus vieillot et ringard ? Qu'est-ce qui lui prenait de dire ça ? Et cette histoire de ne pas venir à la plage, qui la faisait passer pour une espèce d'ermite bizarre. Il lui tendit un cappuccino.

— Enfin… ce n'est pas que je n'aime pas la plage, c'est plus que ça me gêne un peu, de rester assise là toute seule. Quand tout le reste de Brighton a l'air de faire partie d'une grande bande d'amis super cool et beaux.

De pire en pire. Pourquoi continuait-elle à parler ? Maintenant elle avait l'air d'une ratée. À son grand soulagement, il hocha pourtant la tête.

— Je vois ce que vous voulez dire. Mais c'est une des choses que je préfère à Brighton, les gens ne vous jugent pas si on veut s'asseoir sur la plage tout seul, ou… je ne sais pas, aller se baigner à poil, ou s'enchaîner à des barrières par militantisme. Ça ne choquerait personne, vraiment. Il y a toujours plus scandaleux ailleurs.

— Certes.

— Je vous assure, ne vous en faites pas pour ça. Je viens seul ici pour ma pause déjeuner presque tous les jours, et personne n'a jamais prêté attention à moi.

Il resta songeur un instant, avant de prendre un air faussement inquiet.

— À moins que je sois totalement à l'ouest, et que toute la ville m'ait pris en pitié à mon insu.

Elle esquissa un sourire timide.

— Eh bien, je ne voulais pas vous le dire, mais… il y a cette cagnotte organisée pour vous…

Il feignit le choc.

— Non !

— Si… et aussi la pétition. Solidarité avec le Pique-niqueur en Solo. C'est passé aux infos et tout ; des images tragiques de vous, seul sur la plage avec votre sandwich, sur fond de musique triste.

— Vraiment ?

— Vous ne saviez pas ?

Elle commençait à se détendre à présent. *Elle faisait même une blague.*

— Un groupe de parole a été mis en place pour vous trouver des amis avec qui déjeuner… Ils ont sorti des posters, des T-shirts à votre effigie…

Il éclata d'un rire si communicatif qu'elle ne put s'empêcher de l'imiter. Bien sûr, ce qu'il avait dit était vrai : ce n'était absolument pas le lieu pour les ragots des petites villes. Ici, personne ne se souciait du qu'en-dira-t-on. C'était une ville où l'on pouvait faire du roller en minishort à paillettes sans que personne n'y trouve à redire, après tout. Pourquoi quiconque regarderait de travers une femme qui profite de la plage ?

— Vous avez raison, il faudrait que j'ose un peu plus. Que j'arrête de me prendre la tête. Méfiez-vous, à partir de maintenant je vais passer mon temps ici, à ne pas me soucier du regard des autres. Je vais me fondre dans le décor de Brighton.

— On vous verra même sur les cartes postales. Les gens éviteront de s'asseoir ici parce qu'ils sauront que c'est votre place.

Il ouvrit un sachet en papier contenant des pâtisseries, et les disposa entre eux.

— Allez-y, servez-vous. Mais prenez garde aux mouettes.

Elle prit le pavé suisse et lui laissa le croissant aux amandes.

— Alors, parlez-moi de vos filles, dit-elle en grignotant un bout de la viennoiserie.

Autant mettre le sujet sur le tapis dès maintenant. Appuyer là où ça fait mal. *Parlons de tes magnifiques enfants, et je ferai de mon mieux pour ne pas m'étouffer sur cette brioche délicieuse.*

Son expression s'attendrit en pensant à elles.

— Lily et Amber ? Elles sont... dynamiques. Lily a six ans, Amber en a trois, elles sont super. Des gamines intenses, mais adorables. Elles m'obligent à donner mon maximum.

L'image des petites blondes emmitouflées dans leurs parkas et moufles revint aussitôt à Charlotte.

— Elles sont magnifiques. Elles se ressemblent aussi pour le caractère ou... ?

— Non, elles sont à l'opposé. Lily est très sûre d'elle, sociable, elle a beaucoup d'amis et ne fait que chanter, danser, et quand elle entre dans une pièce, croyez-moi, on la remarque.

Il plissa le nez, et continua :

— Amber est plus rêveuse. Elle vit sur une autre planète la moitié du temps, avec je ne sais combien d'amis imaginaires, un million de nounours... C'est le jour et la nuit. Et quand je crois que j'en ai enfin cerné une, l'autre fait quelque chose de nouveau qui me prend totalement par surprise.

Elle s'était trompée à son sujet, comprit Charlotte en sirotant son cappuccino. Il était loin du père négligent qu'elle avait imaginé, et on lisait dans ses yeux combien il adorait ses filles.

— Margot m'a dit...

Elle s'interrompit, cherchant les bons mots.

— Margot m'a dit que vous n'étiez plus que vous trois, à présent.

Il hocha la tête, et son regard se voila momentanément.

— Oui. Tara est morte juste après la naissance d'Amber. Ça n'a pas toujours été facile, mais on s'en est sortis tant bien que mal. Ma sœur habite à deux pas et son aide a été une vraie bénédiction. Et puis c'est de moins en moins difficile, au fur et à mesure qu'elles grandissent.

Il esquissa un sourire.

— Il ne m'arrive que très rarement d'en perdre une sur le Palace Pier, promis. Je ne suis pas toujours si incompétent.

— Oh non, je suis désolée, je suis sûre que vous ne l'êtes pas.

Elle fit tourner un galet tiède dans sa paume, et regarda un long moment les vagues bruyantes qui arrivaient sur le rivage. Mince. Elle allait devoir expliquer sa situation maintenant, poser les cartes sur la table, elle aussi, pour qu'il comprenne.

— Je suis désolée pour votre femme. Ça a dû être tellement difficile. Et je sais ce que c'est, que d'essayer de ramasser les morceaux après une tragédie parce que…

Elle déchiquetait machinalement le bout de sa viennoiserie et quand elle s'en rendit compte, elle immobilisa sa main et se força à terminer sa phrase.

— … parce que ça m'est arrivé à moi aussi. Sauf que c'était ma fille. Alors j'ai du mal à me comporter normalement avec les enfants des autres, depuis.

C'est pour ça que je me suis transformée en furie quand on s'est rencontrés.

Elle osa lever le regard vers lui, et lut le choc sur son visage.

— Je suis vraiment désolée pour la dernière fois, ajouta-t-elle d'une voix rauque.

— Oh, Charlotte, c'est horrible. Vous voulez en parler ?

Ses yeux étaient si doux derrière ses lunettes qu'une boule se forma dans la gorge de Charlotte. La compassion des autres, même bien intentionnée, déclenchait toujours ses larmes.

Elle baissa les yeux sur ses orteils.

— Non, ça va. J'essaie de m'en sortir, moi aussi, je navigue à vue.

Elle s'imaginait à la barre d'un immense paquebot, traçant son chemin à travers les eaux glaciales.

— Ça va faire un an et demi maintenant, alors le pire est derrière moi. Mais il m'a fallu beaucoup de temps avant de commencer à me sentir à nouveau humaine. Si vous m'aviez vue l'an dernier…

Elle secoua la tête pour chasser le souvenir du parc de Reading et tenter de réprimer un frisson.

— Oui, ça prend du temps. Parce que c'est un traumatisme terrible. C'est ça, le pire. Encore maintenant, à l'école de Lily, je ne suis que le pauvre papa qui a perdu sa femme. Je le lis dans les yeux des parents. Les mamans me félicitent pour le bon boulot que je fais, le père modèle qu'elles croient voir…

Il leva les mains au ciel, exaspéré.

— Non, mais, vraiment ? La mort de ma femme suffit à faire de moi un héros ? S'il y a quelqu'un d'héroïque dans l'histoire, c'est plutôt ma sœur, qui a ramassé les morceaux et m'a permis de ne pas devenir fou. Je suis comme tout le monde, j'essaie de jongler avec tout et je croise les doigts pour qu'à la fin de la journée on aille tous se coucher en un seul morceau.

— Le pire, c'est la pitié, avoua Charlotte. À Reading, tous mes amis avec des bébés en bonne santé n'osaient plus me regarder, et quand ils le faisaient, c'était…

Elle inclina la tête sur le côté, avança sa lèvre inférieure dans une moue enfantine, et plissa le front, dans sa meilleure imitation de la grimace qui disait « Pauvre de toi ».

— Ma mère n'arrêtait pas de me dire de planter un arbre pour ma fille, de commencer un album photo, d'aller chez le psy… mais au bout du compte, j'ai décidé que la meilleure chose à faire, c'était fuir pour recommencer dans une nouvelle ville où personne ne connaîtrait mon « secret tragique ».

Elle mima les guillemets avec ses doigts, puis prit une autre bouchée de la viennoiserie.

— C'est délicieux, au fait.

— Tant mieux.

Il leva son gobelet de café.

— Trinquons aux nouveaux départs, et à la fin des abominables regards de pitié.

Il imita sa grimace apitoyée, en plus exagéré, et réussit à lui arracher un sourire.

— Et est-ce que ça marche ? le nouveau départ, ici ?

Elle se revit en train de sangloter et vomir le samedi soir, soutenue par Rosa. Peut-être pas. Puis elle se souvint du roller disco avec Georgie, du thé et des macarons avec Margot, du dîner prévu le soir même…

— C'est en bonne voie, finit-elle par dire. Merci. Vous êtes le premier à qui je parle de Kate, ici. Ma fille. Rien que prononcer son nom est un événement. Comme si… je ne sais pas. Comme si je libérais le génie de sa lampe. Qu'un charme se rompait. Je ne sais pas si ce que je raconte a du sens.

— Si, complètement.

Ils restèrent assis en silence, à regarder les vagues rouler vers le rivage puis se retirer. Il y avait quelque chose de rassurant dans leur mouvement éternel, savoir qu'elles faisaient partie d'un cycle sans fin, destinées à déposer leur écume sur la côte puis à repartir, aspirées de nouveau, heure après heure, jour après jour, aussi longtemps que la terre tournerait. Heureusement, au milieu des fracas de l'existence, certaines choses étaient immuables.

Il termina son café et remit le couvercle en plastique sur le gobelet vide.

— Je crois que de temps à autre, la vie nous balance des trucs de merde, et tout ce qu'on peut faire, c'est essayer de ne pas devenir un humain merdique en retour. Faire de son mieux pour ne pas baigner dans la colère et l'amertume trop longtemps.

Elle vida son gobelet, et se tourna vers lui.

— Pour ma part, je pense que tu n'es pas du tout une personne merdique.

Puis elle rit timidement, et ajouta :

— C'est le pire compliment du monde.

Le sourire de Ned se propagea jusqu'au coin de ses yeux.

— Tu es loin d'être une personne merdique, toi aussi.

Ils s'esclaffèrent ensemble, puis il déclara :

— Écoute, je dois retourner travailler, parce que je quitte tôt pour aller chercher les filles à l'école. Mais c'était un plaisir de discuter avec toi. Et on dirait que je dois un expresso à Margot pour t'avoir envoyée.

— On dirait que moi aussi, je lui en dois un.

Elle se leva et sentit les galets bouger sous ses pieds. Et maintenant ? Où est-ce que ça les menait ?

— Merci, Ned. Pour le café et pour… tout.

— Je t'en prie.

Il se leva à son tour et épousseta son jean.

— Et… hum… peut-être qu'on pourrait… remettre ça ? Ou aller prendre un verre un soir ? Qu'est-ce que tu en dis ?

Le soleil tapait sur son visage, et elle dut mettre une main en visière pour le regarder. Il souriait, mais semblait nerveux, lui aussi. Comme s'il n'était pas sûr de sa réponse.

Elle lui rendit son sourire.

— Oui, dit-elle, le cœur battant. Oui, c'est une super idée. Avec plaisir.

# 18

Un bouquet magnifique avait été déposé devant sa porte quand Rosa était rentrée chez elle le mardi. Les magnifiques gerberas roses étaient accompagnés d'une carte, rédigée avec une jolie écriture pleine de boucles.

MERCI de m'avoir raccompagnée. Je suis terriblement confuse. Ça ne se reproduira plus, promis ! Je suis descendue plusieurs fois pour présenter mes excuses, mais il n'y avait personne. Merci aussi pour l'invitation à dîner. Ce sera avec plaisir ! Bises, Charlotte.

Touchée par ce mot superflu – car n'importe qui en la trouvant dans la rue lui serait naturellement venu en aide –, Rosa avait mis les fleurs dans un vase. Ce n'était guère surprenant que Charlotte n'ait pas réussi à la rencontrer, vu qu'elle avait enchaîné trois services éreintants, avec les ampoules aux pieds et les mains craquelées pour preuve. Parfois, elle se demandait si elle avait vraiment le tempérament pour travailler à plein temps dans une si grande cuisine. Elle adorait la cuisine et la satisfaction du travail accompli, mais quant à l'endurance… c'était une autre histoire. Au moins, le dîner entre voisins serait de la rigolade après ça. En tout cas, elle l'espérait.

Malgré tout, même un petit repas entre voisins amenait son lot de problèmes, avait-elle découvert dans les jours suivants. D'abord, il y avait l'état de la pauvre Jo qui ne s'améliorait pas. « J'ai des nouvelles charmantes : il y a maintenant un abcès plein de pus dans ma cavité abdominale, avait-elle raconté à Rosa au téléphone, passablement irritée. C'est tout à fait banal, après une appendicectomie, visiblement, ce qui en plus ne m'accorde pas le bénéfice de l'originalité. Et il faut drainer ce petit con d'abcès avant de me renvoyer chez moi. Où sont les plombiers quand on a besoin d'eux, hein ? » (Rosa avait reçu un message encore plus sinistre de Bea, qui se plaignait de Gareth et la suppliait de la laisser revenir un soir bientôt, surtout si Rosa avait l'intention de faire d'autres gâteaux.)

En plus de ça, Georgie et son petit ami avaient enchaîné un certain nombre de disputes houleuses que Rosa ne pouvait s'empêcher d'entendre à travers le plafond. Apparemment, Georgie l'aurait humilié. Elle était désolée, mais il faisait vraiment un cirque pour rien. Combien de fois allait-elle devoir s'excuser avant qu'il ne passe à autre chose ? Et ça continuait. Rosa pensait les avoir entendus se réconcilier au lit récemment (difficile à dire avec un coussin sur la tête et les doigts dans les oreilles), mais elle s'attendait à moitié à ce que l'un, ou les deux, ne se désiste pour le dîner.

Enfin, le jour même, la vieille dame de l'appartement 5, qui avait auparavant accepté l'invitation en lui retournant un mot sur du papier parfumé, était venue frapper à sa porte.

— Je suis désolée, c'est terriblement impoli de ma part, je sais, avait dit la vieille femme en fourrant deux énormes bouteilles de champagne dans les mains de Rosa. Cette migraine, à chaque fois qu'elle arrive, je ne peux plus rien faire. Mais je vous ai apporté du champagne pour ce soir. J'espère que vous passerez une bonne soirée.

Elle avait effectivement le teint blême, derrière son sourire malicieux.

— Mrs Favager, c'est si gentil à vous. J'espère que vous vous sentirez mieux très vite. On refera ça une prochaine fois.

— Je vous en prie, appelez-moi Margot. Mrs Favager, ça fait vieux. Et je ne suis pas *si* vieille.

Ses yeux pétillaient malgré la migraine. Elle avait frôlé sa tempe du bout des doigts.

— Et maintenant, je vais aller m'allonger. J'espère que votre soirée rencontrera un grand succès. Amusez-vous bien ! Ne soyez pas sages !

Les invités tombaient comme des mouches, six qui se réduisaient à quatre, et potentiellement trois si les tensions ne se résolvaient pas entre Georgie et Simon. Mais tant pis, elle n'allait pas tout annuler maintenant, se dit Rosa en dressant la table dans son salon. Elle avait emprunté à l'hôtel une nappe en lin blanc, des assiettes en porcelaine, des couverts chics, et des verres à vin. Elle décora le tout avec des photophores, puis elle rédigea une liste de courses exhaustive et sortit acheter les ingrédients.

Charlotte fut la première à arriver ce soir-là, l'air anxieuse, les mains crispées autour d'une bouteille fraîche d'un très bon sauvignon blanc de Marlborough, ainsi que d'un bouquet de roses jaune pâle au parfum divin. Elle se mordait la lèvre et déposait par la même occasion du rouge à lèvres sur ses dents.

— Bonjour. C'est moi, l'ivrogne de service que tu as ramassée samedi soir.

Elle eut un rire tremblant, et son regard restait hésitant. Rosa ne put s'empêcher de revoir la douleur sur son visage, cette souffrance mise à nue de leur première rencontre. Quand elle ne sanglotait pas et qu'elle n'était pas ronde comme une queue de pelle, Charlotte était très jolie avec ses cheveux bruns ondulés et ses yeux chocolat noir.

— Tu es sûre que je suis la bienvenue après ce qui s'est passé ?

— Bien sûr, entre ! Mes amies m'ont déjà récupérée dans des états bien pires au fil des ans, crois-moi. Est-ce que ça va mieux ?

— Oui, c'était juste une rechute. Un très mauvais moment à passer, mais au moins c'est évacué.

— Tant mieux. Les roses sont magnifiques, je vais aller chercher un vase. On ne sera que quatre, finalement, dit-elle en se dirigeant vers le salon. Georgie, son copain, et nous deux. Margot ne se sent pas très bien, et Jo est encore à l'hôpital, malheureusement. Assieds-toi. Qu'est-ce que tu veux boire ?

Elle servait tout juste deux verres de vin quand on frappa à la porte. Georgie apparut, resplendissante dans une robe à imprimé psychédélique avec bandeau assorti – mais sans petit ami, et l'air visiblement gênée de son absence.

— Je suis désolée, Rosa, c'est vraiment un abruti. Je lui ai dit un million de fois que le dîner était ce soir, j'en suis certaine, mais maintenant il m'annonce qu'il avait ce truc au boulot prévu depuis le début, et que j'ai dû me planter de date…

Elle fit une grimace exaspérée et brandit une bouteille de prosecco.

— Tant pis, ce sera plus marrant sans lui de toute façon. Mais j'espère que ça ne dérange pas tout ton menu. N'hésite pas à renverser une plâtrée des restes dans la pochette de son ordinateur, si tu lui en veux vraiment beaucoup.

Rosa éclata de rire devant l'exaspération comique de Georgie.

— Je ne lui en veux pas.

Elle était surtout soulagée qu'ils ne se soient pas séparés et que Georgie ait l'air plus irritée que dévastée par une potentielle rupture.

— Et ça veut juste dire qu'il y en aura plus pour nous. Soirée entre filles !

Elle débarrassa les couverts en trop et servit un verre généreux à Georgie. Et voilà : ses rêves de grand dîner se réduisaient comme peau de chagrin. Tant pis.

— Parfait, vous avez faim ? Je vais servir l'entrée.

— Merci, dit Charlotte en humant d'un air appréciateur alors que Rosa apportait le premier plat.

Elle avait à l'origine prévu des poivrons farcis au halloumi pour coller au régime végétarien de Jo, mais quand le séjour à l'hôpital de sa voisine avait été prolongé elle avait changé d'avis, se rabattant plutôt sur une de ses spécialités : les crostini au filet mignon, stilton, roquette et crème aux herbes.

— C'est un semi-buffet, j'espère que ça vous va, annonça Rosa en plantant une cuillère à café dans le bol de crème fraîche. Oh, et c'est une sauce à la ciboulette et au raifort. Servez-vous !

Alors qu'elles attaquaient l'entrée, Georgie se lança dans le récit de ses aventures dans un club d'art scandaleux où son magazine l'avait envoyée la veille.

— Quand ma rédactrice m'a résumé le concept, je me suis dit « mhhh…, club d'art, des gens en blouse qui font de l'aquarelle, ça a l'air un peu barbant ». Mais non. Car on est à Brighton, pas vrai ? C'est donc un club d'art *alternatif*.

— Qu'est-ce que ça veut dire ? demanda Charlotte en essuyant un peu de crème au coin de ses lèvres.

— Ça veut dire que tu peux utiliser tout ce que tu veux pour peindre, y compris… des fluides corporels, expliqua Georgie, les yeux écarquillés.

— C'est pas vrai ! s'exclama Rosa.

— Oh si, et tu peux même utiliser ton corps comme pinceau, si ça t'amuse.

Elle gloussa et ajouta :

— Honnêtement, vous n'avez pas l'impression que les gens, ici, cherchent toutes les excuses possibles pour se foutre à poil ?

— Ça a l'air abominable, dit Charlotte. Et toi, tu n'as pas été obligée de… te mettre à poil aussi, j'espère ? Est-ce que c'est devenu une espèce d'orgie torride à la fin de la soirée ?

— Non, pas du tout. D'ailleurs, ils étaient tous incroyables. Une femme avait choisi de peindre avec du café, et son tableau était phénoménal. Un type a utilisé une espèce de bouillie verdâtre obtenue à base de plantes mixées – il a peint avec ça, et ensuite il a collé des morceaux de pétales colorés pour les détails ici et là. Il avait un talent fou ! Et une autre ne s'est servie que de scotch noir, banal, coupé en bandes de différentes tailles, et avec ça elle a réussi à produire un tableau magnifique. Je n'arrivais pas à y croire.

— Et toi, qu'est-ce que tu as pris ? demanda Rosa, intriguée.

Georgie eut soudain l'air timide.

— Bon, ne vous moquez pas, c'est la preuve de mon incompétence totale, mais je suis arrivée avec un paquet de feutres.

Les deux autres se mirent à hurler de rire.

— Je sais ! se défendit-elle. Quelle gourde ! Je n'ai pas osé le leur avouer, surtout en voyant que tous les autres étaient des génies. Le type à côté de moi avait fabriqué sa propre peinture à base d'œuf et de pigments bizarres, vous y croyez ?

— Alors tu as dégainé les feutres ? demanda Charlotte en gloussant.

— Hors de question. Je me suis souvenue que j'avais une tonne de maquillage dans mon sac : mascara, ombre à paupières, rouge à lèvres, eyeliner… du coup j'ai utilisé ça. On ne va pas se mentir, le résultat ne ressemblait à rien. Je n'ai jamais su dessiner, et je ne dis pas ça par modestie. Mais le plus drôle, c'est que la prof est venue, et elle a regardé mon dessin naze pendant un bon moment, avant de dire avec sa voix super snob : « Je suppose que c'est une satire de la nature artificielle de la beauté en opposition à la nudité de la forme humaine ? » et moi de répondre : « Oui, oui, c'est totalement ça », en me retenant de rire.

Les deux autres s'esclaffèrent à nouveau.

— Attends une minute, releva Rosa. Est-ce que j'ai bien entendu « la nudité de la forme humaine » ? Tu veux dire que… ?

— Oui, oui. Je n'ai pas précisé ? Dessin sur modèle vivant. Donc nu comme un ver. Et c'est pas tout ! Le modèle – je vous jure – avait le pénis le plus bizarre que j'ai jamais vu.

Les deux autres étaient pliées en deux.

— Je suis sérieuse ! Je n'arrivais pas à arrêter de le comparer à une saucisse de foie. C'était immonde.

Elle cacha son visage entre ses mains, et continua :

— Ah, et plus drôle encore… le mannequin, Charlotte, tu ne devineras jamais qui c'était : le type du roller disco, le pervers qui se prenait pour Apollon.

— C'est pas vrai ! Celui qui mettait la main aux fesses des femmes ? Beurk.

— En personne ! Apparemment, c'est un vrai salopard. La femme à côté de moi m'a raconté qu'une de ses amies avait couché avec lui et qu'il lui a refilé les pires morpions de sa vie.

— Attendez, dit Rosa qui essayait de suivre. Vous faites du roller toutes les deux ?

— On y est juste allées une fois, expliqua Georgie. Mais ça ne me dérangerait pas d'y retourner. On s'est bien amusées, pas vrai Charlotte ?

— C'était super, acquiesça Charlotte qui commençait à être un peu pompette (*une bonne chose,* pensa Rosa). C'était flippant, mais sympa. Tu devrais venir avec nous, si on y retourne. Virée entre filles !

— De toute façon, il faut absolument qu'on se fasse une soirée entre filles, renchérit Georgie. Et avec... comment s'appelle-t-elle ? Jo ? Quand elle ira mieux.

— Et avec Margot ! s'écria Charlotte. Elle est géniale ! Vous l'avez rencontrée ? C'est la femme la plus chic, la plus cool, la plus... Elle me faisait un peu peur au début, mais elle est incroyable.

Elle gloussa.

— Vous savez, je lui ai proposé de lui rendre service la semaine dernière, et elle m'a envoyé faire un tour de ses boutiques préférées pour me faire servir par tous ces mecs canon qu'elle... eh bien, qu'elle collectionne. Et ils l'adorent tous ! Vous vous rendez compte de la classe ? On parle d'une femme de plus de quatre-vingts ans !

— Dément ! s'exclama Rosa. Et alors elle a tout un harem quand elle se promène en ville, son équipe de vendeurs chouchous ?

— Exactement. C'était une révélation pour moi. Elle m'a envoyée acheter des bougies de luxe, du vin, du bon fromage, faire le tour de plein de boutiques adorables, et ensuite dans un café pour nous rapporter des cappuccinos. « Surtout demandez à parler à Ned », dit-elle en imitant le ton soutenu de Margot.

Ses joues avaient rosi à la mention du prénom.

— Oh, mais je le connais ! Ned du Sea Blue Sky ? dit Georgie. Il est chou, non ?

Elle engloutit la dernière bouchée de crostini et lécha la crème sur ses doigts.

— Alors, tu crois qu'elle essayait de t'arranger un coup avec tous ces hommes ? Il y en a un qui t'a plu ? À ta place, je choisirais Ned. Il est tellement gentil. Tu le connais, Rosa ? Sympa, drôle, avec des lunettes… il gère le café au coin de la rue. Très bon expresso, d'ailleurs.

— Non, je ne le connais pas, mais je vais définitivement aller jeter un coup d'œil là-bas. Pour l'expresso, bien sûr.

Rosa se leva pour récupérer les assiettes vides.

— Hmmm et je ne peux m'empêcher de remarquer que Charlotte est très silencieuse depuis ta question, Georgie.

— Effectivement. Allez, Char, dis-nous tout. Qui est le plus sexy, juste pour savoir ? Comme ça on pourra très naturellement passer se présenter auprès du plus bel adonis de Margot. On dirait presque une émission de téléréalité. Qui remportera la prochaine saison de l'Adonis de Margot ? C'est à *vous* d'en décider !

Charlotte sembla troublée.

— Euh… Rosa sait que c'est un peu compliqué pour moi en ce moment…

Son visage vira à l'écarlate en croisant le regard de Rosa.

— … mais cela dit… hum, j'ai pris un café avec Ned, et…

— Ohhh !

— Dis-nous tout !

Les joues de Charlotte avaient maintenant une couleur tomate. Elle ne savait plus où se mettre, sous les regards avides des deux autres.

— … il a proposé qu'on se revoie…

Elle haussa les épaules, mais souriait légèrement.

— Il a l'air très sympa.

— Il l'est ! renchérit Georgie. Oh, c'est une super nouvelle. Bravo !

— Totalement d'accord, approuva Rosa.

Charlotte se détendit et sembla plus heureuse, d'un coup.

— Je crois que c'est le moment d'ouvrir une autre bouteille de bulles, déclara Rosa.

— Bon, dit Georgie quand Rosa apporta le plat suivant. On a parlé de mon cours d'art méga louche. On a mis notre nez dans la vie sentimentale de Charlotte. Mais je ne sais toujours pas grand-chose à ton sujet, Rosa. Tu es chef, c'est ça ?

— Pas encore, mais c'est l'objectif. Enfin, je crois.

Rosa posa sur la table un plat de pommes de terre grenailles. Elle avait cuisiné un saumon en croûte avec du pak choi, de la coriandre, du gingembre, du citron vert, de la citronnelle et du piment, pour garnir le saumon dans son enveloppe de pâte et le relever un peu. Le feuilletage croustillait à la perfection quand elle coupa des parts épaisses. Elle posa une première assiette devant Charlotte.

— Tu as l'air d'hésiter, fit remarquer Charlotte. Pourtant, vu la tête de ce plat, je ne comprends pas pourquoi. Si tu ouvres un restaurant, compte sur moi pour y venir.

— Clairement, moi aussi, renchérit Georgie.

— Oh, c'est gentil. Merci. J'adore cuisiner, mais c'est un travail éreintant. Et mon boss n'est pas du genre à distribuer les promotions, si vous voyez ce que je veux dire. Je pense qu'il va me faire éplucher des patates et émincer des oignons pour toujours.

— Alors que tu peux préparer des plats pareils ? Mais c'est un crime ! s'indigna Charlotte en se servant des pommes de terre et de la salade. Et c'est quelqu'un qui mange des plats industriels tous les soirs qui te le dit.

— C'est assez nouveau pour moi, expliqua Rosa. Je n'ai commencé dans la restauration que cette année. J'étais dans la pub avant, à Londres. J'ai fait mes valises et j'ai débarqué ici pour prendre un nouveau départ quand… eh bien, quand les choses ont mal tourné là-bas.

Elle jeta un coup d'œil à Charlotte, et précisa :

— Un problème de cœur, en d'autres termes.

— Comme je te comprends, soupira Charlotte. Alors, en fait, aucune de nous n'est là depuis longtemps. J'ai emménagé cette année. Nouveau départ pour moi aussi.

— Et on est arrivés il y a un mois, dit Georgie.

Elle prit une photo du plat et pianota sur son téléphone.

— Désolée, j'envoie juste ça à Simon pour le rendre jaloux. Ça lui apprendra à se planter de date. Tu passes à côté de quelque chose, mon pote !

Elle appuya sur un bouton, et rangea le téléphone dans son sac.

— Bien, trinquons aux nouveaux départs. Aux nouvelles carrières, aussi. Et aux nouvelles voisines ! Et encore plus à cet incroyable repas !

— Santé ! firent-elles en chœur en levant leur verre.

— Je passe un si bon moment, confia Charlotte dont les yeux brillaient à la lumière des bougies. Merci, Rosa, c'est une super soirée.

— Moi aussi, approuva Georgie, la bouche pleine. Vous savez, quand je suis arrivée ici, mon amie Amelia – c'est une mordue d'astrologie – était toute contente à cause du numéro onze. Apparemment la onzième maison en astrologie est celle de l'amitié, des espoirs et des rêves. Et je me disais « ouais c'est ça, si tu le dis ». Mais…

Elle sourit, et fit tinter son verre contre celui de Charlotte, puis de Rosa.

— … peut-être que, finalement, elle n'avait pas tort. Regardez-nous, déjà amies, à espérer que Charlotte prenne les devants avec le gentil Ned, et que Rosa nous réinvite à dîner chez elle très vite…

Rosa s'esclaffa.

— Vous êtes les bienvenues quand vous voulez, dit-elle en se servant de la salade.

Et elle en pensait chaque mot. Recevoir ses voisines à dîner – surtout quand elles étaient si sympas – lui faisait plaisir. C'était de loin la soirée la plus agréable qu'elle passait depuis son déménagement. Elle s'était coupée de tous ses amis en arrivant ici, cherchant la solitude pour ressasser sa rupture. Mais la compagnie de Georgie et de Charlotte lui faisait prendre conscience combien l'amitié des femmes lui manquait. Il fallait qu'elle organise des retrouvailles avec sa bande de toujours, bientôt.

Alors qu'elles entamaient le plat principal, la conversation redémarra, cette fois autour de la carrière naissante de Georgie, et en particulier de son dilemme du moment : la Maison des Femmes qui s'opposait à la construction d'un complexe hôtelier conçu par son petit ami.

— Simon est au courant pour l'interview ? demanda Charlotte sur le ton de la conspiration.

— Non, et ça doit rester entre nous, d'accord ? Les choses sont déjà assez tendues en ce moment. Ce qui est dit à la table de Rosa, reste à la table de Rosa, O.K. ?

Elles approuvèrent en chœur.

— Le truc, c'est que je dois rendre mon article demain, et que je suis encore partagée. C'est le meilleur texte que j'ai jamais écrit – du vrai journalisme, pas du bavardage sur le roller disco ou un club d'art bizarre. Mais… il s'agit aussi de la carrière de Simon. C'est la chance de sa vie. Je ne peux quand même pas me mettre en travers de son chemin, si ? Je ne devrais pas. Il va m'en vouloir à mort.

Juste à cet instant, on frappa à la porte et le téléphone de Georgie bipa pour signaler l'arrivée d'un message.

— Oh non, c'est lui, glapit-elle. C'est Simon à la porte. Quand on parle du loup ! Personne ne dit rien, promis ? Merde !

Aucune d'elle ne fut capable de demeurer impassible quand Simon entra, une bouteille de champagne à la main, et s'excusa auprès de Rosa pour son retard, et auprès de Georgie pour « avoir un peu fait le con ces derniers temps ». Elle ne put retenir un rire coupable.

— Qu'est-ce qu'il y a de si drôle ?

— Rien, rien, bafouilla Georgie. C'est Charlotte qui nous racontait une blague hilarante avant ton arrivée. C'est tout. Bref.

— Vraiment ?

Il se tourna vers Charlotte, qui rougit et se tortilla sur sa chaise.

— Il fallait être là pour comprendre, dit-elle en donnant un coup de pied à Georgie sous la table.

Pour le dessert, Rosa avait préparé une bonne vieille tarte aux pommes et aux mûres, mais délicatement parfumée au gingembre, et elle l'avait accompagnée d'une crème anglaise à base de véritables gousses de vanille. Simon, pendant ce temps, terminait les restes abondants du saumon en croûte, et déclara à Rosa qu'elle était une déesse, et que c'était le meilleur repas qu'il ait mangé depuis son départ du Yorkshire.

— Un vrai dîner. Je serais prêt à payer cher pour ça, je te le dis.

— Et il vient du Yorkshire, souviens-toi, ce qui signifie que son porte-monnaie est aussi serré que le cul d'un moucheron.

Georgie plongea pour éviter Simon et ses représailles.

— Moi aussi, je serais prête à payer, assura Charlotte. Hé, j'ai une idée ! Tu pourrais monter un de ces restaurants clandestins. J'ai une collègue qui a fait ça le week-end dernier, elle dit que c'est génial. C'est comme un grand dîner chez toi, mais les gens crachent au bassinet pour le privilège d'être là. En gros, comme le dîner de ce soir, sauf qu'on te donnerait un billet de vingt, ou plus.

— Tu rameutes une dizaine de convives et ça couvre les dépenses, approuva Simon. Tout le monde rapporte à boire et en prime tu passes une bonne soirée.

— Il y avait un article sur les restaus clandestins dans le magazine, l'autre jour, ajouta Georgie. Je vais voir si je peux te retrouver ça. Mais ils ont raison, tu devrais carrément t'y mettre.

Rosa les dévisagea tour à tour, comme pour déceler la blague, mais ils semblaient on ne peut plus sérieux. Elle sentit un frisson picoter sa peau, sous le coup de l'anticipation.

— Vraiment ? Vous pensez que des gens paieraient pour dîner ici, chez moi ?

— Absolument ! Et puis qu'est-ce que tu risques ? répliqua Georgie en agitant sa cuillère avec enthousiasme.

— En tout cas, réfléchis-y, insista Charlotte.

— Oui, je vais y penser, dit Rosa.

Soudain, son cœur battait à tout rompre, et ses pensées tourbillonnaient. Un restaurant clandestin, se répéta-t-elle intérieurement. Son propre restaurant miniature, ici même. Elle en était capable, non ? Après tout, qu'est-ce qui l'en empêchait ?

*Tableau d'affichage*
*de la résidence SeaView House*

À L'ATTENTION DE TOUS LES RÉSIDENTS

*Merci de limiter le TAPAGE NOCTURNE après vingt-deux heures. J'ai reçu des plaintes du voisinage et je souhaiterais vous rappeler que ceci est une résidence respectable, PAS UNE DISCOTHÈQUE.*

*Angela Morrison-Hulme*
*Gestionnaire de biens*

# 19

Georgie jeta un galet à la mer et soupira en entendant le *ploc.* Le nouveau numéro de *Brighton Rocks* avait paru ainsi que trois de ses articles, mais le plaisir et la fierté qu'elle aurait normalement tirés de cet exploit étaient entachés par la conviction qu'elle était probablement la pire petite amie au monde. Oui, elle avait rendu l'article sur le refuge pour femmes sous pseudonyme. Oui, elle savait que ça ne ferait qu'alimenter l'opposition à laquelle Simon faisait face à son travail. Oui, c'était probablement un acte impardonnable.

« Tu es partout dans le magazine ! » lui avait joyeusement écrit Viv dans son mail, avec le lien de l'édition numérique. En plus de son interview, il y avait sa revue du club d'art alternatif que Viv avait adoré, ainsi que la rubrique « Hey Em », qui était de plus en plus populaire (et recevait de plus en plus de mails). L'interview à la Maison des Femmes, quant à elle, avait suscité beaucoup de réactions en ligne, et quelqu'un avait même lancé une pétition qui avait déjà récolté plus de mille signatures.

Impossible de partager son succès journalistique avec Simon, en revanche. Sa découverte de la lettre geignarde au courrier du cœur imprimée par erreur avait déjà créé des remous, mais cette fois c'était bien pire. Il n'était pas du genre à pardonner facilement. Il aimait laisser mijoter sa rancune, qu'elle soit dirigée contre les éboueurs, ses anciens collègues, le manager de Leeds United, le Premier Ministre… la liste était sans fin. Et Georgie ne voulait certainement pas s'y retrouver en tête.

De toute façon, il s'agissait d'un tout petit magazine, se répéta-t-elle. Pétition ou pas, presque personne ne le lisait ; ce n'était pas comme si elle avait épinglé Simon dans la presse nationale, ou à la télévision. Il ne le saurait jamais. Peut-être que, dans quelques années, elle finirait par l'avouer et ils en riraient ensemble, pensa-t-elle avec optimisme en lançant un nouveau galet à bout de bras dans les vagues. Peut-être qu'ils montreraient même l'article à leurs petits-enfants. Ouais, c'est ça.

Elle entendit à peine le téléphone sonner dans sa poche et en le sortant, elle vit le nom de sa rédactrice en chef s'afficher.

— Salut !

Georgie tourna le dos à la mer rugissante et se boucha l'autre oreille dans l'espoir d'entendre un peu mieux. Une bourrasque faisait voler ses mèches, elle baissa la tête et remonta le rivage caillouteux dans l'espoir de se mettre un peu à l'abri du vent.

— Salut, Georgie, ça va ? T'as des projets pour ce soir ?

— Euh...

Il y avait *Cold Case* à la télé, et de la tourte au bœuf et à la bière au réfrigérateur (la préférée de Simon), mais c'était à peu près tout.

— Pas vraiment, admit-elle.

— Super, parce que j'ai une nouvelle activité pour la rubrique « À vos défis ! » et c'est de la balle.

On entendait le sourire très satisfait de Viv dans sa voix.

— Enfile ta plus belle robe, ma fille, parce que...

Une mouette choisit ce moment pour laisser échapper un cri aigu, et Georgie, qui avait rejoint les arches à présent, se réfugia dans une petite galerie qui vendait des cartes postales peintes à la main et des bols en céramique craquelée, et où le silence régnait.

— Désolé, j'ai loupé ce que tu disais. Tu peux répéter ?

*Enfile ta plus belle robe...* ça devait être un endroit chic. Le théâtre, peut-être. Ou l'Opéra. Pour voir un ballet, peut-être ! Elle pria pour une sortie romantique où traîner Simon. Elle se voyait déjà avec lui, main dans la main parmi le public, échanger un sourire et se retrouver.

— Tu m'entends ? hurla Viv si fort que Georgie dut écarter le téléphone de son oreille. Je disais, on t'envoie en *speed dating*. Mais le concept est légèrement décalé. Tu as de quoi noter ? Je vais te dicter les infos.

— Euh...

Georgie croisa le regard de la femme derrière la caisse. Elle avait des cheveux teints au henné, un piercing au nez et semblait bien trop intéressée par cette conversation sur le *speed dating*. Georgie se détourna et baissa la voix, tout en faisant mine de regarder les cartes d'anniversaire sur le tourniquet. Punaise, six livres l'unité. Jamais de la vie.

— Le truc, c'est que… j'ai un copain et tout, et…

Elle voyait d'ici la vendeuse tendre l'oreille, et elle grimaça.

— Écoute, Viv, j'ai déjà un copain, répéta-t-elle plus fermement. Du coup…

— Rho là là, mais personne ne te force à faire quoi que soit. Je ne suis pas en train de te demander de te taper la terre entière. Allez, Georgie. Tu ne seras pas obligée de préciser que tu es chiante et en couple. Et tu n'es même pas obligée de le dire à ton mec. Vas-y, garde l'esprit ouvert, et reviens au rapport. C'est tout ce que je te demande.

— Mais…

C'était mignon de dire « t'es pas obligée d'en parler à ton mec », mais si son nom se retrouvait en bas d'un article sur le *speed dating*, ça n'allait pas être difficile pour lui de le découvrir, si ?

L'impatience se fit d'un coup sentir dans la voix de Viv, et le sourire disparut.

— Écoute, ma belle, c'était ton idée. « Envoie-moi où tu veux, je ferais n'importe quoi. Je suis prête à tout. » C'est bien ce que tu m'as dit, non ? Et maintenant tu as les chocottes ?

— J'ai pas les chocottes, c'est juste que…

— Très bien, je te donne l'adresse, alors. Tu as un stylo ? Règle numéro un de la journaliste : toujours avoir un stylo sur soi.

Georgie soupira. Évidemment qu'elle n'avait toujours pas de stylo, parce qu'elle était loin d'être si organisée. Donc voilà, échec au test de la journaliste. Se maudissant – et Viv aussi au passage, pour ses idées à la con –, elle jeta un coup d'œil à la sélection de stylos à vendre dans un petit pot à côté d'elle. Cinq livres l'unité. Ils pouvaient tous aller se faire voir, enragea-t-elle en fouillant son sac. Elle en sortit un tube de rouge à lèvres et un vieux ticket de carte bleue froissé.

— Vas-y, je t'écoute, dit-elle en serrant les dents.

Ça ne ferait qu'un secret de plus à cacher à son pauvre copain, songea Georgie en traînant devant le bar à cocktails Olive Grove ce soir-là. Elle aurait tellement voulu être fumeuse, pour s'en griller une et gagner du temps. Elle aurait aimé avoir su tenir tête à Viv, aussi, et lui dire en termes irrévocables qu'elle ne coopérerait pas. Aurait-elle le culot d'envoyer un article totalement différent pour cette soirée « À vos défis ! », un qu'elle aurait vraiment envie de rédiger ? Elle pouvait toujours écrire sur cette nouvelle scène de stand up qui venait d'ouvrir du côté de Hove, ou sur le club de samba pour lequel elle avait vu une publicité. Les lecteurs seraient bien plus intéressés par ça que par l'avis d'une fille en couple sur une soirée *speed dating*.

À travers les vitres embuées du bar, on décelait une foule déjà impressionnante. Des femmes en petite robe noire, les cheveux relevés en chignons défiant les lois de la gravité. Des hommes en jean et chemise pastel, et quelques-uns en costume qui débarquaient tout juste du train du soir de Londres. Elle pouvait parier d'ici que ça puait à l'intérieur, un mélange d'après-rasage de supermarché et de sueur nerveuse. Merde. Et elle était censée les rejoindre, et faire comme si, flirter, rire, écouter des répliques de drague éculées, alors que le pauvre et innocent Simon trimait au travail. Ça n'allait pas. Une petite amie digne de ce nom ne ferait jamais ça, si ? Et pourtant.

Georgie baissa les yeux sur sa propre tenue – une robe prune qui avait mal vieilli, achetée en soldes chez Hobbs trois ans plus tôt, et des escarpins qui lui éraflaient la peau. Elle n'était pas coiffée – ses cheveux auraient bien mérité une bonne coupe – et elle s'était maquillée à contrecœur et sans soin, vraiment pour dire qu'elle faisait un effort. Saleté de Viv. Cette femme essayait délibérément de saboter son couple ou quoi ? Du *speed dating*, non, mais. Et encore pire : du *speed dating* en silence, où l'on ne pouvait même pas rire de la situation gênante, et où il fallait communiquer avec le regard. Georgie avait cherché en ligne des informations sur le déroulé de la soirée, et le tout avait l'air d'un supplice absolu.

Tant pis, décida-t-elle ; elle en avait marre des secrets. Elle n'arriverait jamais à se détendre assez pour jouer le jeu si elle était rongée par la culpabilité. Désolée Viv, c'est pas comme ça que ça va se passer. Elle allait appeler son petit ami qui ne se doutait de rien et travaillait tard, une fois encore, pour lui raconter cette nouvelle embrouille gênante et… mais oui ! c'est ça ! Au lieu de s'infiltrer seule et de participer à cette mascarade, elle allait persuader Simon de la rejoindre. C'était une idée de génie ! Ils allaient prétendre ne pas se connaître et se regarder à travers la pièce. Ça avait même du potentiel sexy !

Un sourire éclaira son visage alors qu'elle imaginait la scène ; elle, lui faisant signe de la rejoindre avec un air langoureux, tous les deux se déshabillant du regard, le désir qui montait jusqu'à devenir fiévreux quand elle passerait une langue suggestive sur ses lèvres, se pencherait en avant, presserait son genou contre le sien sous la table…

Elle sortit aussitôt son téléphone. Viv n'avait pas besoin de connaître les détails, pas vrai ? Au fond, Georgie faisait bien ce qu'on lui demandait ; elle rédigerait un article sur la soirée, en oubliant de mentionner la partie où elle roulerait des pelles indécentes à son copain et rentrerait avec lui pour une partie de jambes en l'air électrisante dans tout l'appartement.

Au bout de six sonneries, une femme décrocha enfin.

Georgie se raidit au son de cette voix inattendue.

— Oh. Euh… je cherchais à joindre Simon, dit-elle d'une voix glaciale.

Il y avait de la musique en fond, ce qui était étrange, vu l'allure des préfabriqués sur le chantier. Peut-être la radio d'un collègue.

— Il est au bar, répondit la femme d'une voix légèrement étouffée par un éclat de rire à côté. Vous voulez que je prenne un message ?

Georgie n'en revenait pas.

— Au bar ? répéta-t-elle, perplexe.

Bizarre. Simon n'avait jamais parlé d'aller boire un verre.

— Oui, il s'est enfin décidé à payer sa tournée. Il était temps. On commençait à croire que son portefeuille était cousu à sa poche de pantalon.

— Ah.

Un nouvel éclat de rire s'éleva. Cette fois, elle sentit l'irritation monter devant la familiarité avec laquelle cette femme riait aux dépens de son copain. Qui était cette femme, d'ailleurs ? De quel droit osait-elle se moquer de Simon comme ça ? Après un silence désapprobateur, elle finit par dire froidement :

— C'est Georgie. Dites-lui de me rappeler dès que possible.

— Dès que possible, répéta la femme.

Et peut-être était-ce la paranoïa, ou le mauvais réseau, mais Georgie aurait juré qu'elle imitait sa voix.

— C'est noté, *Georgie*.

Oui, elle était clairement en train de se moquer d'elle. La communication fut coupée. Ça ne faisait aucun doute qu'on riait à ses dépens autour de la table, en ce moment même.

Fulminante, Georgie envisagea de rappeler illico pour exiger de connaître l'adresse du pub, afin d'avoir une petite discussion avec la garce qui avait décroché. Puis elle imagina l'agacement de Simon, et comment il lui rappellerait, plutôt sèchement, qu'il n'avait pas besoin d'elle pour le défendre, et est-ce qu'elle ne pouvait pas avoir un peu plus d'humour ?

Deux femmes clopinèrent bras dessus bras dessous, la voix déjà joyeuse et un peu trop forte :

— Ça y est, on y est. Olive Grove. Prête à rencontrer le prince charmant ?

— Grave ! Il est où ? Que je mette la main dessus !

Elles entrèrent, et l'écho de leur rire s'éternisa après elle, comme un sillage de fumée même quand la porte se fut refermée derrière elles.

— Allez, Simon, rappelle-moi.

Georgie fixait son téléphone, mais il restait silencieux. Que faire ? Ses doigts brûlaient de lui envoyer un SMS, juste au cas où la garce ne lui aurait pas transmis son message – mais si les collègues de Simon étaient du genre à répondre à son téléphone quand il le laissait sur la table, qu'est-ce qui les empêchait de lire ses messages ? Ils se précipiteraient probablement sur la notification, supposa-t-elle en se souvenant des ricanements au téléphone.

« Ohhh, regarde, c'est encore elle. On dirait qu'elle ne me fait pas confiance, croasserait la grande gueule en voyant le nom de Georgie s'afficher. Qu'est-ce qu'elle a encore ? Elle lui propose de la rejoindre à une soirée *speed dating* ? Ouah chelou ! Regarde, il arrive. Hé, Sim, viens par là, ta copine t'a envoyé un message. Alors comme ça vous êtes en couple libre ? Quel cachotier, celui-là… »

Punaise. *Marteau, je te présente l'enclume,* pensa amèrement Georgie. « *Si je peux me permettre, ça ne se passe pas très bien entre vous en ce moment.* » Soudain, une averse se mit à clapoter sur le trottoir et elle fut forcée de prendre une décision. Elle allait entrer dans le bar, mais seulement en attendant que Simon la rappelle. Entre-temps, elle allait prendre un grand verre, au sec.

Tâchant de ne pas avoir l'air de se rendre à l'abattoir, elle rangea son téléphone dans son sac et passa la porte.

— Bonjour, tout le mooooonde, on va commencer avec quelques petites activités pour briser la glace, avant de faire place au silence total pour se connaître de manière… plus intime, déclara une femme en robe à franges rouges dont le décolleté était si plongeant qu'il explorait probablement les fonds marins sur son temps libre.

Cette femme, leur hôtesse autoproclamée pour la soirée, s'était présentée à l'assemblée sous le nom de Dominique, même si Georgie aurait juré entendre le serveur l'appeler « Dawn ». Dominique – ou Dawn – avait une crinière folle de mèches brunes, une peau qui devait son orange aux UV, une demi-tonne de maquillage pour un smoky eye et une bouche cerise qui semblait gluée dans une moue permanente.

— Est-ce que tout le monde pourrait se rassembler de ce côté de la pièce ? Merci.

Georgie vida d'un trait le reste de son *Vibration Orgasmique* avec appréhension (la carte des cocktails était une énumération des noms les plus ridiculement sexualisés, si bien qu'en commandant un verre, on demandait littéralement une performance pornographique au serveur). Elle n'avait pas encore adressé la parole à qui que ce soit, trop occupée à vérifier l'écran de son téléphone toutes les dix secondes pour s'assurer que Simon ne l'avait pas rappelée. Jusque-là, pas de nouvelles.

Ils étaient environ une trentaine, rassemblés tout au fond de la pièce, et s'examinaient de pied en cap en attendant la prochaine instruction.

— C'est ta première fois ? lui demanda un type rougeaud, en s'approchant bien trop d'elle.

— Pardon ?

Il portait une chemise à rayures et sa bedaine débordait sur la taille de son jean trop serré. Sa voix rauque avait un fort accent irlandais, raison pour laquelle il fallut à Georgie un petit temps pour déchiffrer ses paroles.

— Oh. Euh, oui, c'est la première fois, répondit-elle en se décalant discrètement.

— Bon, mes poussins ! Passons aux choses sérieuses, minauda Dominique en se frottant les mains.

Son geste fit trembler ses seins bronzés et charnus, en plein sous le spot de lumière, attirant momentanément l'attention de l'homme à la chemise à rayures.

— Il est temps d'apprendre à se connaître, dit-elle avec une moue et un clin d'œil. On va commencer avec un action-vérité un peu coquin pour s'échauffer, et on passera à la partie *speed dating* en deuxième partie de soirée. Mais d'abord, c'est l'heure des confidences !

Quelques rires nerveux accueillirent son annonce, et le voisin de Georgie se pencha à nouveau sur elle pour lui souffler son haleine répugnante et chaude à l'oreille.

— Tu devrais vraiment ranger ton téléphone, ma belle. Ici, il faut laisser faire l'attirance animale.

Et ensuite – sans mentir – il émit un grognement guttural censé être sexy, mais qui évoqua seulement chez Georgie les bruits que faisait le chat de Mrs Huggins à Stonefield quand il s'apprêtait à cracher une boule de poils dans le jardin.

Georgie brûlait de l'informer qu'elle avait déjà un copain, et que même si ça n'avait pas été le cas, les pervers bedonnants n'avaient jamais été son genre, mais elle parvint à se retenir. Déjà, ça ne lui apporterait rien de se faire griller comme étant en couple si tôt dans la soirée ; les autres participants risquaient de sortir les fourches pour la chasser, ou pire, d'y voir un défi.

— Désolée, marmonna-t-elle, il faut que je…

Et elle se fondit dans la foule pour ne plus avoir à entendre le type. C'est ainsi qu'elle se retrouva coincée entre une femme en combi léopard avec des pendants d'oreilles opulents et un homme en polo de rugby à l'odeur de transpiration radioactive, alors elle fit de son mieux pour se concentrer sur ce que disait Dominique, pendant que son téléphone restait désespérément silencieux dans sa main. *Simon, dépêche !*

— Alors, dites-moi, ronronna Dominique en battant de ses cils chargés en mascara. Est-ce que quelqu'un ici a déjà eu des rapports dehors, en plein jour ? Tous ceux qui l'ont déjà fait… rendez-vous de l'autre côté de la pièce.

D'un doigt au vernis écarlate, elle leur fit signe de traverser.

Il y eut quelques joues rouges, une nouvelle salve de gloussements, alors que les participants se toisaient pour voir qui oserait faire le premier pas. Georgie baissa le nez sur ses chaussures, se rappelant de l'été de ses dix-huit ans, baigné de l'euphorie de la fin du lycée, quand elle passait ses après-midi avec Simon et leurs amis dans les pubs, en terrasse. Un jour de canicule, il avait emprunté la voiture de sa mère pour partir dans les vallées avec une couverture de pique-nique et une enceinte portable. Le soleil était si chaud sur leur peau nue, et ils s'étaient allongés, hilares, dans l'herbe piquante. « On va nous voir ! » avait-elle protesté d'une petite voix alors qu'il la déshabillait. Mais Simon avait murmuré « Et alors ? », et l'avait embrassée avec tant de fougue que toute son inquiétude s'était envolée.

Dans le bar, des acclamations s'élevèrent quand un homme en jean blanc moulant et chemise en satin noir se détacha de la foule pour rejoindre Dominique. Deux femmes souriantes le suivirent, puis quelques autres se risquèrent au défilé des aveux, certains avec le rose aux joues, tandis que d'autres saisissaient cette opportunité pour se targuer de leur nature aventureuse avec une nonchalance sexy. Georgie soupira. Si Simon avait été avec elle, ils auraient échangé un regard et se seraient pris la main, à ce souvenir commun. Au lieu de ça, elle avait l'impression de salir leur été idyllique en le confessant dans ces circonstances. Mais c'était soit ça, soit rester en arrière et passer pour la coincée de service. Alors, regardant droit devant elle pour ne créer de contact avec personne, elle traversa très vite la salle, sentant quelque chose s'éteindre au fond d'elle-même.

— Super, on y arrive. Ce n'était pas si dur, pas vrai ? Question suivante : je me demande combien parmi vous ont déjà fait un plan à trois ? Les coquins, restez de ce côté de la pièce avec moi. Les autres, retournez en face.

Vers le côté prude, en gros. Georgie serra les dents et plaqua un sourire figé sur sa bouche en se joignant à la moitié du groupe qui traversa la pièce.

— Très bien, on commence à voir un peu mieux le paysage ici, non ? Gardez bien à l'œil celles et ceux qui vous plaisent… vous pourriez découvrir des goûts communs, si vous voyez ce que je veux dire.

Elle fit une petite moue, au cas où un imbécile aurait loupé ses sous-entendus.

— Question suivante ! Qui l'a déjà fait sur la plage ? Magaluf, Margate, n'importe laquelle. Traversez !

Et ainsi de suite. Qui aimait se déguiser, qui avait déjà eu un coup d'un soir, qui aimait la fessée... Georgie se raidissait à mesure que la soirée avançait. Elle n'avait clairement pas assez bu pour l'occasion. Elle n'était pas prude, mais comparée aux autres participants, elle commençait à croire qu'elle était beaucoup trop sage ; une vieille fille restée loin du marché du célibat depuis trop longtemps. (Et ça lui allait très bien ; rien ne lui faisait plus envie en cet instant qu'une soirée télé avec Simon.) Elle plaignait les pauvres venus les yeux en cœur avec l'espoir de rencontrer l'amour. L'idée semblait plutôt de laver son linge sale (ou ses draps) devant des inconnus, voire de s'y rouler (ce qui ne déplairait pas à certains, vu ce qu'elle avait appris au bout d'une demi-heure de présence).

Enfin, alors que Dominique commençait à parler de fouets, le téléphone de Georgie sonna, et elle parvint à se réfugier aux toilettes. *Simon.*

— Oh merci, merci, dit-elle en s'adossant contre le carrelage froid du mur, alors que le battant de la porte se refermait sur le brouhaha du pub. Ça va ? J'attendais que tu me rappelles, je suis coincée à ce...

— Désolé, je suis en retard, dit-il.

Sa voix était pâteuse et il parlait vite comme si son téléphone allait tomber en panne de batterie.

— Grosse journée au boulot, je suis resté tard.

— Oh. Je pensais que tu étais au pub ?

Il n'allait quand même pas essayer de lui faire croire qu'il trimait encore au bureau, si ?

— Oui, maintenant j'y suis.

Comme si elle avait besoin d'une confirmation. Elle entendait très bien la musique et les voix derrière lui.

— Ça va ? demanda-t-il.

— Oui, je…

Elle ferma les yeux, sans savoir quoi dire. Il était déjà trop bourré pour qu'elle puisse expliquer la situation sans qu'il le prenne mal. Si elle lui parlait du *speed dating* dans l'espoir qu'il la rejoigne, il ne comprendrait pas et en tirerait les mauvaises conclusions.

— Moi aussi, je suis sortie, finit-elle par résumer, faute d'énergie pour se lancer dans des explications.

— Cool. Je pense que la soirée en a encore pour un moment, c'est l'anniv de Maz.

Elle entendit un rire et une clameur en fond, et Simon qui répondit « Ouais c'est ça ! Mais non c'est pas vrai ! ».

Un débat puéril avait lieu de son côté, à en croire les acclamations et les huées. Georgie aperçut son reflet dans le miroir des toilettes et sentit son moral sombrer. Son maquillage avait coulé sous l'effet de la chaleur du bar et un pâté de mascara s'était étalé sur sa joue. Est-ce que sa robe était aussi froissée, quand elle avait quitté l'appartement ? On aurait dit qu'elle avait dormi avec.

— Tu es toujours là ? demanda-t-elle sur un ton plaintif alors que Simon semblait s'être fait totalement accaparer par sa conversation avec ses potes.

— Désolé. Les gars parlent de migrer vers un autre endroit, j'essaie juste de… oui, une minute !

Sentant son attention s'égarer une fois de plus, elle fit une dernière tentative pour le rattraper.

— Pourquoi je ne te rejoindrais pas ? C'est un peu nul ici, alors…

— Une seconde, je ne t'entends pas – aaah ta gueule, tête de nœud ! Écoute, je ferais mieux de te laisser, les gars sont en train de devenir fous. Ne m'attends pas, d'accord ? On se voit demain.

Il raccrocha, l'abandonnant devant le visage vaincu aux coulures noires que lui renvoyait son reflet. Punaise. Et maintenant ? Elle ne se sentait pas d'humeur à réintégrer la zone d'humiliation de Dominique, ne pouvait pas se résoudre à écouter d'autres exploits sexuels, et n'était certainement pas d'attaque pour faire semblant de flirter en *speed dating* – silencieux ou non. Mais si elle rentrait à l'appartement maintenant, elle ne ferait que piétiner en se demandant où était Simon, pour finir par l'attendre éveillée dans le lit jusqu'à ce qu'il revienne, complètement ivre.

La porte s'ouvrit à la volée et deux femmes entrèrent en riant, parlant d'un type sur lequel elles avaient des vues. Elles apportèrent un nuage de parfum sucré et de laque. Georgie fit mine de chercher quelque chose dans son sac pour cacher son visage, le cœur battant à toute allure. Ça n'allait pas, pensa-t-elle, les mains fébriles. Qu'est-ce qui leur arrivait ? Simon était en train de se bourrer la gueule avec ses nouveaux potes – et la garce malpolie – sans en avoir rien à faire de ce qu'elle voulait lui dire. Pendant ce temps, à l'autre bout de la ville, Georgie participait à une soirée *speed dating* où elle révélait tous les secrets de leur vie sexuelle à des inconnus. À nouveau, le souvenir de cette journée de juillet sur la couverture de pique-nique au milieu de nulle part lui revint, et elle se rappela avec un pincement au cœur combien ils s'étaient aimés. À l'époque, ils se sentaient seuls au monde. Georgie et Simon pour la vie. Elle s'agrippa au rebord du lavabo et, pendant un instant horrible, elle crut qu'elle allait pleurer. Qu'étaient-ils devenus ? Comment les choses avaient-elles pu tourner aussi mal ?

— Ça va, ma belle ?

Une des femmes, la blonde plus âgée, à la voix rendue rauque par des milliers de Marlboro, venait de sortir d'une cabine et la regardait avec inquiétude.

— C'est un peu intense ici, pas vrai ? Si tu veux mon avis, il y a plus de requins dans la salle que dans l'océan tout entier.

Georgie sourit timidement.

— Ça va aller.

Ça n'allait pas du tout. Elle n'était même plus sûre de savoir qui elle était. La Georgie de Stonefield n'aurait pas mis les pieds ici, jamais de la vie. Et pourtant la nouvelle Georgie de Brighton n'arrêtait pas de se fourrer dans le pétrin, encore et encore.

— Merci.

Elle avait deux options, comprit-elle en trouvant deux tubes de rouge à lèvres au fond de son sac – un rouge vif et un caramel plus doux. Elle pouvait mobiliser son énergie, se rappeler que cette mission faisait partie de son job de rêve, que ça ne voulait rien dire de son couple, et retourner à cette soirée de *speed dating*. Ou bien elle pouvait se réfugier à la maison, mettre toute cette histoire derrière elle, et prendre le temps de réfléchir au moyen de réparer sa relation avant qu'elle ne se détériore pour de bon.

— Rouge, conseilla la femme devant le lavabo voisin qui appliquait du blush sur ses pommettes. En cas de doute, toujours choisir le rouge. Ça donne tout de suite confiance en soi. Et les hommes en raffolent, pas vrai ?

Georgie tenta un nouveau sourire en guise de réponse. *Le rouge du danger, le rouge de l'amour.* Elle fit remonter le raisin. Non pas parce que les lèvres rouges plaisaient aux hommes, mais parce qu'elle avait besoin de toute la confiance qu'elle avait en réserve. Regardant dans le miroir, elle prit une profonde inspiration. Elle avait fait son choix.

# 20

**Facebook : Ann-Marie Chandler**
**Statuts récents**

Peinture avec les doigts pour ma petite princesse ce matin ! Une Picasso en herbe !!!
Joshie est arrivé premier du concours d'orthographe de l'école. Il tient vraiment de son Papa !!!
Oups... séance de shopping avec les filles et j'ai accidentellement fait quelques folies. Vilaine Maman. Que personne ne le dise à mon homme ! #chaussures #jadoreleschaussures
Qui d'autre ici aime les cocktails ? On fête la fin des travaux de notre nouvelle véranda (enfin !) À la vôtre ! #déjapompette
Bonne nouvelle... David a décroché un super poste ! Tellement fier de mon génie de mari !!! Moins bonne nouvelle... il va devoir partir en voyage d'affaires encore plus souvent. Mais je comprends... tout le monde

se l'arrache. Et qui pourrait leur en vouloir ?
#chanceuse

Rosa se sentait d'humeur bien plus légère depuis son dîner – pour ne pas dire pleine de joie, vous entendez ça, Mme Zara ? Oui, de la joie, si bien qu'une part d'elle trouvait maintenant un peu glauque son obsession persistante pour le profil Facebook d'Ann-Marie. Elle n'arrivait pas à s'empêcher de disséquer le moindre statut, la moindre photo. La petite famille parfaite – *regardez-les, si beaux, si heureux* –, et pourtant elle savait très bien que ce n'était qu'un tissu de mensonges. Du vent. Elle avait le pouvoir de faire tomber toute cette mascarade d'un claquement de doigts.

Sauf qu'au bout du compte, on ne pouvait qu'avoir pitié d'Ann-Marie : la pauvre, jolie et enthousiaste Ann-Marie, si naïve et si confiante. Comme elle autrefois, bien sûr. Rosa était la mieux placée pour savoir combien Max – ou David – savait se montrer convaincant quand il vous regardait dans les yeux, et combien on ne demandait qu'à croire tout ce qu'il racontait.

La mention de ce « super poste », avec plus de déplacements que jamais n'augurait rien de bon pour Ann-Marie. *Réveille-toi, Ann-Marie, et respire les effluves de ce cappuccino maison qui sort de ta machine à expresso flambant neuve ! Il a quelqu'un d'autre, il te prend pour une conne !* Et par quel prénom se faisait-il appeler, cette fois ? se demanda Rosa. Est-ce que Max avait repris du service, ou avait-il changé de pseudonyme ? Le risque de s'emmêler les pinceaux était plus grand, avec toutes ces identités. Ça devait être épuisant, même. Évidemment, tous ces efforts en valaient la peine, à ses yeux : le jeu était trop irrésistible pour y mettre un terme. « Je ne pensais pas que ça irait si loin, mais je t'aime », avait-il plaidé au téléphone une dernière fois. Il semblait sincèrement désolé. Mais pas assez pour se priver de passer à une autre, visiblement.

Si on remontait le fil des publications d'Ann-Marie, comme Rosa l'avait fait (oui, depuis le tout début, parce qu'elle était totalement masochiste), les preuves étaient là, très claires et à la portée de n'importe quel sceptique qui voudrait rassembler les pièces du puzzle. La carrière de David dans le commerce, qui signifiait qu'il était toujours en déplacement, qu'il devait assister à tant de séminaires – surtout les week-ends ! Les enfants à qui il manquait tant, mais qui se sentaient chanceux d'avoir un papa si intelligent et si travailleur, qui faisait de son mieux pour sa famille. Et même ce pauvre David qui avait loupé l'anniversaire de Joshie parce qu'il était à New York ! Ann-Marie avait dû lui envoyer par mail une vidéo des premiers pas de la petite Mae, car il était encore en déplacement (cette fois à Boston). Oh oui, Rosa pouvait lire entre les lignes et voir que, derrière les poses étudiées des photos, David n'était qu'un père à mi-temps, un fantôme dans la vie de ses enfants. À chaque fois, c'était parce qu'il était avec *elle*, bien sûr, à Londres, Amsterdam, aux Maldives, et certainement pas à New York, Boston, ou à des conférences. Pourtant Ann-Marie semblait avoir accepté chaque absence sans se plaindre, la pauvre gourde.

Bref. Passons. Rosa avait mieux à faire en cet après-midi, comme imprimer une affiche à punaiser dans l'entrée pour l'inauguration de son restaurant clandestin. Oui ! Elle allait tenter l'aventure. Taille réduite au début, en gros pour les gens qu'elle connaissait déjà – mais il fallait bien commencer quelque part ! Ses voisins s'étaient montrés si encourageants, et même Natalya avait approuvé. « Les gens vont payer pour manger dans ton appartement ? C'est bien. Cool. »

La sonnerie de l'interphone retentit alors qu'elle sauvegardait son premier document pour l'affiche, et elle sursauta.

— Oui ? répondit-elle dans l'interphone.

— Salut, Rosa, c'est Gareth.

L'esprit de Rosa était encore tellement obnubilé par cette page Facebook que, pendant un instant, elle crut qu'il s'agissait du Gareth aperçu dans les photos d'Ann-Marie, le mari de son amie Miranda. Redescends sur terre, Rosa !

— Est-ce que Bea est chez vous ? Vous ne l'auriez pas vue, par hasard ?

Il était à bout de souffle, comme s'il venait de courir, et semblait anxieux.

— Je ne sais pas où elle est, expliqua-t-il.

Il parlait à toute vitesse. Les mots se succédaient en se superposant, si bien que Rosa resta hébétée. Il était dix-sept heures passées ; l'école était finie depuis longtemps.

— J'étais au travail toute la journée, dit-elle en appuyant sur le bouton pour lui ouvrir.

Elle le rejoignit dans le hall de la résidence.

— Elle est peut-être chez Jo, j'imagine, mais je n'ai rien entendu. J'aurais dû ? Est-ce que vous n'êtes pas censé… ?

L'écoutant à peine, Gareth passa devant elle à toute vitesse pour aller tambouriner à la porte de Jo.

— Bea ? Tu es là ? Je suis désolé, d'accord ? Bea ?

Il n'y eut aucune réponse, et Gareth laissa retomber son poing, l'air abattu.

— Merde !

— Qu'est-ce qui se passe ? Vous avez tenté de l'appeler ?

Rosa fit un geste vers sa propre porte.

— Vous devriez entrer une minute. Je pourrais essayer de l'appeler, au cas où elle filtrerait vos appels, ou…

— C'est en partie le problème, expliqua-t-il en la suivant dans l'appartement.

Il s'effondra sur le canapé, ses longues jambes repliées comme une lampe d'architecte, et sortit un petit téléphone violet de sa poche.

— Je lui ai confisqué son portable hier soir, quand on a eu cette grosse dispute – la pire jusque-là.

Il se frotta les yeux.

— Purée, mais qu'est-ce que je suis nul pour ça ! C'est juste que… je n'ai aucune idée de ce que je suis censé faire. Je trouvais déjà que c'était difficile quand elle n'était qu'un bébé et qu'elle hurlait la nuit à cause de la colique, mais ça… ne pas savoir… et monter au créneau tous les deux à chaque fois, et les disputes constantes…

Il leva vers Rosa des yeux empreints d'humilité.

— Je sabote tout. Et maintenant je n'ai aucune idée d'où elle est. Ma propre fille !

Rosa essaya de voir les choses sous un angle pratique.

— Vous avez appelé l'école pour savoir si elle était en cours ?

— Oui. Ils m'ont dit qu'elle était présente toute la journée, et qu'elle n'a pas d'activités extrascolaires. Elle n'est pas allée voir Jo non plus, j'ai vérifié auprès de l'hôpital. Chou blanc total.

— Et ses copines ? Vous connaissez leurs noms, vous savez où elles traînent ?

— C'est l'autre problème. J'ai voulu regarder dans son téléphone pour cette raison, pour voir s'il n'y avait pas des conversations parlant d'un point de rendez-vous, ou un endroit où elle irait souvent et…

Il grimaça.

— Quoi ?

— Elle a reçu des messages horribles, vraiment immondes. Du pur harcèlement.

Ses poings étaient de nouveau crispés.

— Je ne savais même pas. Je suis son père, et je n'étais pas au courant.

« *Ben voyons. Parce que je suis si populaire à l'école.* » Rosa se souvenait des mots sarcastiques de Bea. Quelle horreur. Elle ne regrettait vraiment pas l'adolescence.

— Comment ça, des messages horribles ? De qui ? Quelqu'un à l'école, ou… ?

— Ils sont tous anonymes.

Il se pencha sur le téléphone et déverrouilla l'écran.

— Il y a du « crève salope », « personne ne t'aime, salope », « t'as déjà pensé à te noyer, salope ? ». Et ça continue comme ça.

La haine de ces messages était glaçante.

— Oh non, la pauvre.

Rosa repensa à la moue boudeuse de Bea qui parfois – avec un peu de chance – se tordait en un sourire ; toute la souffrance dont elle portait le poids. Au bout du compte, les gens étaient si fragiles. Tout le monde maintenait les apparences et se cachait derrière une façade, mais recevoir des messages comme ça, chaque jour, sans connaître leur auteur, sans savoir qui en avait connaissance…

— Et l'école, ils sont au courant ?

— Ils disent qu'elle était « plutôt lunatique » ces derniers temps. Insolente en classe. Un professeur a remarqué qu'elle passait beaucoup de temps seule. J'aurais voulu qu'elle m'en parle. Qu'elle me dise quelque chose. J'aurais pu l'aider, mais…

Il se leva d'un bond.

— Il faut que j'y aille, je dois la retrouver. *Merde.* J'étais sûre qu'elle serait là. Si je vous donne mon numéro, vous voulez bien m'appeler si elle rentre ? Il faut vraiment que je la retrouve et que je répare ça, et pas seulement parce que Jo me…

Il s'interrompit, une lueur d'angoisse dans les yeux.

— Je dois réparer ça, répéta-t-il.

— J'ai une meilleure idée, dit Rosa en se levant. Je viens avec vous.

Après avoir laissé un mot à destination de Bea avec leurs numéros, ils se dirigèrent vers la voiture.

— Comme ça, elle appellera depuis le fixe de Jo, si elle rentre avant nous, dit Rosa en bouclant sa ceinture. On cherche où en attendant ? Vous avez des idées ?

— Elle n'a pas d'argent, ou en tout cas pas assez pour un billet de train, donc on peut espérer qu'elle ne s'est pas aventurée trop loin. À moins qu'elle n'ait fait du stop, bien sûr.

La voiture ralentit jusqu'à s'arrêter totalement dans les embouteillages le long du front de mer. Il frappa du poing sur le volant.

— Purée. Pourvu qu'elle n'ait pas fait ça

— Elle est bien trop maligne, affirma Rosa.

Pourtant, elle savait de sa propre expérience que même la personne la plus débrouillarde et raisonnable pouvait agir de manière totalement irrationnelle dans la douleur.

— Réfléchissons aux endroits où elle aurait pu aller. À l'évidence, elle va très mal. Est-ce qu'il y a un lieu particulier qui la réconforte ? Un coin préféré où elle pourrait se réfugier ?

— La jetée, j'imagine. Il y a toujours une tonne de gamins là-bas. Elle adorait le parc aquatique quand elle était petite. On y allait souvent quand je suis devenu un papa du week-end. Je n'arrive pas à croire qu'on en soit arrivés là. Je n'aurais jamais dû être aussi dur avec elle. C'est qu'une gosse.

Rosa tenta de ramener la conversation sur des questions pratiques.

— Est-ce qu'elle a un café ou une boutique préférés ? Vous êtes allé voir sur la plage ?

Elle regarda le bleu calme de la mer, et les mots horribles des SMS lui revinrent en tête. « T'as déjà pensé à te noyer, salope ? » Malgré la chaleur dans l'habitacle, Rosa frissonna. Pas la peine de mentionner cette éventualité. En tout cas, pas tant qu'ils n'auraient pas passé la ville au peigne fin.

— Non. Mais vous avez raison, c'est ce qu'on devrait faire. Oh, et puis zut.

Il braqua à gauche, et s'engouffra dans la rue parallèle, avant de se garer là où il put, sans prêter attention aux doubles lignes jaunes ni se soucier des amendes qui avaient la réputation de pleuvoir sur la ville.

— Ce sera plus rapide à pied, déclara-t-il en verrouillant la voiture. Venez.

Ils remontèrent la plage, scrutant l'horizon. Bea n'était nulle part, ni sur la jetée ni dans les cafés où ils avaient passé la tête en chemin. Elle n'était pas non plus au grand centre commercial avec tous les adolescents qui boulottaient des menus KFC, ni du côté des rampes à skate-board. Le soleil glissait vers la mer et le ciel perdait de son bleu. Sur la plage, les familles remballaient leurs affaires et les vagues s'étaient vidées des nageurs téméraires et des kayaks ; les transats étaient repliés et rangés dans les cabanes de plage. Pendant ce temps, les restaurants du front de mer et les bars se remplissaient pour la soirée. Des groupes de jeunes se formaient sur les galets, avec cigarettes, bouteilles de bière et musique. *Où es-tu, Bea ?* songea Rosa en dévisageant toutes les jeunes filles aux environs. *Où es-tu ?*

Gareth acheta une barquette de frites à grignoter en chemin alors qu'ils remontaient la plage en direction de Hove. Les lumières s'allumaient sur le front de mer, lampadaires et guirlandes d'ampoules dorées. Le ciel n'allait pas tarder à prendre une teinte bleu encre, et si Bea était sur la place, il serait d'autant plus difficile de la repérer. À partir de combien de temps commençait-on à paniquer quand un enfant disparaît ? À quel moment appelle-t-on la police ?

Gareth regardait ses pieds.

— Tout est de ma faute. Les choses étaient tendues avec Candy à la maison, et j'aurais dû savoir que ça finirait mal.

— Candy... C'est votre petite amie ? demanda Rosa en se rappelant la voix somnolente entendue chez Gareth.

— Non, c'est ma sœur. Elle est entre deux appartements en ce moment alors j'ai accepté de l'héberger, mais Bea ne s'est jamais vraiment entendue avec elle. Je crois qu'elle en veut à Candy pour ma rupture avec Jo.

Devant la perplexité de Rosa, il précisa :

— C'est pour Candy que Jo m'a quitté. Oui, oui, ma sœur et ma femme, confirma-t-il en voyant la stupéfaction sur le visage de Rosa. C'était un sacré choc.

— Purée. Ça a dû être horrible.

— Oui. Et je ne vous parle même pas des situations gênantes, dit-il avec un rire amer. Mais bon, vous savez, on est adultes. Et il fallait penser à Bea, au milieu de tout ça. Cela dit, je ne suis pas sûr qu'un seul de nous se soit comporté de manière exemplaire.

À la lumière d'un lampadaire, elle le vit grimacer, et se souvint de ce qu'avait dit Jo sur la rupture particulièrement difficile pour Gareth, et sa fierté qui en avait pris un coup. Les hommes se mettaient tant de pression parfois, à vouloir coller aux stéréotypes virils. Le couple parfait, les parents parfaits. Est-ce que quelqu'un y arrivait vraiment ? Elle aurait parié que même Ann-Marie Chandler, déesse suprême de la maternité, hurlait parfois sur ses enfants, faisait des erreurs, et se servait un gin tonic à dix-sept heures après une sale journée. Aucun humain n'était épargné.

Gareth se raidit soudain.

— Hé, c'est pas elle, là-bas ? Regardez. Sur le muret.

Et avant que Rosa n'ait le temps de répondre, il se mit à courir en faisant de grands signes.

— Bea ! Hé, Bea !

L'aire de jeu sur la plage silencieuse et noyée dans l'ombre offrait un contraste saisissant avec l'ambiance qui devait y régner en plein jour, quand enfants et parents l'envahissaient. Rosa ne vit rien au départ, mais à force de plisser les yeux dans la pénombre, elle repéra la silhouette immobile, cherchant à prendre le moins de place possible sur le muret, genoux contre sa poitrine et cheveux balayant ses jambes. Bea – enfin ! –, sur une aire de jeu où elle avait sûrement passé de bien meilleurs moments, enfant.

Rosa resta un peu en retrait, pour ne pas empiéter sur ce moment entre père et fille. Elle regarda Gareth accourir, entendit le soulagement dans sa voix alors qu'il appelait sa fille à nouveau, et elle sentit une boule dans sa gorge quand il s'assit à côté d'elle et l'enveloppa de ses bras protecteurs. Pour une fois, Bea accepta l'étreinte sans se défiler. *Papa est là. Je suis là.* Elle se souvint de toutes ces fois où son propre père était venu la sauver d'une chute, d'une bagarre avec sa sœur, d'une mauvaise journée à l'école.

— Je suis désolée, dit Bea entre deux sanglots. Je suis désolée, Papa.

Les bras toujours serrés autour de sa fille, Gareth parlait à voix basse, mais Rosa imaginait sans peine ce qu'il lui répondait. *Moi aussi je suis désolé, mon ange. Allez, tout va bien se passer. On rentre à la maison, d'accord ?*

Rosa avait prévu de s'éclipser pour les laisser ensemble, mais Gareth insista pour l'inviter avec Bea dans un pub non loin de Dukes Square, le Regency Arms.

— Allez, laissez-moi vous offrir un verre et quelque chose de plus consistant qu'une barquette de frites. Ma fille et moi venons de vous forcer à une très longue promenade. Le moins que je puisse faire, c'est vous payer un verre de vin et un bon plat.

— Désolée, Rosa, dit Bea en la regardant sous une frange de cils mouillés.

Elle s'était rongé les ongles jusqu'au sang. Rosa prit l'adolescente dans ses bras.

— Ne t'en fais pas pour ça. Moi aussi, je suis désolée que les choses soient si dures pour toi en ce moment. Mais on va régler ça entre nous, j'en suis sûre.

— À commencer par ces vermines qui t'ont envoyé ces messages débiles, dit Gareth. Je me suis déjà permis de leur répondre.

Il brandit le portable de Bea et elle lui arracha aussitôt des mains.

— Non, Papa ! T'as pas fait ça ! Punaise. PAPA ! Qu'est-ce que t'as écrit ?

Gareth adressa un clin d'œil à Rosa par-dessus la tête de sa fille, pendant qu'elle cliquait frénétiquement sur son téléphone. Puis elle laissa échapper un petit ricanement.

— Oh, purée. J'arrive pas à croire que tu aies fait ça.

— Ça te va ? J'ai un peu exagéré ? J'étais un peu énervé, pour être honnête. J'ai peut-être un peu dépassé les bornes.

— Qu'est-ce que vous avez répondu ? demanda Rosa.

Bea lui passa son téléphone pour qu'elle puisse lire d'elle-même en marchant.

ICI LE PÈRE DE BEA. JE VAIS MONTRER CES MESSAGES À LA POLICE ET AU DIRECTEUR DE L'ÉCOLE.
SI MA FILLE DOIT ENCORE SUPPORTER UNE SEULE DE VOS CONNERIES VOUS AUREZ AFFAIRE À MOI.

— Impressionnant, commenta Rosa.

— T'as vu ça ? dit Bea, visiblement ravie. Et pas de réponse. Ils doivent se pisser dessus. Enfin… à moins qu'ils aient déjà vu à quoi ressemble papa, bien sûr.

— Hé oh, je t'entends, protesta Gareth avec un sourire. Au fait, tu devrais vraiment te trouver un code plus efficace, Bea. Il m'a fallu deux minutes au total pour deviner le tien et avoir accès à tes messages. Essaie au moins de rendre les choses difficiles pour ceux qui voudraient te piquer ton téléphone.

Bea prit un air exaspéré pour expliquer à Rosa :

— Papa est un hackeur.

— Euh, je code des logiciels, tu veux dire. Ça ne fait pas de moi un cybercriminel. Même si… j'ai appris quelques trucs en cours de route.

Ils avaient atteint le pub et Gareth leur tint la porte. À l'intérieur, la salle était décorée d'un papier peint à brocart rose, une boule à facettes scintillait au plafond, et il y avait des canapés en velours léopard. Ambiance très Brighton, pensa Rosa avec un sourire alors qu'ils se dirigeaient vers le bar. Gareth commanda à boire pendant qu'elles s'installaient. Il revint vers elles avec un plateau de verres et des menus. Bea se décala pour qu'il puisse s'installer à côté d'elle. C'était un tout petit geste, un rameau d'olivier si minuscule, mais que Rosa remarqua avec plaisir. Gareth passa aussitôt un bras autour des épaules de sa fille, et lui ébouriffa les cheveux, ce qui la fit rire et le repousser – mais avec affection. Comme père et fille.

*Il s'en sort bien,* se dit Rosa avec un élan de tendresse inattendu envers Gareth. Papa à la rescousse, pile quand on a besoin de lui. Quand la catastrophe avait frappé, Gareth était là pour rattraper sa fille au vol et lui éviter la chute. Ça lui apprendrait à ranger tous les hommes beaux dans le panier des goujats. Peut-être que celui-ci appartenait à la catégorie des types bien, en fin de compte.

La serveuse venait de leur apporter les plats quand le téléphone de Bea sonna dans sa poche. Les trois échangèrent un regard, pensant la même chose : c'était le harceleur de l'école qui revenait à la charge.

— Tu veux que je m'en occupe ? demanda Gareth en tendant déjà la main.

— Non, je…

Bea déglutit.

— Je gère.

Elle sortit son téléphone et son expression changea aussitôt.

— Oh, c'est Maman !

Elle s'empressa de balayer l'écran pour décrocher.

On aurait pu entendre une mouche voler alors que Rosa et Gareth tendaient l'oreille.

— *Vraiment ?* s'écria Bea, les yeux soudain brillants de larmes. Oh, Maman, c'est génial. Attends, je vais le dire aux autres – elle rentre demain ! Oui, tout va bien ici.

Elle adressa un sourire timide à Gareth, puis à Rosa.

— Non, on est au pub. Mais non, je ne bois pas d'alcool. Et Papa n'en est qu'à sa troisième bouteille de vin.

Elle tira la langue à Gareth qui protestait, faussement indigné.

— Je plaisante, Maman. Non, tout va bien. Ouais, je vais survivre chez Papa. Oui, moi aussi. Salut, Maman. À demain.

*Tableau d'Affichage*
*de la résidence SeaView House*

*SOIRÉE DE RÉPÉTITION DU RESTAU*
*CLANDESTIN*
*VENDREDI 20 MAI*

*Menu entrée-plat-dessert chez Rosa*
*Apportez votre propre bouteille*
*Dix livres sterling – tarif spécial de lancement !*

# 21

Tout le monde était aux anges quand Charlotte avait rencontré Jim. « Il est parfait pour toi », s'était extasiée sa mère après leur premier repas dominical. « Il m'a tout l'air d'un type bien », avait commenté son père quand Jim l'avait aidé à monter une clôture. Même sa tante Irène, habituellement fine bouche, l'avait décrété « mieux que les derniers » ; que d'éloges. Le couple idéal, d'après leurs amis, le jour du mariage. Mais rien n'était éternel, pas même la perfection, face à la mort de son bébé. Emmurés chacun dans son propre monde de tristesse, ils n'avaient plus été capables de se retrouver après les obsèques. Le lien était rompu. Pas si parfaits l'un pour l'autre, en fin de compte.

Pourquoi pensait-elle encore à Jim ? Surtout au moment où elle était censée se préparer pour son premier rendez-vous avec Ned, se réprimanda Charlotte. En pleine application de mascara, elle cligna des yeux au mauvais moment et se planta la brosse dans l'œil. *Aïe.* Voilà, c'était le karma qui lui disait de se concentrer et d'arrêter de ressasser le passé. À cause de ça, elle allait débarquer à son rencart avec des vaisseaux éclatés dans l'œil, un maquillage raté, et elle ne pourrait s'en prendre qu'à elle-même.

Son *rencart*, s'émerveilla-t-elle en essayant d'essuyer les traces noires sur sa paupière, sans grand succès. Elle sortait avec un homme ce soir. *Regarde un peu ça, Jim, tu n'es pas le seul à passer à autre chose.* Le passé appartenait au passé. Elle se concentrait sur l'avenir, à présent.

— Un rencart ! s'était étonnée sa mère au téléphone. Mais, Charlotte, tu es sûre que ce n'est pas juste à cause…

Elle avait laissé traîner sa voix par diplomatie, mais Charlotte connaissait assez sa mère pour comprendre le sous-entendu dans le silence qui avait suivi : *à cause de ce qu'on t'a dit sur la situation de Jim ?*

— Ce n'est qu'un premier rendez-vous, Maman. Un dîner avec un homme. C'est un premier pas, pour tâter le terrain, d'accord ?

Au moins, Margot s'était montrée bien plus enthousiaste quand Charlotte lui en avait parlé. Enveloppée dans son peignoir, elle était encore pâle et faible, et son bavardage était ponctué d'une toux profonde. Mais elle avait assuré à Charlotte qu'elle était en voie de rétablissement et que cette bonne nouvelle était tout ce qu'il lui fallait pour se remettre sur pied.

— Amusez-vous bien, avait-elle dit. Et ayez de l'audace ! Ne soyez pas si sage !

Ben voyons. Comme si Charlotte était du genre à faire des bêtises. Mais l'audace, elle pouvait s'y risquer. Elle pouvait sortir, et essayer à nouveau, se servir de son expérience comme d'une armure, et sauter le pas. Après tout, Ned savait ce qui lui était arrivé et il n'avait pas pris peur. D'ailleurs, c'était sa gentillesse et sa compassion qui l'avaient incitée à lui faire confiance.

Elle recommença avec le mascara, prenant garde cette fois à ne pas se le planter dans l'œil ni à en mettre partout. Elle avait fait les boutiques pendant sa pause déjeuner la veille, et avait dégoté un haut satiné dans un vert menthe très flatteur qui glissait doucement sur sa peau, dissimulant tous les plats préparés et les éclairs au chocolat engloutis ces derniers temps. Avec un jean et peut-être des sandales compensées, ça ferait l'affaire, non ? Elle avait complété la tenue par un serre-tête doré discret, mais chic, pour avoir l'air – à son sens – soignée, mais pas trop. Devant le miroir, elle se brossa les cheveux et les arrangea sur ses épaules, soudain stressée. Est-ce qu'il s'attendait à ce qu'ils s'embrassent ? Elle adressa une grimace à son reflet. Cela faisait si longtemps qu'elle n'avait embrassé personne, et encore moins avec passion. Et si elle avait oublié comment faire ? Et si elle ratait son baiser ?

Le téléphone sonna. C'était lui.

— Hum… Charlotte ? Pour ce soir… il y a un léger problème de dernière minute.

— Je suis vraiment désolé, dit-il en ouvrant la porte, une demi-heure plus tard.

Après son appel, elle avait attrapé une bouteille de vin et pris un taxi pour le quartier de Hanover. Ned vivait en haut d'une côte raide, dans une petite maison mitoyenne de l'époque victorienne avec des fleurs roses en papier collées sur une des fenêtres à l'étage.

— La baby-sitter est très fiable d'habitude, sauf qu'elle s'est trompée dans son emploi du temps et ne s'en est rendu compte qu'à la dernière minute. J'ai demandé à ma sœur si elle pouvait me dépanner, mais apparemment elle reçoit – je cite – douze femmes bourrées pour son club de lecture.

Visiblement agité, il passa une main dans ses cheveux en bataille pour dégager son front.

— Entre, entre. Le dîner sera un peu... improvisé, désolé, mais au moins j'ai des litres de vin.

Dans l'entrée étroite, elle passa devant des bottes en caoutchouc violet et rouge adorables, une poussette à moitié repliée avec un collier en plastique enroulé autour de la poignée, et elle manqua de se prendre les pieds dans un pousse-pousse en forme de coccinelle. Une maison familiale, songea-t-elle avec un pincement de jalousie mêlée à la tristesse de ce qu'on lui avait enlevé. Depuis son appartement en plein centre-ville, c'était facile d'oublier qu'il existait des quartiers comme celui-ci, avec des vélos devant les maisons, des chats sur les rebords des fenêtres, des familles réunies dans la cuisine qu'on apercevait depuis la rue, et des rideaux qu'on tirait à l'étage. Bien sûr, elle avait choisi de vivre loin de ces familles heureuses, mais en mettant les pieds dans ce quartier, témoin de toutes ces vies ordinaires qui poursuivaient leur cours, elle se rendit compte que cet environnement lui avait manqué, d'une certaine manière.

— Tiens, pour ajouter à ta collection, dit-elle en lui tendant sa bouteille. Vraiment, pas de souci pour le restaurant et tout. Ne t'en fais pas.

Elle suspendit sa veste sur un portant vide, à côté d'une cape de Blanche-Neige, d'un petit imperméable jaune et d'un blouson en jean élimé. Des petites baskets jonchaient le sol, vite ôtées. Existait-il quelque chose de plus mignon que des chaussures miniatures ? Elle n'avait gardé qu'une paire de chaussons en crochet blanc que Kate avait portés dans l'unité de soins intensifs. Elle se souvenait encore de la sensation de ses pieds minuscules dans ses mains. *Oh, Kate.* Pourvu qu'elle ne craque pas ce soir au milieu des habits de deux autres petites filles. Et si ses émotions l'emportaient ? Et si sa présence ici réveillait toute la douleur de la perte ?

*N'y pense même pas,* s'ordonna-t-elle. Elle prit une profonde inspiration avant de se retourner. *Reste calme.*

— Bonjour, dit une petite voix intéressée.

Charlotte leva la tête pour découvrir un visage curieux en haut de l'escalier ; la petite fille de la jetée qui lui avait tenu la main. Lily, c'est ça ?

Elle déglutit et tenta un sourire.

— Bonjour, répondit-elle.

*Pourvu qu'elle ne se souvienne pas que j'ai hurlé sur son père l'autre jour.*

Ned grogna en apercevant sa fille.

— Tu es censée être au lit, toi.

— Je suis pas fatiguée.

L'enfant s'assit sur la plus haute marche et étira sa chemise de nuit rose pâle pour recouvrir ses genoux.

— Pas fatiguée du tout du tout, regarde.

Elle ouvrit grand les yeux, comme pour prouver à quel point elle était éveillée.

— Lily, arrête. C'est l'heure d'aller au lit et tu as école demain.

Un minuteur se mit à biper au loin, et Ned jeta un regard désespéré par-dessus son épaule.

— Et ça, ce sont les lasagnes. Allez, hop hop hop, remonte maintenant ! File ! C'est bien.

Il fit une grimace drôle à sa fille qui se relevait à contrecœur.

— Désolé, Charlotte. Viens, je vais te servir un verre.

Le couloir débouchait sur une cuisine tout en longueur dont les murs étaient décorés de peintures et divers collages. Un visage en macaroni. Des animaux – un chien peut-être ? ou une vache ? – à base de chutes de tissus et de boutons noirs pour les yeux. Un ouistiti en peluche pendait à la tringle à rideaux et, dans un coin près de la porte sur cour, les animaux des Sylvanian Families prenaient le thé avec un dragon en plastique. Charlotte cligna des yeux et détourna le regard. *Il a le droit d'avoir une famille*, se répéta-t-elle, les ongles enfoncés dans ses paumes. *Ils ont le droit d'être heureux. La vie des autres continue, Charlotte. C'est comme ça.*

— Ça sent bon, dit-elle en remarquant les casseroles empilées dans l'évier.

Elle était touchée de constater ses efforts culinaires, alors qu'elle se serait parfaitement contentée d'un *fish and chips* à emporter.

— Merci d'avoir cuisiné. C'est adorable, surtout à la dernière minute.

(S'il pouvait improviser des lasagnes en urgence, il ne fallait jamais qu'elle lui dévoile le vide affligeant de son propre frigo, pensa-t-elle aussitôt.)

— Elles sont végétariennes. J'espère que ça te va.

Sa voix lui parvint légèrement étouffée quand il se baissa pour regarder le plat au four.

— Je n'ai pas pensé à te demander si tu mangeais de la viande quand je… oh, Lily.

Sa voix devint d'un coup sévère en entendant le bruit des petits pas.

— Qu'est-ce que tu fais encore debout ? Je croyais t'avoir dit de retourner au lit !

Dans l'embrasure de la porte, la petite fille sautillait sur un pied puis l'autre.

— Rebonjour, dit Charlotte.

Encouragée par cet accueil, Lily virevolta dans la pièce sur la pointe des pieds, ses cheveux blond bébé volant autour de sa tête dans sa pirouette.

— Il est beau ton T-shirt, dit-elle avec un sourire charmeur à Charlotte, qui tomba dans le panneau de la flatterie. Le vert, c'est ma couleur préférée.

Puis elle s'arrêta devant le congélateur, et regarda son père.

— Vous allez manger de la glace ? demanda-t-elle sur un ton qui ne laissait aucun doute sur la suite des revendications.

— Peut-être plus tard, mais…

— J'adooore la glace, confia Lily à Charlotte, en ignorant son père. C'est mon dessert préféré. Surtout au chocolat. Tata Debbie nous met des vermicelles au chocolat dessus et…

— Lily. Tu auras de la glace demain si tu retournes au lit maintenant, dit Ned, les bras croisés. Mais si dans une minute tu es encore là, alors Charlotte et moi allons tout manger ce soir, sans toi. Et en plus on mangera tous les vermicelles.

Lily en ouvrit la bouche d'indignation.

— Mais…

— Il n'y a pas de mais.

Furieuse, Lily fit demi-tour et remonta l'escalier en tapant du pied. Ils entendirent ensuite une porte claquer, suivie d'un petit gémissement plaintif.

— Super. Maintenant elle a réveillé sa sœur. Je suis désolé, Charlotte.

Il sortit deux verres à pied et les leva devant lui, l'air dépassé.

— Rouge ou blanc ? À moins que tu ne préfères qu'on arrête le supplice et que je te commande un taxi ?

— Non ! Tout va bien, ne t'en fais pas.

Éreinté, il avait ôté ses lunettes pour en essuyer le verre avec un pan de sa chemise. Elle remarqua la planche repliée dans un coin de la pièce, le fer qui refroidissait encore à côté, et se rendit compte qu'il avait dû repasser sa chemise à l'instant, pour elle. Il faisait beaucoup d'efforts, il fallait le reconnaître.

— Rouge, de préférence, dit-elle. Je peux ouvrir la bouteille et nous servir si tu dois t'occuper du dîner.

— O.K., laisse-moi préparer la salade, ensuite on pourra passer à table.

Après un demi-verre de vin, plusieurs (excellentes) bouchées de lasagnes, et une conversation guindée sur la gestion du café et sur son travail qu'elle n'aimait pas particulièrement, ils se rendirent compte qu'ils avaient tous les deux fréquenté l'université de Birmingham. À partir de là, Ned n'eut plus l'air si épuisé, et Charlotte commença à se détendre. Au bout du deuxième verre de vin, leurs assiettes saucées, ils se découvrirent des amis d'amis en commun (« C'est pas vrai ? Tu étais dans la même résidence universitaire que Eleanor Gray ? Elle est sortie avec mon coloc ! »), trinquèrent comme s'ils se connaissaient depuis toujours, s'émerveillant de ce monde si petit, et partagèrent le souvenir de leurs pubs préférés et des concerts auxquels ils avaient assisté.

Puis des petits bruits de pas se firent entendre à nouveau, et cette fois Lily revint en tenant la main d'Amber, cheveux ébouriffés. La chemise de nuit d'Amber avait un motif dinosaure, et elle traînait un nounours en lambeaux par la patte. Lily avait enfilé des ailes de fée et des chaussettes à rayures. Charlotte en eut le souffle coupé. *Oh, ces petites.* Elles étaient tout simplement adorables.

Lily passa un bras autour d'Amber.

— Tu fais trop de bruit avec ton rire, reprocha-t-elle à son père. Et tu nous as réveillées.

— On veut de la glace, ajouta Amber avec une expression résolue.

— Je lui ai dit que vous mangez de la glace, expliqua Lily avec l'air de dire que tout était de la faute des adultes.

— Ah vraiment ? répondit-il en haussant un sourcil.

Il croisa le regard de Charlotte, et elle se retint de glousser devant son air de papa sévère.

— J'ai fait un cauchemar, dit Amber d'un ton piteux et pas du tout convaincant. Tout ça parce que tu ris trop fort.

Elle leva vers Charlotte ses yeux ourlés de longs cils noirs.

— Tu t'appelles comment ? demanda-t-elle avant de glisser son pouce dans sa bouche.

Elles étaient à croquer, toutes les deux, l'une pieds nus, l'autre en socquettes, complices dans leur chasse à la glace. Peut-être était-ce le vin ou la bonne compagnie de Ned, mais Charlotte ne se sentait plus rongée par la jalousie et la douleur. Si elle avait des filles aussi jolies, elle leur donnerait probablement toute la glace qu'elles voudraient. Il suffisait de les regarder ! Comment pouvait-on leur refuser quoi que ce soit ?

— Je m'appelle Charlotte. Je suis désolée de t'avoir réveillée. Je ne suis pas sûre, mais je crois que ton papa a encore de la glace.

Elle croisa les doigts pour que les cris et sauts de joie qui suivirent cette annonce ne lui attirent pas les foudres de son hôte. Elle ne supportait pas l'idée que Ned les renvoie au lit si vite. Et – ce qui était plus égoïste encore – elle voulait obtenir leurs bonnes grâces. Dans le genre faible…

— Désolée, dit-elle à Ned. Elles sont tellement craquantes, je n'ai pas pu résister.

Lily s'arrêta de sautiller pour offrir à Charlotte un sourire rayonnant, puis se remit à tourbillonner pour faire voleter ses ailes.

— Je suis une jolie fée.

— On peut avoir la glace maintenant ? demanda Amber, juste au cas où quelqu'un aurait oublié pourquoi elles étaient là.

— Bon, d'accord, d'accord, céda Ned. Un ramequin chacune, et ensuite direct au lit, c'est compris ? Juste pour ce soir.

À la fin de la soirée, tout le monde était repu et Amber s'était endormie sur les genoux de Charlotte, comme un ourson tout chaud niché entre ses bras. Lily avait déjà été portée à l'étage, profondément endormie sur l'épaule de son père, mais Charlotte avait fait non de la tête quand Ned lui avait proposé de la libérer de la petite dernière.

— Elle est bien, là, lui dit-elle.

Et c'était mieux que bien, en vérité, ce petit être endormi dans ses bras, pendant qu'elle sirotait un nouveau verre de vin et flirtait audacieusement avec Ned. À chaque fois qu'elle sentait Amber respirer, soupirer ou murmurer, elle regardait sa petite oreille toute rose, le battement de ses longs cils sur sa joue ronde, les longues mèches brunes qui balayaient son bras. C'était le plus beau remède pour une blessure profonde. La sensation la plus réconfortante au monde. *Tu n'es pas Kate*, pensait-elle, *mais tu es adorable. Et tu es là.*

— Merci, j'ai passé une excellente soirée, dit-elle quand ils se séparèrent enfin.

Amber était de retour au lit, et Charlotte avait enfilé sa veste. Un taxi l'attendait dehors, le moteur ronronnant sous le lampadaire.

— Moi aussi. Et, promis, la prochaine fois la garderie sera solidement mise en place pour qu'on ne soit pas obligés de manger avec des chaperonnes.

*La prochaine fois…* elle savoura ses mots en silence.

— Ça ne m'a vraiment pas dérangée.

Elle s'attarda sur le pas de la porte, hésitante, obnubilée par l'envie de l'embrasser. Fallait-il qu'elle se jette sur lui et prenne les devants ? « De l'audace », avait conseillé Margot. Mais Charlotte restait pétrifiée. C'était facile pour Margot de dire ça ; elle n'avait aucune vergogne et se souciait comme d'une guigne du regard des autres. Charlotte, en revanche…

— Bon, eh bien…, finit-elle par dire à contrecœur. Bonne nuit, alors. Et merci encore.

— Bonne nuit, Charlotte.

Puis, sans même lui laisser le temps de paniquer à l'idée de tout l'ail qu'elle avait mangé ou de son incompétence en matière de baiser, il se pencha vers elle et leurs lèvres se rencontrèrent. Bientôt ses bras l'entourèrent, fermes et musclés, et elle se retrouva emportée dans un baiser passionné au point qu'elle en eut les jambes en coton. Tout son corps ne demandait qu'à se coller plus à lui et…

Le taxi klaxonna dans la rue. Ils éclatèrent de rire et se détachèrent l'un de l'autre devant cette interruption d'un conducteur rabat-joie.

— C'était un excellent baiser, s'entendit-elle dire avec audace.

Elle l'embrassa rapidement une dernière fois sur les lèvres, puis dévala les marches avec un sourire radieux.

— Recommençons très vite, lança-t-il après elle.

— J'espère bien ! répondit-elle en montant dans le taxi.

Ned était encore là, adossé contre le chambranle, et il lui fit signe de la main alors que la voiture s'éloignait. Charlotte lui répondit avec un sourire niais, le cœur battant. *Je viens de l'embrasser*, s'émerveilla-t-elle. Elle porta ses doigts à ses lèvres. Sa peau était tout entière électrisée. *J'ai embrassé Ned !*

Le chauffeur croisa son regard dans le rétroviseur. Il devait avoir l'âge de son père, et il avait l'air gentil – à part qu'il venait d'interrompre son meilleur baiser depuis des années.

— Bonne soirée ? demanda-t-il en bifurquant pour se diriger vers la mer noire qui scintillait au loin.

— Oui, répondit-elle, déjà rêveuse.

Elle se carra dans le siège en vinyle, et sourit pour elle-même.

— Oui, très bonne soirée, merci.

# 22

À vos défis... version *speed dating* silencieux !
Par Georgie Taylor

Cette semaine, on m'a envoyée découvrir le monde mystérieux du *speed dating*... insolite. Les petits malins de l'agence matrimoniale L'Amour pour Toujours ont décidé d'exploiter le potentiel intime, romantique et sexy d'une rencontre silencieuse. Leur conviction ?
Se plonger en silence dans les yeux de l'autre est tout aussi révélateur que de l'écouter parler de son boulot, et de son amour pour Arsenal – et probablement plus attirant !
Ça, c'est la théorie. Mais qu'est-ce que ça vaut, dans la vraie vie ? Votre reporter intrépide est allée enquêter de ses propres yeux.
L'événement avait lieu à l'Olive Tree, sur Grosvenor Street, et dès mon entrée, je me suis pris de plein fouet une bouffée d'après-rasage et de parfum, mélangés

à l'odeur de trente personnes stressées, la plupart ayant visiblement déjà profité à fond des cocktails à volonté pour se donner du courage.
Et qui pourrait le leur reprocher ? Je suis moi-même allée directement au bar pour commander un Vibration Orgasmique (pas de moqueries au fond, je vous entends), consciente que, sans l'alcool, la soirée n'allait pas être des plus folle.Il y a quelque chose de très libérateur à se retrouver dans une salle remplie de célibataires rassemblés dans le seul but de trouver l'amour. Les gens se mataient sans vergogne, échangeaient des œillades intenses, et j'entendais les répliques de drague fuser parmi ceux qui prenaient de l'avance avant que ne démarre la partie silencieuse de la soirée (ou avant d'être trop bourré pour formuler une phrase cohérente, peut-être).
L'événement a commencé avec une série d'exercices d'échauffement...

Georgie grogna et cacha son visage sous la couette. L'enfer. Quel ramassis de conneries. Il était treize heures trente, le vendredi, et il lui restait trois heures pour rendre sa copie. Si elle manquait l'échéance, elle avait une idée très précise de l'endroit où Viv lui dirait de se fourrer sa rubrique. Mais qu'était-elle censée écrire ?

Alors qu'elle envisageait rêveusement d'aller picorer du brie et des crackers, et peut-être un cookie aux noix de pécan déposé par Rosa, la porte de l'appartement s'ouvrit brutalement et son cœur cessa presque de battre. *Un cambriolage*, pensa-t-elle, paniquée. *Une agression.* Toutes les mises en garde de sa mère sur les dangers de la ville lui revinrent en mémoire alors qu'elle roulait hors du lit – une véritable cascade, merci ! – pour attraper l'objet le plus proche susceptible de lui servir d'arme.

— Il y a quelqu'un ? cria-t-elle d'un ton qu'elle espérait vaillant et menaçant.

Elle regarda sa main, et se rendit compte qu'elle avait empoigné un chausson en fourrure. Super.

— Salut.

Aussitôt, Georgie s'affaissa de soulagement. L'adrénaline retomba quand elle reconnut la voix. Heureusement, ce n'était pas celle d'un camé fou furieux venu pour dépouiller l'appartement de tous ses objets de valeur, mais celle, déprimée, de son petit ami.

— C'est moi.

Il avait vraiment l'air bizarre, pensa Georgie. Elle laissa tomber le chausson et ferma vite l'ordinateur pour aller voir ce qui le faisait rentrer si tôt. Il avait l'air d'aller très mal, en fait. Malade ? Est-ce qu'une poutre en acier lui était tombée sur la tête ?

— Qu'est-ce qui se passe ? Pourquoi tu es de retour si tôt ?

Elle le trouva avachi sur le canapé, la tête entre les mains, et sut aussitôt que quelque chose de terrible avait dû se produire.

— Qu'est-ce que… Qu'est-ce qu'il y a ?

Elle regretta – un peu tard – d'être encore en pyjama et de ne pas avoir trouvé la motivation pour se passer ne serait-ce qu'un coup de brosse dans les cheveux.

— C'est fini, dit-il.

Et pendant un terrible instant, elle crut qu'il parlait de leur couple et qu'il la larguait là, comme ça.

Est-ce qu'il avait mystérieusement eu vent de la soirée *speed dating* ?

— Qu'est-ce...

Elle déglutit et l'air resta coincé dans ses poumons. *Non.* Ça ne pouvait pas arriver là. Pas quand elle était encore en pyjama, avec un énorme bouton de SPM en plein milieu du front, *par pitié*, pensa-t-elle, juste avant de se dire que ce genre de pensées était une preuve de sa superficialité.

— Comment ça, c'est fini ?

— L'hôtel. Tout est annulé. Le promoteur a retiré son investissement.

Oh. Ses genoux tremblaient encore, le temps que la nouvelle arrive à son cerveau. C'était l'*hôtel* qui était fini. Pas eux. Ouf.

— Merde, dit-elle d'un ton qu'elle espérait déçu.

D'ailleurs, c'était une nouvelle déprimante.

— Comment ça se fait ? C'est une question d'argent, ou... ?

— C'est la faute de ces femmes, là, dit-il avec amertume.

Il leva les yeux vers elle, pour la première fois depuis qu'elle était entrée dans le salon.

— Attends, Georgie, t'es pas encore habillée ? Sérieusement !

— Je...

Elle serra les bras autour de son ventre, comme si cela suffisait à dissimuler sa tenue.

— J'ai pas vu l'heure, marmonna-t-elle. J'écrivais un nouvel...

Sa voix s'éteignit. Sa rubrique était bien la dernière chose dont elle voulait parler...

— Qui ça, ces femmes ? lui demanda-t-elle plutôt.

Puis elle eut le déclic, violent. Une vraie claque. *Non.* Est-ce qu'il parlait des femmes du refuge et de la campagne qu'elle avait aidé à lancer avec son interview ?

— Les femmes qui occupent le site. Elles ont monté une sorte de refuge, et elles refusent de partir. Elles ont lancé une campagne pour protester contre l'éviction, et maintenant la presse nationale a repris leur histoire et tout le monde pète un câble. Les gens des Monuments Historiques s'en sont mêlés et ils veulent faire inscrire la maison au registre. Le conseil municipal a retiré son permis de construire…

— C'est légal ?

— Ouais. Si de nouvelles informations dont ils n'avaient auparavant pas connaissance sont portées au grand jour…

Il soupira et sembla se dégonfler sur le canapé, comme si les derniers atomes d'énergie l'avaient déserté.

— Du coup on nous a dit de tout arrêter, le temps qu'ils décident de la suite. Ça pourrait prendre des mois. Alors voilà. La chance de ma vie… réduite à néant.

— Oh, Simon.

Elle le rejoignit pour le prendre dans ses bras. Elle se sentait si mal pour lui. Elle savait combien il avait travaillé dur sur les plans, et avait vu sa joie de remporter le projet.

— C'est vraiment la loose.

Ses méninges tournaient à toute allure. Elle ne pensait plus qu'à l'interview et à l'article fervent qu'elle avait rédigé pour soutenir le centre d'accueil des femmes. « La Maison des Femmes ne doit pas s'écrouler », avait-elle écrit sans penser aux conséquences pour la carrière de Simon. Tout était de sa faute. Une sueur froide commença à mouiller sa peau.

— Je suis sûre que tu vas trouver autre chose, dit-elle d'une petite voix. Je parie qu'il y a plein de cabinets d'architecture dans le coin.

— Je n'obtiendrai rien ici sans réseau, c'est sûr. Autant rentrer à la maison.

— À Stonefield ? Mais…

Ah. Voilà qui sortait de nulle part. Pile quand elle commençait enfin à trouver ses repères à Brighton. Elle n'était absolument pas prête à rentrer !

— Mais… hum…

Elle n'arrivait pas à en croire ses oreilles. Dire que tout ça était de sa faute.

— On a mis la maison en location pour quatre mois encore. On ne peut pas vraiment dégager les locataires.

(Même si, maintenant qu'elle y pensait, elle trouverait une satisfaction immense à expulser cette abominable Chloe une bonne fois pour toutes. *Va-t'en et qu'on ne te revoie plus !*)

— On peut toujours rester chez mes parents. Ou donner leur préavis aux locataires en leur expliquant qu'on a changé d'avis.

Il se tourna vers elle, méfiant.

— Mais je croyais que tu voulais rentrer depuis le début ?

— Oui, mais…

Elle se mordit la lèvre.

*… mais c'était avant qu'elle se fasse de nouveaux amis, avant d'élire son café et ses boutiques préférés, avant de*

*se lancer dans une carrière qu'elle adorait.* Et puis, elle n'avait absolument aucune envie de rester chez les parents de Simon plus d'une nuit.

— On ne devrait pas précipiter les choses. Le projet d'hôtel pourrait être relancé bientôt, non ? Tu pourrais te reposer en attendant. Faire des trucs fun. On pourrait partir en vacances !

— En vacances ? Alors que je viens de me faire virer ?

Il la dévisagea comme si elle avait perdu la tête. Puis il soupira bruyamment et se leva.

— Je vais au pub. J'ai besoin d'un verre. Ou deux, avec la journée que j'ai eue.

— Je t'accompagne.

Elle pouvait bien lui payer une bière, c'était la moindre des choses. Elle était tellement rongée par la culpabilité qu'elle était prête à l'inviter au restau.

— Laisse-moi deux minutes pour enfiler un truc et j'arrive.

D'une manière ou d'une autre, il allait falloir qu'elle répare ça, pensa-t-elle en se précipitant dans la chambre, les doigts fébriles en passant son haut de pyjama par-dessus sa tête. Mais comment ?

Les jours passèrent et quand il n'était pas occupé à faire ses cartons, Simon téléphonait à ses contacts dans le Nord, toujours résolu à rentrer dans le Yorkshire le plus vite possible. Pendant ce temps, Georgie portait son secret coupable comme un fardeau et avait l'impression d'être la plus déloyale des petites amies. Elle avait réussi à négocier quelques jours supplémentaires pour l'article sur le *speed dating* en prétextant une intoxication alimentaire fulgurante, mais Viv n'était pas ravie de se retrouver avec une page blanche dans son journal à la dernière minute.

Pour remuer le couteau dans la plaie, Cleo, une des militantes du refuge, lui avait envoyé un mail de remerciements pour son interview. « Sans ton article qui décrit notre combat avec tant d'empathie, on serait encore à se battre avec nos banderoles. Dès que ton texte a paru, la pétition est devenue virale et on a pu profiter de cette opportunité pour attirer l'attention de la presse nationale et du conseil municipal. C'est incroyable, on te doit tout ! »

Oh, cette ironie mordante du destin ! Si ce mail avait été envoyé par n'importe qui d'autre, dans n'importe quelle autre circonstance, elle aurait sauté de joie et s'en serait vantée sur tous les toits. Mais en l'occurrence, les mots de Cleo ne faisaient qu'ajouter à la culpabilité qui la rongeait déjà. Pour couronner le tout, Georgie avait discrètement lancé une recherche Google et vu que le *Guardian*, le *Times*, et le *Telegraph* avaient cité *in extenso* des passages de son article, ce qui était à la fois éminemment gratifiant et mortifiant. « *On te doit tout !* » ne cessait de répéter Cleo dans sa tête, les yeux pétillants de joie. Oui, Cleo. Sans moi, mon petit ami aurait encore un travail, et il n'y aurait pas toute cette histoire de cartons et de retour à la maison. Bien joué, Georgie !

Il y aurait presque eu de quoi contacter son alter ego fictionnel pour lui demander des conseils. « Hey, Em. En gros j'ai entubé mon copain en écrivant un article qui lui a valu de perdre son boulot. Est-ce que je devrais lui dire, ou continuer à culpabiliser en silence jusqu'à la fin des temps ? Ah, et aussi, je suis allée à une soirée de *speed dating* dans son dos, mais là aussi, c'était pour un article. Comment te dire ? C'est compliqué ! »

La réponse dédaigneuse d'Em lui apparut immédiatement. « Le pauvre. Votre relation m'a l'air carrément toxique. Qu'est-ce qui est plus important pour toi, ton mec ou ton boulot ? Dans tous les cas, il serait temps de le respecter un peu et d'être honnête avec lui. Je parie qu'il mérite mieux que toi, en plus ! »

Même pour un personnage fictif de courrier du cœur n'existant que dans la tête de Georgie, il fallait reconnaître qu'Em n'avait pas totalement tort.

— Tu crois que je devrais lui dire ? demanda-t-elle à Charlotte le mardi soir.

Incapable de regarder plus longtemps Simon entasser ses T-shirts dans sa valise, elle s'était réfugiée chez sa voisine pour se confesser – en chuchotant, pour ne pas prendre le risque d'être entendue à travers le mur de briques.

— Qu'est-ce que tu ferais à ma place ?

Quelque chose avait changé chez Charlotte. Elle avait ouvert la porte avec un sourire un peu niais, et de manière générale elle semblait… décontractée. Insouciante. Après plusieurs très bonnes soirées en sa compagnie, Georgie appréciait sincèrement sa voisine. Mais même avec toute la bienveillance du monde, Charlotte lui avait surtout parue tendue. Anxieuse. Elle avait eu l'air carrément terrifiée la première fois que Georgie l'avait forcée à venir faire du roller avec elle. Et maintenant elle se servait un verre de vin pieds nus sur son canapé, avec de la musique en fond et un sourire mystérieux façon Joconde… Il s'était forcément passé quelque chose. Tout d'un coup, Georgie fut moins encline à parler de ses problèmes. Elle voulait savoir à quoi Charlotte devait ce changement radical.

— … tu sais, la confiance c'est essentiel, disait Charlotte. Personnellement, je suis nulle pour garder les choses pour moi, de toute façon. Je n'ai jamais su mentir. Garder un secret est une torture.

— Mhhh.

Au fond, Georgie avait toujours su que Charlotte lui conseillerait de dire la vérité ; elle semblait bien trop honnête pour promouvoir la dissimulation. D'un autre côté, ce n'était pas la relation de Charlotte qui était en jeu…

— À ton avis, il dira quoi ? Il est du genre à pardonner facilement ?

Georgie se souvenait parfaitement comme Simon avait tiré la tronche le jour où elle lui avait emprunté sa voiture et s'était débrouillée pour la rayer contre un mur dans une lamentable tentative de se garer en marche arrière. Il lui en avait voulu pendant une semaine entière. Mais là encore, au bon vieux temps du Yorkshire où il n'était pas si stressé et de mauvais poil toute la journée, Simon riait de ses maladresses. Il avait même de l'humour ! Comme la fois où elle avait tenté, bourrée, de faire du break dance dans la cuisine et avait envoyé valser au passage le mug de Leeds United qu'il avait depuis l'enfance (explosé en mille morceaux). Ou cette Saint-Valentin où elle avait réussi à gâcher sa propre surprise en se trompant à la fois de restaurant et d'heure. Elle était mortifiée, mais il avait trouvé l'erreur hilarante, et ils avaient fini par commander chinois et en rire. Il savait être gentil quand il le voulait. Doux. Tendre. Malheureusement, cet aspect de sa personnalité avait été englouti par le stress.

— Oui et non, répondit-elle après un moment de réflexion. Mais il n'est pas heureux en ce moment, et quand il déprime, impossible de lui remonter le moral. C'est bien plus difficile de pardonner à quelqu'un ses bourdes quand on ne va pas bien soi-même, non ?

— En effet.

Au même moment, le téléphone de Charlotte annonça l'arrivée d'un SMS.

— Désolée, je vais juste…

Elle regarda l'écran, et son visage s'éclaira à mesure qu'elle lisait le message.

La curiosité de Georgie était piquée au maximum. Elle ne pouvait pas tenir plus longtemps.

— Assez parlé de mes histoires. Et toi, alors ? Tu m'as l'air très souriante. Est-ce qu'il y a quelque chose dont tu voudrais me parler ?

*Une minute*, se dit-elle aussitôt en se souvenant du dîner de la semaine passée, les joues roses de Charlotte quand elles avaient parlé de Ned du café.

— Attends… Tu l'as revu ? Oh j'en suis sûre, tu l'as revu. Je le sais à ta tête !

Elle remplit leurs verres de vin jusqu'en haut et lui prêta toute son attention, oubliant temporairement Simon.

— Raconte-moi tout !

Le bonheur qu'avait retrouvé Charlotte dans sa relation naissante s'avéra une distraction bienvenue, mais le lendemain même, Simon passa à la vitesse supérieure. Depuis qu'il avait appris que le projet d'hôtel était suspendu, Georgie prenait ses discours sur le retour dans le Yorkshire avec des pincettes. Il allait changer d'avis ; il allait se ressaisir et trouver autre chose à Brighton. Toutes ces histoires de cartons n'étaient qu'un moyen de se défouler.

Mais non. Apparemment pas. Parce qu'il se tenait là devant elle, clés de la voiture tintant dans la poche de son jean, le regard fuyant en lui apportant une tasse de thé au réveil. Il s'assit sur le bord du lit et elle comprit, à la tension de ses épaules, qu'il allait mettre son plan à exécution.

— Du coup… je pars ce matin, annonça-t-il brusquement. Je peux remonter avec une camionnette pour le reste des affaires un week-end, ou…

— Oh là là, attends.

Paniquée, elle se releva tant bien que mal, se cogna la tête, et renversa du thé sur d'édredon.

— Tu t'en vas vraiment ? Aujourd'hui ? Mais…

Et moi ? Voulait-elle lui crier. Pourquoi n'avaient-ils pas eu une vraie conversation à ce sujet, ensemble ? C'était la même histoire que leur départ de Stonefield, comprit-elle : lui qui prenait une décision, sans même lui demander son avis. *Je pars. Ça ne peut pas attendre. J'ai des trucs à faire. Bye.*

Il sembla surpris par sa réaction.

— Je t'ai prévenue pourtant. Je te l'ai dit depuis le début que je rentrais. Rien n'a changé. C'est toi qui n'arrives pas à te décider.

Il posa sa main sur l'édredon, puis l'ôta aussitôt, se souvenant qu'il était trempé de thé.

— Écoute, si tu veux venir avec moi, je peux…

— Non, lâcha-t-elle.

Elle n'arrivait pas à y croire. Et elle n'était absolument pas prête à partir. C'était en partie de sa faute. Elle était restée dans le déni et n'avait pas provoqué de discussion franche sur ses projets. Mais lui non plus n'était pas venu lui demander son avis pour en parler ensemble comme un couple normal.

— Est-ce qu'on peut en débattre un peu plus avant ton départ ? Tu es vraiment obligé de partir aujourd'hui ? C'est tellement rapide, j'ai l'impression que tu as pris cette décision sans moi. Que tu fuis quelque chose.

Pour ne pas dire elle. Ce n'était pas le moment d'avoir l'air trop en demande. S'il y avait bien quelque chose susceptible de le faire fuir à toute allure, c'était de se montrer collante.

— Je ne fuis pas.

Et mince, maintenant elle avait froissé sa fierté masculine et il était sur la défensive.

— C'est juste qu'il n'y a plus rien pour moi ici. Enfin, à part toi bien sûr, mais tu vois ce que je veux dire.

À part toi. Bon, au moins elle entrait dans ses considérations – même si c'était en toute fin. Piètre consolation. Elle lui prit la main, avec le pressentiment qu'ils tournaient autour de quelque chose de profond et d'effrayant. Ils n'arrivaient pas à se regarder dans les yeux. Que voulait-il ? Pas ça, visiblement. Et elle ? Ce n'était pas ce qu'elle désirait non plus – toute cette tension, ces cachotteries. Elle en avait marre de ne plus être honnête. Depuis qu'elle l'avait suivi à Brighton, elle s'était mise à lui dissimuler tout un tas de choses, alors qu'il était censé être sa moitié. Elle n'avait pas l'impression d'être devenue une meilleure personne. Peut-être qu'elle ferait bien de raccrocher son wagon au sien, de trouver des excuses bidon pour plaquer le magazine, et de revenir à sa vie d'avant, comme si elle n'avait jamais quitté Stonefield.

Son regard se posa sur les photos placardées au mur : des souvenirs de vacances et de Noël, l'enterrement de vie de jeune fille de Jade, le barbecue du village l'été dernier… Il serait si facile de faire ses valises et de rentrer, non ? Admettre la défaite, se replier au Nord, et retrouver la bonne vieille routine éprouvée de la maison. Les délices de Brighton lui feraient l'effet d'un rêve étrange quand elle se replongerait dans ses souvenirs, comme une brève parenthèse embellie de paillettes. Pourtant, quelque chose l'en empêchait. Si, un mois plus tôt, elle aurait bondi de joie à l'idée de rentrer, il y avait une petite voix têtue qui refusait de tout laisser tomber. Elle se plaisait ici, maintenant ! Elle avait ses nouvelles copines, et du travail ! À choisir, elle préférait aller jusqu'au bout de l'expérience et profiter de la ville à fond, plutôt que de trotter fidèlement derrière son copain encore une fois parce qu'il était tout d'un coup pressé de partir. Pourquoi serait-ce toujours à elle de se plier à ses désirs à lui ?

— Simon… c'est quoi pour toi, le scénario idéal, disons, dans un an ? demanda-t-elle en caressant l'intérieur de ses doigts.

Il avait de si belles mains. Elle s'en était toujours émerveillée – larges et puissantes, qui commençaient tout juste à bronzer après les dernières semaines de beau temps. Mais ce jour-là, Georgie avait l'impression de toucher les mains d'un inconnu.

— Je veux dire, si tu avais une baguette magique et que tu pouvais faire un vœu, ce serait quoi, le rêve ? Tu espères quoi pour la suite ?

Il sembla surpris, comme s'il n'y avait jamais réfléchi. (Georgie, au contraire, aurait été capable de fournir un plan détaillé, avec des projections sur un, cinq et dix ans, et ce depuis qu'elle avait quatorze ans.)

— Euh… je sais pas, je me vois bien vivre à Stonefield, un nouveau boulot…

Il se gratta le menton, le temps de réfléchir.

— … j'aimerais bien construire une maison un jour, acheter un bout de terrain, tu vois, un vrai gros projet d'archi, comme dans *Grand Designs.* Ouais, j'imagine que c'est ça, mon rêve. Pourquoi ?

Voilà, c'était ça, la grande différence entre eux deux. Son rêve le concernait *lui,* son travail à lui, sa maison débile qu'il construirait lui-même, tandis que ses rêves à elle avaient toujours tourné autour de leur couple : se marier, adopter un chien, fonder une famille, la totale. Est-ce qu'il daignait lui laisser un petit rôle, dans ce scénario idéal ? Ou bien se contentait-il de l'idée de base de « la petite amie », dont les spécificités lui importaient moins que les dimensions de sa baraque de rêve ? Peut-être qu'elle s'était plantée sur toute la ligne, songea-t-elle avec une boule dans la gorge. Peut-être que le suivre ici était l'erreur ultime de la petite amie collante.

Elle le regarda, penché sur son téléphone, n'attendant même pas vraiment sa réponse. Est-ce qu'il s'intéressait à son rêve à elle ? Elle ravala la boule au fond de sa gorge, et se souvint du bonheur de

Charlotte la veille, de son visage resplendissant quand elle parlait de Ned et de leur dîner romantique interrompu par ses deux filles adorables. À quand remontait la dernière fois où Simon et elle s'étaient fait les yeux doux lors d'un dîner aux chandelles ? Quand avaient-ils cessé de s'amuser ensemble et de vivre sur un petit nuage ?

Elle soupira et sortit le pied de sous l'édredon, où elle commençait à avoir trop chaud. Il allait très bien s'en sortir sans elle, pas vrai, tout le reste de sa vie ? Il l'avait dit lui-même – elle n'avait même pas un rôle dans son scénario idéal, bordel !

*Très bien,* pensa-t-elle. *De toute façon, ça n'a plus d'importance.*

— Il faut que je te dise quelque chose. Plusieurs choses, même.

Une fois lancée, elle ne pouvait plus s'arrêter. C'était étrangement libérateur, de se délester d'un secret terrible après l'autre, de les libérer un à un dans la pièce, devant Simon qui ne disait rien, et s'éloignait de plus en plus sur le lit à chaque révélation, horrifié. C'est comme ça qu'elle lui révéla l'histoire de l'interview au refuge des femmes, et son rôle dans la perte de son emploi. (« C'était toi ? ») Et de même sortit l'aveu de son expérience du *speed dating.*

— Mais il ne s'est absolument rien passé ! ajouta-t-elle précipitamment en voyant son teint virer au rouge. D'ailleurs, je n'ai pas arrêté de t'appeler, parce que je voulais que tu me rejoignes, mais une nana a répondu à ton téléphone…

— Ah d'accord. Du coup, tu t'es dit, tant pis, je vais aller faire du *speed dating* en douce.

— Non ! Enfin, si, mais ça ne s'est pas passé comme ça. Ce n'était qu'un truc débile du magazine, ça n'avait rien de sérieux. Comme toi, au pub après le boulot avec une autre femme !

— Ça n'a rien à voir. On était en bande et je n'étais pas en train de flirter.

Devant son ton glacial, elle se décomposa. Il serrait furieusement les dents et ne la regardait même plus.

— Oui, mais… tu as traîné avec pas mal de nanas ces derniers temps, non ? Celle qui a répondu à ton téléphone était une vraie garce et…

Simon en resta bouche bée.

— Une minute, t'es en train de dire que c'est de ma faute, tout ça ? Ce n'est pas moi qui suis allé à une soirée de *speed dating*, Georgie.

— Non, mais ça nous concerne tous les deux. Il n'y a pas que moi… (Elle entendait sa propre voix monter dans les aigus, sur la défensive.) … tu n'as jamais pris mon travail au sérieux…

— Ça sort d'où tous ces reproches ?

— … et tu ne fais plus attention à moi, depuis qu'on est arrivés ici…

— Mais bordel ! C'est archi-faux !

Georgie sentait le débat lui échapper.

— Bref, je suis partie plus tôt que prévu de ce truc débile de *speed dating* parce que c'était horrible, dit-elle d'une petite voix.

— C'est ça.

Il ne la croyait pas.

— Je te le jure. Je suis rentrée à la maison et je me suis fait un masque hydratant en pyjama devant *Cold Case*. Vraiment.

Heureusement que Charlotte était au bureau et ne l'entendait pas à travers le mur. Elle redescendit d'un cran. Simon détestait les filles qui criaient encore plus que les filles collantes.

— Écoute, je suis désolée, d'accord ? Je suis désolée que les choses soient bizarres en ce moment, et qu'on n'ait pas totalement été honnêtes l'un envers l'autre.

— On ? N'essaie pas encore de me faire croire que c'est de ma faute, Georgie. Ce n'est pas moi qui suis allé faire du *speed dating*.

— Non, mais tu n'es pas irréprochable non plus, rétorqua-t-elle.

Elle ne pouvait plus s'en empêcher. Il y avait une limite au nombre de fois où elle allait s'excuser.

— Tu me tiens à distance depuis qu'on est ici. Il n'y en a que pour toi et ton hôtel débile. Et maintenant, c'est toi et ta future maison débile. Où est-ce que je suis, hein, dans ce scénario ? Est-ce que j'y ai même ma place ?

Raide, il se leva sans lui accorder un regard.

— J'y vais.

La porte claqua derrière lui.

Georgie cligna des yeux très fort pour retenir ses larmes.

— J'imagine que c'est un non, alors, marmonna-t-elle seule dans la chambre.

*Tableau d'affichage*
*de la résidence SeaView House*

RAPPEL
À tous les résidents

*MERCI de déposer vos poubelles dans les bennes collectives prévues à cet effet. Pour des raisons sanitaires et d'ordre public, NE PAS laisser des sacs d'ordures ménagères devant la clôture.*

*Angela Morrison-Hulme*
*Gestionnaire de biens*

# 23

— En gros, il s'est vraiment vraiment énervé – je ne l'avais jamais vu si en colère – et il a dit « je pars » et il est p-p-parti. Il s'est barré sans rien dire d'autre. Et zéro nouvelle depuis !

Rosa avait travaillé tôt ce matin-là et terminé son service à quinze heures. Elle se languissait de paresser sur le canapé tout le reste de la journée, pour peaufiner tranquillement le menu de l'inauguration de son restau clandestin. Mais en regagnant la résidence, elle avait repéré Georgie sur la pelouse et était allée lui dire bonjour. C'est ainsi qu'elle avait récupéré sa voisine en larmes, déballant une litanie de malheurs liés à Simon.

— Oh non, dit-elle avec compassion. Ça semble mauvais signe…

— Il me déteste.

Georgie frotta ses yeux rougis et fut secouée par un hoquet. Sans maquillage, elle avait l'air d'une petite fille. Surtout dans un T-shirt gris et un short en jean, bien loin de ses tenues habituellement si hautes en couleur.

— Je n'arrive pas à croire que c'est fini. Comme ça. On est ensemble depuis toujours. C'est mon premier petit ami, je n'ai eu que lui !

— Oh, bichette, souffla Rosa en la prenant dans ses bras. Je suis désolée.

— Tout est de ma faute. Je ne peux m'en prendre qu'à moi-même.

Elle se moucha bruyamment.

— Il mérite bien mieux que moi. Une copine parfaite pour emménager avec lui dans sa maison débile. Et on s'en est rendu compte tous les deux.

De nouvelles larmes apparurent dans ses yeux, elle les essuya avec un coin de mouchoir déjà mouillé.

— Ne dis pas ça. Tu es une fille adorable. Et ce n'est pas comme s'il n'avait été que joie et bonne humeur, si ? Tu disais l'autre soir qu'il faisait la gueule tout le temps et qu'il était obsédé par le boulot. Peut-être que c'est toi qui mérites mieux que lui.

Georgie lui sourit faiblement, sans conviction. Elle n'était pas encore prête pour la partie *Sororité et Vive le Célibat !* de la rupture. Ça s'entendait. Après tout, il avait fallu tout ce temps à Rosa pour y venir.

— Tu vas faire quoi maintenant ? demanda Rosa.

C'était une si belle journée, chaude, ensoleillée. Le bleu de la mer scintillait et le malheur de Georgie semblait d'autant plus cruel quand, autour d'elles, les groupes de jeunes se prélassaient dans l'herbe, les enfants crapahutaient pieds nus, les chiens couraient après les balles de tennis.

Georgie soupira.

— Vu l'heure, il est probablement déjà dans le Yorkshire. Oh non… Sa mère doit être aux anges. Elle m'a toujours regardée de haut, comme si je n'étais pas assez bien pour son précieux bébé. Il va pouvoir mettre les pieds sous la table et elle va s'occuper de tout, et surtout me casser du sucre sur le dos, je te parie.

Elle replia ses genoux sous son menton et serra ses jambes dans ses bras.

— Après ça… il va envoyer un préavis aux locataires pour récupérer notre maison, j'imagine. Peut-être qu'il va vouloir… la vendre. Notre petite maison !

Elle renifla et sa voix partit dans un gémissement aigu.

— C'est horrible. Je n'arrive pas à y croire, Rosa. Simon et moi… Je pensais que ça allait durer toute la vie !

Elle éclata à nouveau en sanglots, et Rosa lui frotta le dos.

— Attends de voir comment évoluent les choses une fois que vous serez tous les deux calmés. Ce n'est pas forcément fini. Peut-être que vous avez besoin de réfléchir chacun de votre côté, et que c'est une opportunité de déterminer ce que vous voulez. Tout va bien se passer. Regarde-toi – si dynamique, intelligente, pétillante. Ce n'est qu'un mauvais moment, d'accord ? Avec ou sans lui, tu es toujours la même Georgie. Garde ça en tête.

Et voilà qu'elle répétait comme un perroquet toutes ces choses qu'elle avait entendues dans la bouche de ses amies six mois plus tôt, quand elle s'était retrouvée dévastée, avec l'impression que sa vie s'était écroulée et qu'il n'y avait plus d'avenir. Le cycle des ruptures en pleine action.

Georgie hocha la tête et se moucha à nouveau, puis dégagea ses cheveux de son visage.

— Merci, murmura-t-elle d'une petite voix en entortillant un long brin d'herbe autour de ses doigts. Je suis désolée de t'avoir pleuré dessus. Je ne supportais plus de rester dans l'appartement sans lui, j'avais l'impression d'étouffer. Je me disais que j'allais sortir pour prendre l'air et travailler, mais je n'ai fait que pleurer pendant tout ce temps.

— Tu veux venir chez moi ? proposa Rosa en se levant, la main tendue. Pour changer de décor. J'ai du café, des *flapjacks* à grignoter et une tonne de mouchoirs…

Elles regardèrent toutes les deux le mouchoir trempé et totalement inutile que tenait Georgie, et cette dernière laissa échapper un petit rire.

— Allez, insista Rosa en tirant Georgie par le bras pour la relever. Rappelle-moi plus tard de te raconter ma vie sentimentale désastreuse, ça te fera te sentir mieux en comparaison. En attendant, tu es la bienvenue pour traîner chez moi si tu ne veux pas rester seule. J'avais prévu d'élaborer mon menu de vendredi soir, tu pourras me dire ce que tu en penses.

— Vendredi… ? Oh, ton restau clandestin.

Le visage de Georgie s'assombrit à nouveau alors qu'elles regagnaient la maison.

— J'imagine que tu peux enlever Simon de la liste des invités. Je vais devoir m'asseoir à côté d'une chaise vide.

Georgie semblait sur le point de fondre en larmes à nouveau.

— Mais non. Tu vas t'asseoir à côté de mes trois meilleures amies qui font le voyage depuis Londres pour l'occasion. Crois-moi, ces filles sont exactement ce dont tu as besoin pendant une rupture. Au minimum, elles vont se saouler avec toi et te raconter tous leurs secrets honteux. À moins que tu ne préfères une place à côté de Jo ? Elle vient de rentrer, tu savais ? Elle a réservé avec Bea et Gareth, alors…

Georgie paraissait totalement dépassée.

— Écoute, on verra comment tu te sens demain, conseilla Rosa.

Elle ouvrit la porte de la villa et la tint pour laisser passer Georgie.

— En attendant, je vais te forcer à écouter toutes mes idées de menu, que ça te plaise ou non. Tu pourras te rendre utile en me donnant ton avis.

***

**Nouvelle publication Facebook : Ann-Marie Chandler**
Tellement heureuse d'annoncer que David et moi attendons un troisième enfant !!! J'ai passé l'échographie de la semaine 13 hier et notre beau bébé se porte à merveille. Que du bonheur !!! #chance #bonheur #bébé #famille #amour

Rosa rabattit le clapet de l'ordinateur et sentit tous ses poils se hérisser. Il fallait qu'elle arrête de regarder ce profil !

— Alors je lui ai dit, genre, « excusez-moi, mais je crois que j'étais là avant » – j'étais carrément énervée – et ensuite j'ai buggé, et je me suis dit « oh punaise », parce que je me suis rendu compte que l'homme assis à côté de moi au comptoir, celui à qui je venais de parler comme une méga connasse, c'était...

— Oh mon dieu, qui ?

— ... oh, juste Harrison Ford... (Alexa tourna ses paumes vers le ciel, exaspérée.) ... Han Solo, purée, juste mon fantasme d'adolescente ! Et moi, j'étais là, en train de snober le type. Alors que c'était Harrison Ford, bordel ! J'étais mortifiée, je vous jure ! J'avais juste envie de me cacher après ça !

On était vendredi soir et l'inauguration du restaurant clandestin était lancée. Pour l'instant, tout se passait à merveille, pensa Rosa en récupérant les assiettes des entrées dont il ne restait pas une miette. Il y avait onze invités, plus elle. Un peu plus tôt dans la journée, elle avait traîné le canapé et le fauteuil dans la chambre pour avoir la place d'arranger les tables en une longue ligne au centre de la pièce. (On y était un peu à l'étroit, mais la proximité semblait créer plus de complicité que d'inconfort.) Quelques lampes et bougies stratégiquement placées conféraient à la pièce une ambiance douce, et elle avait acheté des petits pots en terre cuite de thym et de romarin qui, disposés sur la table, ajoutaient du cachet à son menu méditerranéen.

Ses amies de Londres étaient arrivées juste après dix-huit heures, chargées de sacs de voyage, de bouquets de fleurs et d'un sac de courses dont le tintement trahissait les litres d'alcool. Les quatre femmes s'étaient mises à crier si fort sur le perron qu'un passant avait sursauté. Elles se connaissaient depuis dix-sept ans maintenant, presque la moitié de leur vie. Si couper les ponts lui avait paru la bonne décision à l'époque, maintenant qu'elle les retrouvait, Rosa se sentait à nouveau pleinement elle-même, comme si une partie d'elle lui avait manqué jusque-là.

Tout le monde semblait passer une bonne soirée, à en juger par les hurlements de rire qui accueillaient les dernières anecdotes croustillantes d'Alexa. PR manager dans l'industrie du cinéma et de la télévision, elle avait toujours une bonne histoire en réserve.

— Harrison Ford ? Mais non ! s'écria Jo qui avait teint ses cheveux en aubergine pour l'occasion et avait retrouvé un peu de rose aux joues (peut-être grâce au vin). J'adore cet homme. Oh, je serais capable de repasser de l'autre bord pour Harrison, sans rire.

— Maman ! protesta Bea en se bouchant les oreilles. Ne dis pas des trucs comme ça devant moi !

— L'ex-mari te dit merci, répliqua Gareth, exaspéré. Ce n'est pas du tout gênant comme conversation.

Mais Alexa était ravie par la remarque de Jo, et lui topa la main par-dessus la table.

— Moi aussi ! renchérit-elle d'une voix suraiguë.

Était-ce une étincelle que Rosa percevait entre les deux ? Elle échangea un regard amusé avec Catherine, à côté d'elle.

— En tout cas, crois-moi, il n'a rien perdu avec les années, confia Alexa. On ne va pas se mentir. Et il a été adorable. Je me suis excusée neuf millions de fois, et je lui ai proposé un verre tellement j'étais gênée.

— Et alors, il a accepté ? demanda Georgie, incrédule.

Elle était venue accompagnée de Viv et était restée plutôt silencieuse jusqu'à présent.

— Non, malheureusement. Il a balayé ma proposition d'un geste très classe, un peu comme ça… avec ses mains magnifiques et sensuelles.

— Ses vieilles mains ridées, tu veux dire, la corrigea Meg en frissonnant. Il doit avoir au moins soixante-dix ans maintenant, espèce de perverse.

— Ça reste un âge très jeune, je tiens à le préciser, intervint Margot en posant sur elle son regard perçant.

Rosa réprima un rire devant l'expression mortifiée de Meg. Elle était ravie que Margot se soit jointe à eux pour cette soirée. La vieille dame était arrivée dans une élégante robe noire, ses cheveux argentés coiffés à la perfection, et avec du champagne. (« La maladie, c'est bien trop assommant, avait-elle déclaré avec majesté en faisant son entrée. J'ai décidé que non ! Il était hors de question de manquer une soirée de plus avec mes voisines. Parfois, il faut juste enfiler une belle robe et profiter de la vie, vous ne trouvez pas ? »)

— Soixante-dix ans, ce n'est *rien* de nos jours, très chère, continua Margot. On peut rester un homme fort et fier à cet âge. Et un bon amant, aussi. J'en sais quelque chose !

Meg, qui n'avait pourtant jamais peur de donner son avis, rougit de cette remontrance.

— Oui, bien sûr, je voulais juste dire…

— Je vous embête. Ahhh, voyez, j'ai beau n'être qu'une antiquité sur le point de mourir, je sais encore plaisanter !

— Margot…, la réprimanda tendrement Charlotte en voyant Meg pâlir, arrêtez de parler de votre mort. Vous verriez tous ces hommes sous son charme dans Brighton, dit-elle aux autres. Dont celui-ci, ajouta-t-elle avec un clin d'œil à Ned. Même s'il n'est maintenant plus un cœur à prendre, désolée Margot.

Charlotte avait bouclé ses cheveux, qui encadraient son visage en ondulations douces. Rosa lui trouvait un air radieux. L'amour lui allait très bien.

— Mais je l'ai vu en premier ! protesta Margot, qui semblait ravie.

Rosa se dirigea vers la cuisine, un sourire aux lèvres.

— Je reviens tout de suite avec le plat principal !

— Je vais t'aider, proposa Catherine.

En cuisine, tout était déjà prêt. Elle avait choisi un thème méditerranéen, avec une tarte aux légumes rôtis et chèvre pour les végétariens, des côtelettes d'agneau aux herbes de Provence pour les carnivores, ainsi que trois salades en accompagnement.

— Ça a l'air incroyable, s'extasia Catherine, qui rangeait les assiettes dans le lave-vaisselle pendant que Rosa coupait la tarte. On dirait que ça se passe bien, non ? En tout cas, de mon point de vue, c'est top. Tu es contente ? Il y a de quoi ! Tout le monde a fait des éloges de tes plats ! Je trouve ça génial. On vient à peine de se rencontrer et on bavarde tous ensemble comme si on se connaissait depuis toujours. Et la tête de Meg quand Margot l'a remise à sa place ! Je ne l'avais jamais vue si timide !

Rosa éclata de rire.

— Tu as vu ça ? Margot est fantastique, non ? Je suis tellement contente qu'elle soit venue. Vous toutes, d'ailleurs.

Elle ressentit une bouffée de tendresse envers Catherine en pensant à toutes les cuisines dans lesquelles elles s'étaient retrouvées au fil des ans – les petits déj de lendemain de soirée, les farandoles de tartines pendant les révisions de leurs examens, les soirées trop alcoolisées au punch douteux qui leur valaient les coups des voisins contre le mur, les enterrements de vie de jeunes filles, les week-ends entre filles, les régimes, les beuveries, les réveillons du Nouvel An, les anniversaires de ses filleuls… et maintenant elles étaient réunies dans une nouvelle cuisine, celle de Rosa. C'était comme un tournant dans sa vie, l'approbation d'une proche.

Catherine hésita, comme sur le point de dire quelque chose, mais elle changea d'avis et récupéra les saladiers.

— J'emporte ça pour que tout le monde se serve ?

— Oui, je veux bien. Il vaut mieux que les gens fassent comme chez eux, je trouve. Merci !

*Inspirer, expirer,* se rappela-t-elle en glissant une généreuse part de tarte sur chacune des quatre assiettes que Catherine s'empressa de servir aux végétariens. L'organisation du repas avait la précision d'une opération militaire – entre les courses, la cuisine, l'aménagement de la pièce, les chaises et les tables qu'elle avait dû emprunter à ses voisines, les nappes prêtées par l'hôtel. Si elle voulait se lancer sérieusement, il allait peut-être falloir demander un coup de main à Natalya pour le service. Elle disposa de part et d'autre de la table des plats immenses d'agneau parfumé.

— Servez-vous. Je vais juste chercher le pain, le beurre et une carafe d'eau. Qui veut passer au vin suivant ? Très bien, j'apporte ça aussi. Commencez à manger !

À la fin de la soirée, Rosa se sentait prodigieusement heureuse. Et tout aussi ivre. Le menu avait rencontré un grand succès. Il restait à peine une miette du généreux cheesecake au chocolat blanc et aux fruits rouges, et tout le monde savourait un café et un dernier verre de vin. La bouteille d'ouzo rapportée par Alexa de ses vacances en Grèce eut raison de plusieurs invités : Margot, Charlotte, Ned et Viv s'en allèrent dormir en titubant vers vingt-trois heures. La suivante fut Jo.

— Encore une demi-heure, Bea, et ensuite ton père t'envoie au lit, prévint-elle, épuisée.

— Oui, oui, acquiesça Bea sur un ton qui ne convainquit personne.

— Je pense qu'on devrait trinquer, lança Catherine en levant une tasse de café dans une main, la bouteille d'ouzo dans l'autre. À notre merveilleuse hôtesse, la plus divine des cuisinières, et une meilleure amie encore. À Rosa !

— À Rosa ! clamèrent les convives en faisant s'entrechoquer leurs verres.

— Ouiii ! s'enthousiasma Georgie, aussi ivre que les autres.

Heureusement, elle avait l'alcool joyeux et échappait ainsi aux lamentations alcoolisées post-rupture.

— Merci d'être venus et d'avoir servi de cobayes.

— Tu plaisantes ? Comme si on allait s'en priver au moment où tu te décides enfin à nous inviter, s'offusqua Meg

— Comment ça se fait que vous ne vous soyez pas vues depuis si longtemps ? demanda Gareth.

Il avait bien bu lui aussi. Ses mots se culbutaient comme des premiers pas sur la glace, et les traits de son visage s'étaient brouillés. À moins que ce ne soit la vision floue de Rosa.

— Londres-Brighton, ce n'est pas si loin. Vous travaillez comme des folles ou quoi ?

— Papa ! c'est perso ! fit remarquer Bea.

Alexa jeta un regard à Rosa, et dit :

— Eh bien… ce sont des choses qui arrivent, pas vrai ?

— C'est vrai qu'on travaille comme des folles, ajouta Catherine. À moins que ce ne soit la folie qui nous travaille. Difficile à dire.

— On ne s'est pas engueulées ni rien, précisa Meg.

Elles étaient adorables et diplomates, à couvrir ainsi Rosa, mais la vérité était trop lourde à porter pour la taire plus longtemps.

— C'est de ma faute, admit Rosa. Un grand classique de la crise de la quarantaine, j'ai quitté un poste très bien, je me suis enfuie au bord de la mer, et j'ai arrêté de répondre à mes meilleures amies. *Laissez-moi bouder dans mon coin,* et autres conneries.

Elle fit la grimace, dans une tentative d'apporter un peu d'humour à la situation, mais les trémolos dans sa voix trahissaient ses véritables émotions.

— Mais maintenant on est réunies, et tu as passé le plus dur, intervint Catherine, dont les trois enfants en bas âge garantissaient des compétences hors normes pour désamorcer les crises émotionnelles.

— Je vois, dit Gareth, un peu gêné.

Il essayait de sonder Rosa du regard, mais elle feignit de ne pas le remarquer et s'attela à resservir tout le monde.

Georgie descendit son troisième verre d'ouzo avec une grimace.

— Est-ce que ça a un rapport avec le désastre de ta vie sentimentale dont tu voulais me parler l'autre jour ? Désolée. Tu n'es pas obligée de me répondre. C'est super indiscret comme question. C'est pas moi, c'est l'ouzo qui parle. D'ailleurs, qu'est-ce qu'il y a dans ce truc ?

— C'est écrit ici : quarante degrés, lut Bea sur l'étiquette. (Elle retira le bouchon et renifla les effluves.) Beurk. Degré de quoi ? De folie pour boire ça ?

— En gros, oui, dit Catherine en faisant la grimace avant de prendre une gorgée.

Rosa fit rouler son verre entre ses doigts.

— Sa femme est enceinte, vous savez, dit-elle.

Catherine recracha sa gorgée.

— C'est pas vrai !

— Quel connard, grogna Meg.

— Comment tu le sais ? demanda Alexa, ses longs cheveux bruns oscillant alors qu'elle se penchait en avant. Tu as des nouvelles ?

Puis elle échangea un regard avec Catherine.

— Est-ce que tu as… ?

— Non, coupa Catherine.

Elle porta un doigt à ses lèvres, mais pas assez discrètement pour que son geste échappe à Rosa.

Génial. Qu'est-ce qu'on lui cachait encore ? Est-ce qu'elle avait *vraiment* envie de savoir ? Probablement pas. Non, vraiment pas. Tout le salon tanguait autour d'elle ; elle se sentait volatile, sans filtre, dangereusement à fleur de peau. Puis elle se rendit compte que Georgie, Bea et Gareth étaient là aussi, et ne comprenaient rien à la situation.

— Désolée. C'est juste le désastre de ma vie amoureuse. Pas la peine de s'y attarder. Passons !

— Alors, comment tu as appris qu'elle était enceinte ? demanda Catherine. Tu l'as revu ?

— Non, bien sûr que non ! Je le hais ! répondit Rosa.

Puis elle soupira. Ses amies n'allaient pas la laisser s'en tirer à si bon compte.

— J'espionne le profil Facebook de sa femme, marmonna-t-elle. Et j'ai fait des recherches sur lui aussi. Figurez-vous qu'il n'a jamais travaillé à Amsterdam. Il est responsable marketing d'une grosse boîte de la tech sur Old Street, cet abruti !

— Mhhh… peut-être que c'est le moment pour nous de partir, déclara Gareth avec tact. Allez, Bea.

Georgie se leva.

— Oui. J'ai passé une excellente soirée, mais si je bois encore une goutte d'ouzo, je vais probablement commettre l'irréparable, comme passer un coup de fil à mon copain. Enfin, à mon ex. Arrgh. Il faudrait peut-être que je vous laisse mon téléphone, en fait.

— Mais non, restez, protesta Rosa. Ne partez surtout pas à cause de moi. De toute façon, on va vite changer de sujet, pas vrai ? Je vais nous chercher une carafe d'eau bien fraîche, histoire de diluer tout cet ouzo.

Elle s'était levée de sa chaise, mais Meg la retint d'une main brandie, comme un policier réglant la circulation.

— Une minute, madame. On changera de sujet et on passera à l'eau une fois qu'on aura vu ce fameux profil Facebook. Allez. Montre-nous. Tu n'es plus à ça près.

— On pourra mettre des commentaires venimeux sous le post de cette garce, proposa Alexa.

— Non ! s'écria Rosa.

Elle se sentait un devoir de protéger la naïve Ann-Marie, aussi étrange que cela puisse paraître.

— Ce n'est pas sa faute si son mari est un porc, expliqua-t-elle.

Elle raconta brièvement la situation à Gareth, Bea et Georgie, qui s'en donnèrent à cœur joie de condamner les méfaits de Max/David.

— Il faut juste que je l'oublie et que je le laisse à sa jolie petite famille parfaite.

— Pas si parfaite, marmonna Catherine.

— Cath l'a vu avec une autre femme, lâcha Alexa. Quoi ? ajouta-t-elle quand Catherine siffla derrière elle. Écoute, mieux vaut qu'elle sache, juste au cas où elle serait assez folle pour envisager de se remettre avec cette ordure.

— Ça va pas la tête ? s'écria Rosa. Vraiment, Cath, tu l'as vu ?

Catherine soupira.

— Oui, je l'ai vu. Mais j'allais te le dire avec un peu plus de tact, expliqua-t-elle en fusillant Alexa du regard. Je pensais à un moment où tu ne serais pas totalement saoule ni devant tes nouveaux amis… Je nous voyais plutôt toutes les deux avec un punching ball à portée de main.

— C'est pas grave, dit Rosa. Je m'en fiche.

— Si, c'est grave, intervint Gareth. Et si tu veux mon avis, il mérite une bonne leçon.

Bea pouffa.

— Comme quoi ? Tu comptes aller lui mettre une raclée ? C'est pas exactement comme faire peur à des collégiens, Papa.

— Je sais, mais… ça me révolte que les gens puissent être infâmes et rester impunis.

Il se leva, entraînant sa fille.

— Allez, jeune fille, on ferait mieux d'y aller sinon Jo ne va pas être contente.

Il enfila sa veste, et s'attarda.

— Merci, Rosa. J'ai passé une très bonne soirée. Et… si jamais tu veux un coup de main pour te venger de ton ex… tu as mon numéro. N'hésite pas.

# 24

Il y avait des miettes sous le grille-pain de Charlotte. Une tache marron non identifiable dans le bac à légumes du réfrigérateur. Elle était à court d'adoucissant et il y avait de la poussière – oui, vraiment, de la poussière – sur la tête arrondie et noire de son Hoover chéri. D'aucuns auraient pu constater du laisser-aller, et ils auraient eu raison. Mais il était tout aussi vrai que Charlotte n'en avait absolument rien à faire.

Elle était *heureuse*. Elle se souvenait enfin de cette sensation ! Ce petit roulement de tambour dans ses veines, l'empressement exalté lorsqu'elle recevait un message de Ned, la satisfaction qu'elle éprouvait au réveil. De la satisfaction, oui ! Elle s'était même surprise en train de fredonner dans les rayons du Waitrose en ajoutant à son panier une barquette de fraises bien rouges, un gel douche à la grenade un peu cher et un bouquet de freesias, juste parce qu'elle en avait envie. Elle fredonnait, tout haut, en public !

Elle s'émerveillait chaque fois du chemin parcouru. L'an dernier, à la même période, jamais elle n'aurait survécu aux dîners de Rosa, par exemple : elle était bien trop malheureuse pour avaler quoi que ce soit, trop repliée sur elle-même pour bavarder, et trop épuisée pour même envisager d'enfiler une jolie robe, de se maquiller et de se coiffer. Pourtant, elle avait accompli cet exploit à deux reprises et avait même passé de bons moments. Elle avait appris à connaître ses voisines et, bien sûr, rencontré enfin la cool et pétillante Jo.

Même le travail se déroulait bien ces derniers temps. Jacqui, une notaire aux cheveux dorés et aux yeux verts en amande, avait complimenté le collier de Charlotte près de la machine à café. Elles s'étaient mises à discuter et avaient déjeuné ensemble plusieurs fois. Une autre collègue, Shelley, avait invité Charlotte à se joindre à sa soirée d'anniversaire au pub, où, mi-timide mi-pompette, elle avait rencontré beaucoup de monde. Une fête d'entreprise avait été évoquée pour l'été, et Charlotte s'était proposée pour aider à l'organisation… en vérité, elle ne faisait que dire oui à tout, ces derniers temps. Elle se voyait comme une pâquerette, ouvrant ses pétales en direction du soleil. *Salut, le monde. Je suis de retour. Je suis partante.*

— Tu revis, lui avait dit sa mère au téléphone.

Elle semblait émue, d'ailleurs – ou alors encombrée par le rhume des foins.

— Oui, c'est ça. Tu es repassée de l'autre côté et tu revis. Sauvée par l'amour !

*Sérieusement ?* Charlotte avait levé les yeux au ciel face à une réponse si mélodramatique.

— Non, je me suis sauvée toute seule, corrigea-t-elle. Et ce n'est pas « l'amour » pour l'instant. Je le connais à peine. On ne s'est vus que trois fois, sans compter le café sur la plage.

Puis, parce qu'elle savait combien sa mère était romantique, et parce qu'elle le pensait sincèrement, elle avait ajouté :

— Mais c'est vrai qu'il me rend heureuse.

— Il te rend *heureuse*, répéta sa mère avec une grande satisfaction. Oh, ma chérie, je suis si contente pour toi.

— Moi aussi. Et d'ailleurs – ça va te sembler un peu fou –, je crois que je me rends heureuse aussi, maintenant. Ma vie, mon quotidien, mes nouvelles amies… j'ai l'impression que tout vient en même temps dans un joli paquet cadeau. Je n'arrive pas à l'expliquer. C'est comme si les nuages noirs s'en étaient allés. Non pas que je puisse un jour oublier Kate, bien sûr…

— Non, bien sûr que tu ne l'oublieras pas. Il s'agit d'apprendre à vivre en parallèle du deuil. Ne pas le laisser faire de l'ombre à tout le reste de ton univers.

— Oui, c'est exactement ça, Maman.

Sa gorge se serra. La perte de Kate l'avait effectivement noyée dans son ombre : une obscurité si totale qu'elle était restée aveugle pendant longtemps. Et même si elle était certaine qu'elle ressentirait toujours ce pincement au cœur à la vue d'un bébé, le voile d'ombre s'était levé pour permettre à la lumière de revenir. Ses jours semblaient plus remplis, elle dormait mieux la nuit, elle avait cessé de se cacher aux toilettes du bureau pour pleurer sans raison. Quant à son planning de ménage, il était tombé aux oubliettes. Cerise sur le gâteau, elle n'avait pas pleuré sur la boîte à chaussures de Kate depuis au moins deux semaines.

— Je dois une fière chandelle à Margot, confia-t-elle à Ned, quelques jours plus tard.

Elle avait beau dire qu'elle s'était sauvée seule et qu'elle avait réussi à s'extirper de l'ombre, elle n'oublierait jamais le rôle catalyseur qu'avait joué Margot. Son regard perçant, son oreille attentive. Elle lui avait donné l'impression d'être humaine à nouveau, lui avait rappelé les belles choses de la vie qui lui restait à savourer.

— Margot ? répéta Ned en allumant l'alarme anti-effraction du café.

Il remballait à dix-huit heures tous les soirs, à l'heure où sortait Charlotte. Elle était passée plusieurs fois en quittant le bureau, juste le temps d'échanger un baiser et un bonjour, parfois s'octroyant le luxe d'une promenade rapide sur le front de mer, alors qu'il se dirigeait chez sa sœur pour récupérer les filles. Ce soir-là, elle avait été invitée à se joindre à eux pour dîner – « J'espère que tu aimes le poisson pané et les pâtes au pesto », avait-il prévenu sans qu'elle sache s'il plaisantait ou non. Peut-être qu'elle s'imaginait des choses, mais elle avait l'impression de franchir une étape importante, d'être acceptée à la table de la famille, admise dans leur cercle intime. Elle était flattée, impatiente, et aussi stressée. Devait-elle avoir honte des bonbons fourrés dans son sac dans une tentative de gagner l'approbation de ces adorables petites filles ?

— Oui. Pas seulement parce que c'est grâce à elle que je t'ai rencontré – pour la deuxième fois... (elle n'arriverait probablement jamais à se souvenir de leur première rencontre désastreuse sans rougir de honte) ... mais parce qu'elle est devenue... eh bien, un peu un modèle, pour moi. Une inspiration. Je n'ai jamais rencontré une femme comme elle, pour qui le regard des autres n'a aucune importance. Si charmante, si malicieuse.

— Et quelle séductrice..., compléta Ned en tirant le rideau de fer du café. Ça fait un moment qu'elle n'est pas passée, d'ailleurs... je ne crois pas l'avoir vue de la semaine. Tu sais si elle va bien ?

La question resta en suspens et perturba profondément Charlotte.

— Hum... je crois.

Le doute commençait à s'immiscer. Margot semblait si fidèle à elle-même lors du dîner chez Rosa la semaine passée que Charlotte avait oublié ses inquiétudes pour la vieille femme, obnubilée par son bonheur retrouvé. Elle s'en voulait maintenant. Elle était censée la retrouver le vendredi pour leur bavardage hebdomadaire, mais tout d'un coup, Charlotte eut le pressentiment qu'il fallait la voir plus tôt. Elle n'aurait pas su dire pourquoi, une sensation d'urgence s'était emparée d'elle. « Vite. Fonce. »

— Tu sais quoi ? Je vais passer par la villa pour aller prendre de ses nouvelles. Ça ne t'embête pas ? C'est probablement débile, mais elle était si faible avant la soirée, et elle n'arrêtait pas de me répéter qu'elle était mourante... je préfère vérifier que tout va bien.

Elle avait des scrupules, consciente que Debbie les attendait – Debbie, la sœur qu'elle n'avait pas encore rencontrée, mais qui jouait un si grand rôle dans la vie de Ned que Charlotte tenait absolument à faire bonne impression. Ce ne serait pas un bon début, s'ils débarquaient en retard parce que Charlotte s'était mise en tête de rendre visite à sa voisine âgée.

— Je viens avec toi, déclara Ned en secouant le rideau pour s'assurer qu'il était bien fermé avant de glisser les clés dans sa poche.

Essoufflée après la montée rapide de la côte qui menait à la villa, Charlotte commençait à culpabiliser d'avoir laissé son pressentiment prendre le dessus sur la raison. Ses émotions et sa panique les mettaient en retard au repas chez Debbie. Elle voyait d'ici le moment gênant où Margot les découvrirait sur son palier. Elle se moquerait d'eux, sûrement. Elle les réprimanderait même pour leur sollicitude intrusive – « Ahh » vous me croyiez mourante, hein ? Pas encore, très chère. Pas aujourd'hui ! »

Mais puisqu'ils étaient à présent au tout dernier étage de la villa, autant vérifier qu'elle allait bien. Charlotte frappa à la porte.

— Margot ? C'est moi. Vous êtes là ?

La porte s'ouvrit d'elle-même, sans bruit, à peine poussée. Sa voisine avait dû mal l'enclencher. La jeune femme avança d'un pas dans l'entrée.

— Margot ? C'est Charlotte. Vous allez bien ?

L'appartement était silencieux.

— Peut-être qu'elle est sortie, suggéra Ned, resté sur le palier.

Le cœur de Charlotte tambourinait dans sa poitrine. Quelque chose clochait, pensa-t-elle en remontant le couloir. Elle le sentait.

— Margot ?

Puis elle l'entendit : un faible gémissement, un murmure. Son sang ne fit qu'un tour, et elle courut dans le salon où – *Oh mon Dieu. Margot ! Margot ! Que s'est-il passé ?* – sa voisine était étendue au sol, le teint cireux, les paupières à peine entrouvertes, ses mèches argentées emmêlées. Charlotte s'agenouilla à côté d'elle et mesura son pouls – faible, poussif, comme si son cœur n'avait plus l'énergie de battre assez fort.

Ned fit irruption dans la pièce une seconde après elle.

— Merde ! s'écria-t-il en sortant son téléphone. J'appelle une ambulance.

— Non !

La véhémence de Margot les prit par surprise quand elle ouvrit grand les yeux.

— Margot, il le faut, vous êtes bien trop affaiblie, lui dit Charlotte en saisissant sa main.

Elle se pencha pour dégager doucement les mèches sur le visage de Margot. Habituellement magnifiques et laqués avec tant d'élégance, ses cheveux désormais épars et fins trahissaient son âge avancé et sa santé fragile. La peau de ses mains était froide et sèche, comme si elle n'avait pas bougé depuis longtemps.

— Oh, mon Dieu, vous êtes tombée ? Depuis combien de temps êtes-vous comme ça, par terre ?

Margot s'agrippa à Charlotte, le regard vitreux, mais implorant.

— Je vous en prie. Non. Pas d'ambulance. S'il vous plaît.

— Mais…

— *Pitié.*

Charlotte la regarda, impuissante et indécise.

— Est-ce qu'on peut au moins appeler une infirmière, quelqu'un pour prendre soin de vous ?

Dans un éclair de lucidité, elle se souvint de Jo.

— Ned, tu veux bien descendre chercher Jo ? Appartement 2. Elle est infirmière en service d'oncologie, elle saura quoi faire. Oh, Margot…

Sa voix fut étouffée par un sanglot alors que Ned filait. « Ne partez pas, aurait-elle voulu supplier. C'est trop tôt ! On vient juste de se rencontrer et j'aime passer du temps avec vous. »

— … je suis désolée de ne pas être arrivée plus tôt. J'aurais dû penser à prendre des nouvelles. Je suis une si mauvaise amie, trop centrée sur moi-même.

Les paupières de Margot s'étaient refermées et une minuscule veine violette saillait au coin de son œil. Un soupir lui échappa. Pendant un terrible instant, Charlotte crut qu'il s'agissait du dernier, qu'elle était morte, là, sur le sol de son salon, mais les lèvres de la vieille femme bougèrent.

— Bonne amie, articula-t-elle d'une voix à peine plus audible qu'un murmure. Je suis heureuse. Pour vous.

Ned revint en courant une minute plus tard, suivi de Jo, qui s'agenouilla à côté de Charlotte et parla d'une voix douce et ferme à Margot :

— Bonjour, vous vous souvenez de moi ? Je suis Jo, la voisine d'en bas. Je suis infirmière. On peut vous appeler une ambulance qui arrivera dans deux minutes, ou alors je peux vous conduire moi-même à l'hôpital, si vous préférez.

Margot fit non de la tête.

— Vous êtes sûre de vouloir rester ? Très bien, dans ce cas on va vous installer plus confortablement. Et si vous changez d'avis, dites-le-moi aussitôt.

Des larmes roulaient sur les joues de Charlotte alors que Jo prenait les choses en main, posant une série de questions, puis en portant Margot avec l'aide de Ned jusqu'à son lit.

— Ça ne se présente pas bien, expliqua-t-elle calmement à Charlotte. Elle est très faible et fatiguée, je pense qu'on approche de la fin. Est-ce que tu connais sa famille, des proches qui voudraient être là ?

— Ses deux fils vivent en France.

Tout se bousculait. C'était trop rapide. Charlotte essaya de se ressaisir, pour le bien de Margot. Comment s'appelaient ses fils, déjà ? Elle savait que leur relation était houleuse, mais ils voudraient certainement être aux côtés de leur mère pour ce moment, non ? S'étaient-ils disputés parce qu'ils voulaient qu'elle meure chez eux, en France ? Elle les imaginait débarquer pour emporter Margot sous le bras comme un tapis, et dut se forcer à éclaircir ses pensées.

— Je vais essayer de les contacter. Elle doit avoir un répertoire quelque part.

Ned piétinait, visiblement mal à l'aise.

— Je suis désolé, mais je dois aller récupérer mes filles. J'ai demandé à Deb de les garder un peu plus longtemps, mais elle a son cours de Pilates ce soir – c'est vraiment le seul jour où je ne peux pas me permettre d'être en retard. Ça m'ennuie de t'abandonner comme ça, mais…

— Aucun problème. Je comprends. Je vais rester ici. Désolée. Est-ce qu'on peut reporter le dîner à une autre fois ?

— Bien sûr ! Surtout ne t'excuse pas.

Il la serra fort dans ses bras.

— On reporte à très vite.

Quand il la lâcha, le regard inquiet, il demanda :

— Tu me dis… comment ça se passe ici ? Tu me tiens au courant ?

— Oui.

Jo fouillait les placards en quête d'une couverture supplémentaire, qu'elle étendit sur Margot.

— Je ferais mieux d'y aller. À bientôt.

Ils s'embrassèrent et s'étreignirent une dernière fois avant de se séparer. En entendant ses pas s'éloigner dans l'escalier, elle tenta de puiser toute la force qu'elle avait en elle. La nuit allait être longue.

Margot mourut peu après trois heures du matin, entourée de Charlotte et Jo. Charlotte n'avait assisté qu'à une seule autre mort auparavant, celle de son minuscule bébé, dans une chambre d'hôpital aseptisée sous un éclairage violent – le moment le plus dévastateur de sa vie. En comparaison, la mort de Margot fut étrangement paisible, presque imperceptible, une sortie discrète à la lueur des bougies. Dehors, la nuit offrait un silence respectueux. Charlotte et Jo lui tenaient chacune une main. Il y avait eu des bribes de conversation où Margot redevenait lucide et leur répondait. Puis de longues périodes de paix où l'on entendait seulement le tic-tac du réveil et la respiration laborieuse de poumons fatigués. Charlotte lui avait brossé les cheveux, avait lavé son visage avec douceur et avait massé ses doigts desséchés avec de la crème. Des petits gestes de tendresse, qui disaient tous « Je suis là. Je vous suis reconnaissante de ce que vous avez fait pour moi. Vous allez me manquer ».

Jo avait téléphoné au service d'oncologie pour les informer. En consultant les dossiers, une infirmière lui avait appris que Margot était atteinte d'un cancer du sang, diagnostiqué au printemps, et qu'elle avait refusé la poursuite des traitements. Elle avait été reçue par un oncologue pour la dernière fois le vendredi précédent. Pendant cette consultation, il lui avait annoncé qu'elle entrait maintenant en phase terminale, que ce n'était plus qu'une question de temps. Dans ses notes, il précisait qu'elle s'était vu proposer une place en soins palliatifs, mais qu'elle avait refusé, préférant rester chez elle. Une larme avait roulé sur la joue de Charlotte en entendant le compte rendu de Jo. Évidemment que Margot avait refusé. « Mourir à l'hôpital avec des inconnus ? Hors de question. » Charlotte entendait sa voix inébranlable.

— Vendredi, c'était le jour du dîner de Rosa, dit-elle en réprimant un sanglot. Elle avait pourtant l'air si bien, si… fidèle à elle-même. Je croyais… j'ai pensé que…

Jo tendit le bras pour serrer sa main.

— C'est souvent comme ça. Je l'ai vu de nombreuses fois. Il arrive que l'annonce soit suivie d'une forme de joie, surtout après une longue période de souffrance. On peut trouver un soulagement à l'idée que l'agonie ait une fin.

Elles regardèrent la vieille femme qui gisait entre elles. La tristesse de Charlotte était presque insurmontable à l'idée que Margot ait appliqué son rouge à lèvres dans un geste héroïque pour masquer sa douleur. La force de caractère qu'elle avait dû mobiliser, sa détermination face à la maladie pour continuer seule… c'était extraordinaire.

— Il y a aussi cet étrange phénomène, peu de temps avant que la mort n'arrive, les patients ont droit à un répit, un jour ou deux où ils se sentent très bien. C'est le calme avant la tempête. La dernière accalmie. Peut-être était-ce le cas pour Margot. Peut-être que c'était sa dernière fête, et elle a pu en profiter.

— Oui, elle en a profité.

Des larmes picotèrent les yeux de Charlotte alors qu'elle songeait pour la millième fois à combien elle avait eu raison de suivre son instinct, ce sixième sens qui lui disait de passer prendre des nouvelles de sa voisine avant qu'il ne soit trop tard. Elle ne savait pas combien de temps Margot avait attendu sur le sol du salon avant qu'ils ne fassent irruption. Dire que s'ils n'étaient pas venus à temps, si au lieu de ça elle était allée chez Debbie avec Ned, Margot serait peut-être morte, par terre, seule. Cette pensée brisait le cœur de Charlotte.

Dans la mort, comme dans la vie, Margot avait fait preuve d'organisation et d'un grand sens du détail. Dès que Charlotte s'était mise en quête d'un répertoire pour contacter ses fils, elle avait trouvé une liste d'instructions rédigées dans une écriture tremblante, comprenant les numéros de téléphone de Michel et Henri, des instructions pour ses obsèques (crémation à Woodvale, et dispersion des centres à Auray, la ville bretonne qui l'avait vue grandir), ainsi que les coordonnées de son notaire et le nom de son médecin. Tout en bas de la page, elle avait inscrit « J'ai aimé ma vie », puis « MERCI », et ce fut ce mot, le fait que même au plus profond de la maladie et à la fin de son existence, alors que la lumière s'éteignait, Margot avait voulu revendiquer son credo avec cette dernière phrase si fière, qui fit que Charlotte l'en aima plus encore. « J'ai aimé ma vie. » Charlotte s'essuya les yeux, se préparant à passer un appel pour la France. *Oui, Margot, et votre vie vous l'a bien rendu.*

Quand la fin arriva et que Margot cessa de respirer, Jo prit son pouls, pour s'assurer qu'il avait cessé de battre, et nota l'heure du décès. Puis elle referma doucement les paupières de la vieille dame et téléphona au médecin. Charlotte, en larmes, posa sa tête sur la poitrine de Margot, comme un enfant en mal de réconfort. Elle pensait à tout ce que Margot avait fait pour elle – la confiance en elle qu'elle lui avait insufflée, la compagnie, leur goûter hebdomadaire, son sens de l'aventure. Margot lui avait rappelé toutes les belles choses de la vie qui méritaient d'être célébrées, et elle l'avait fait avec un panache inimitable. Puis elle songea aux fils de Margot, qui devaient être en route pour Brighton, mais arriveraient trop tard pour dire adieu à leur mère. Peut-être étaient-ils sur le ferry en cet instant même, le nez levé vers le ciel étoilé, traversant les eaux sombres en priant pour qu'elle soit toujours en vie à leur arrivée. *Je suis désolée*, leur dit-elle dans sa tête. *Au moins, elle n'était pas seule.*

Elle resta prostrée, un bras entourant le torse de Margot, jusqu'à ce que Jo revienne pour lui dire que le médecin viendrait au matin pour délivrer le certificat de décès, et qu'il était temps d'aller se reposer.

Elles tirèrent un drap sur le corps inerte de Margot, soufflèrent les bougies, et quittèrent l'appartement.

Charlotte s'attarda sur le palier.

— Au revoir, Margot, murmura-t-elle. Dormez bien.

# 25

« Je suis la résurrection et la vie, dit le Seigneur. » La voix du vicaire résonnait au-dessus des bancs et Georgie, tête baissée, serra la main de Charlotte à côté d'elle. « Celui qui croit en moi, même s'il meurt, vivra ; quiconque vit et croit en moi ne mourra jamais. »

On était lundi et les obsèques de Margot avaient lieu au crématorium de Lewes Road. Georgie n'avait pas assisté à beaucoup de funérailles, mais elle était certaine que le taux de participation à celles-ci battait des records – c'était le moins qu'on puisse dire. Les bancs étaient complets, pris d'assaut par des endeuillés éclectiques. Vieilles dames respectables aux cheveux gris et twin-sets, motards barbus, hippies en tenues colorées et colliers à perles, et… eh bien, non pas qu'elle soit en train de profiter de l'enterrement de sa voisine pour mater ou quoi que ce soit, mais Georgie était certaine d'avoir aperçu quelques « vendeurs chouchous » de Margot venus présenter leurs hommages.

Tout le monde aimait Margot, on ne pouvait plus en douter, et même si Georgie ne l'avait rencontrée qu'une seule fois, au dîner de Rosa, elle s'était immédiatement entichée de sa voisine, la classant dans la catégorie des nanas géniales. Elle était vive, drôle, et d'après ce qu'en disait Charlotte, menait un train de vie royal dans son appartement sous les toits. Cette femme avait tout compris. Dès qu'elle aurait fini de pleurer et d'être malheureuse comme les pierres, elle avait l'intention d'ériger Margot Favager en exemple à suivre. Est-ce qu'on aurait entendu Margot Favager se lamenter sur son sort parce que son petit ami l'avait quittée ? Certainement pas. L'aurait-on trouvée en train de contempler éternellement les photos de Simon, relire chaque message, réactualiser son profil Facebook bien trop de fois, et ne rien faire d'autre de ses journées ? Jamais. Même après si peu de temps passé en sa compagnie, Georgie était certaine que Margot aurait affronté le monde post-rupture avec dignité. Si seulement les choses étaient aussi simples.

Georgie n'avait toujours pas de nouvelles de Simon. Pas un mot. Cela faisait maintenant douze jours et douze nuits. Le silence radio résonnait à plein volume, en réponse à tous les messages d'excuses qu'elle avait envoyés. Amelia l'avait aperçu, semblait-il, avec « une sale tête » alors qu'il promenait le labrador noir de ses parents au village. C'était la seule information qu'elle avait pu obtenir de ses espionnes à Stonefield. Soit il se planquait chez ses parents, bien au chaud et dorloté, soit il passait son temps ailleurs, ayant déjà décroché un super nouveau boulot et complètement oublié son existence.

Aucun de ces deux scénarios ne lui apportait un grand réconfort.

Malheureusement, elle ne pouvait pas envoyer ses meilleures amies en mission plus approfondie d'espionnage – pour se cacher dans les buissons avec des jumelles, ou jeter un coup d'œil à travers la fenêtre qui donnait sur la rue, ce genre d'activités inoffensives – parce qu'elles avaient toutes les deux beaucoup à gérer également. La grand-mère adorée de Jade venait de mourir, et toute la famille était dévastée. Du côté d'Amelia, l'abominable Chloe avait effrontément dragué Jason, son fiancé.

— Je te jure ! Elle l'a pris par la main et elle l'a attiré au fond du pub pour essayer de l'embrasser, s'était indignée Amelia au téléphone. Tu imagines le culot de la meuf ? La garce. Qu'elle ne s'avise pas de recroiser mon chemin, je te préviens. En tout cas si elle veut survivre jusqu'à Noël.

Georgie se sentait plus exclue que jamais, loin de ses amies alors qu'elles traversaient toutes une crise monumentale. Si elle avait pu, elle serait allée présenter ses condoléances à la famille de Jade, qu'elle connaissait depuis ses quatre ans. Elle aurait dû être là pour défendre Amelia dans cette débâcle avec Chloe, à grand renfort de poupées vaudou et de soirées passées à insulter l'ignoble fautive autour d'une bouteille de vin – ou trois. Quant à Georgie elle-même, ses deux amies auraient été des piliers pour la soutenir dans le traumatisme du célibat. Même si cela ne manquait pas d'amener une question : se serait-elle retrouvée dans cette situation si elle n'avait jamais quitté Stonefield ?

Mieux valait ne pas trop y penser.

Elle avait songé plusieurs fois à ravaler sa fierté et à remonter dans le Yorkshire pour essayer d'arranger les choses. Mais Simon serait probablement contrarié de la voir le suivre encore et… oh, elle ne savait plus quoi penser. Parce que, dans le fond, elle voulait le suivre et elle voulait rester avec lui. Est-ce que ça faisait d'elle une personne terriblement faible, incapable d'avancer seule sans son copain ? Ou simplement une femme qui refusait de renoncer à l'amour ?

Le fils de Margot prit la parole. Il avait des yeux bleus perçants, un nez aquilin et des cheveux bruns qui lui arrivaient presque aux épaules. Sans compter qu'il parlait anglais avec un accent français délicieusement sexy. Non pas qu'elle ait des vues sur le fils endeuillé d'une femme qu'on enterrait, bien sûr.

— Ma mère adorait vivre ici. Avec mon frère, on lui demandait sans cesse de rentrer. On voulait qu'elle revienne vivre avec nous. Mais elle nous répondait : « Et quitter l'Angleterre ? Jamais. Je reste, c'est ici chez moi. Tous mes amis sont là, et je suis heureuse. » Alors je voudrais vous remercier tous, ses très nombreux amis. De la part de sa famille, merci. Vous lui avez offert une belle vie, jusqu'au bout. Elle s'est sentie aimée. Et nous, sa famille, nous sommes… (il chercha ses mots, plissant le front) … nous vous sommes reconnaissants pour tout. Pour l'avoir accueillie à bras ouverts, l'avoir aimée, et avoir fait d'elle votre amie.

Charlotte pleurait à côté d'elle. Georgie avait la larme à l'œil, pour cette merveilleuse Margot, son fils au nez aquilin, et aussi, pour être honnête, parce que sa propre vie l'attristait. Si elle mourait demain,

Simon viendrait-il à son enterrement ? Y aurait-il même quelqu'un ? On ne pourrait pas compter sur la présence de Viv, puisque Georgie était allée la voir au journal la semaine passée pour lui avouer qu'elle ne pouvait pas écrire l'article sur la soirée *speed dating*. La rédactrice en chef lui avait fait la tête pendant deux jours, avant de consentir à ce que Georgie écrive un texte sur « Les femmes fortes de Brighton », avec pour exemple le restaurant clandestin de Rosa.

Les premières notes du requiem de Mozart résonnèrent, marquant la fin du service, et l'assemblée se leva. Partout, les gens essuyaient leurs larmes, se mouchaient, s'étreignaient. Si Georgie devait retenir quelque chose de cette journée, c'était que Margot avait été une femme passionnée, libre d'esprit, qui avait toujours suivi son cœur.

En cas de doute, le café est toujours la bonne réponse. De préférence avec vue sur une plage magnifique, servi par quelqu'un d'autre, et – bon, allez – accompagné d'un énorme petit déjeuner bien gras. Georgie s'était installée au café de Ned pour y trouver réconfort et subsistance, ainsi qu'un rappel qu'il restait des choses à savourer dans la vie. Ce n'est qu'en approchant du comptoir et en apercevant les taches de rousseur de Shamira, la serveuse, qu'elle se souvint de son premier courrier du cœur, et de la personne qui en était à l'origine.

— Salut, dit-elle, soudain gênée.

Elle aurait probablement dû revenir plus tôt, ne serait-ce que pour s'assurer que Shamira ne lui en voulait pas de la réponse insolente d'Em.

— Comment tu vas ? Qu'est-ce que ça a donné avec… (elle avait oublié son prénom) … le mec, et ta sœur ?

Préparant son café, Shamira répondit avec un sourire un peu niais.

John ? Ça se passe très bien. Je suis follement heureuse. On l'est tous les deux.

Georgie n'en revenait pas.

— Attends, alors… ?

« Alors tu as ignoré mes conseils où je te disais de faire passer ta sœur en premier ? » voulait-elle lui dire sans parvenir à le formuler de manière polie.

— … alors tu as décidé de sauter le pas, avec lui ?

— Oui, c'est l'amour de ma vie. Je l'ai toujours pensé. Et ma sœur… elle comprend.

— Sérieux ?

Ça, c'était un choc. Quelle femme serait si compréhensive ?

— Alors… tout s'est arrangé ?

Elle ne se remettait pas de sa surprise. Et ne pouvait s'empêcher de ressentir une pointe de déception à l'idée que la jeune femme ait complètement ignoré son conseil, mais se retrouve à vivre un conte de fées. Elle se sentait un peu stupide, pour être honnête. Et inutile.

— Apparemment, ça faisait un moment qu'elle savait que plein de choses ne collaient pas entre eux, expliqua allègrement Shamira par-dessus le sifflement du mousseur à lait. Elle pense qu'on est bien plus complémentaires. On a eu une grande discussion toutes les deux… et tout va bien.

— Ah ! O.K. Je veux dire… top. C'est génial. Je suis… contente pour toi.

Y avait-il une seule chose qu'elle était capable de faire correctement ? se demanda-t-elle en s'asseyant, déprimée par le visage rayonnant de la serveuse. Rien qu'une chose ?

— Du coup, apparemment, elle est partie comme une voleuse. Bon débarras, Chloe Phillips, voilà ce que j'en dis. Ne t'avise pas de remettre les pieds ici !

Malgré son ton victorieux et les quatre cents kilomètres qui les séparaient, Georgie savait que sa meilleure amie était profondément blessée de cette trahison de la part d'une femme qu'elle considérait comme une amie. Elle se souvenait du regard adorateur d'Amelia au pub : le coup de cœur était indéniable. C'était toujours pire d'être déçue par quelqu'un qu'on admirait.

— Quelle garce, approuva Georgie avec loyauté. Au fait, son mec est parti aussi ? La maison est vide maintenant ?

Elle portait toujours sa robe noire de l'enterrement, mais avait arraché l'édredon au lit pour s'y emmitoufler sur le canapé, en compagnie d'une bouteille de vin rouge, de trois gros œufs au chocolat et des DVDs de ses comédies romantiques préférées. Elle mit le film en pause pour se concentrer. Si leur maison était de nouveau libre, rien n'empêchait Simon d'y emménager sans elle, et elle eut un pincement au cœur en l'imaginant là-bas, seul sur leur sofa. Dans leur lit si douillet. Un seul verre, une seule assiette, un couteau et une fourchette dans l'évier de la cuisine où il mangerait seul. C'était tellement étrange. Inconcevable. Et s'il en venait à aimer la vie de célibataire, après toutes ces années en couple ? Et s'il faisait changer les verrous pour que Georgie ne puisse plus rentrer ?

— Daz ? Non, il est toujours là, avec une tête de déterré, répondit Amelia. Entre lui et Simon, le village est colonisé par les dépressifs en ce moment.

Le cœur de Georgie se serra.

— Tu l'as revu ?

— Oui, il était au pub hier soir. Il n'est pas resté longtemps. Je l'ai entendu dire à Jason qu'il voulait rester frais pour un entretien d'embauche le lendemain. À Harrogate, je crois.

— Ah.

Perturbée par cette nouvelle, Georgie prit une si grande gorgée de vin qu'elle en renversa sur l'édredon. Un entretien d'embauche. À Harrogate. Voilà, il continuait joyeusement sa vie sans elle. C'était tellement plus dévastateur de l'apprendre de la bouche d'une autre. À une époque, elle aurait été la première au courant ; ils se seraient peut-être même entraînés aux questions d'entretien la veille, elle l'aurait aidé à choisir la bonne cravate et lui aurait souhaité bonne chance. Elle aurait croisé les doigts toute la journée pour lui, mourant d'envie de lui envoyer un message pour savoir comment ça s'était passé. Mais dans cette étrange nouvelle réalité, Simon faisait toutes ces choses seul. Il n'avait pas besoin d'elle pour croiser les doigts ni pour choisir sa cravate.

— Purée, dit-elle mollement.

— Oui, je sais. Voilà, c'était les dernières nouvelles de la gazette de Stonefield. Comment tu te sens, Georgie ? Est-ce que ça va aller ?

Sa gorge était si nouée que, pendant un moment, elle ne fut plus capable de parler.

— Il me manque, parvint-elle à articuler. Je n'arrive pas à me faire à son absence. Je voudrais me rattraper, mais je ne sais pas comment faire. Il était tellement en colère quand il est parti, j'ai l'impression qu'il... (elle avala la boule au fond de sa gorge) ... qu'il n'en a plus rien à faire de moi. C'est horrible.

— Oh, ma douce.

La compassion d'Amelia était si sincère et chaleureuse que les larmes lui revinrent. (Elle commençait à croire qu'il y avait un sérieux problème avec son canal lacrymal, clairement, le bouton off ne fonctionnait plus.)

— Écoute, je vais te dire ce qu'il te faut.

— Ah oui ? Quoi ?

— Tu as besoin de tes amies. Une vraie sortie entre filles. Tu as prévu quoi ce week-end ? Il serait temps que je descende te voir. Je vais demander à Jade si elle est dispo aussi. Ça te dirait, un peu de compagnie ?

Georgie déglutit, plus reconnaissante que jamais.

— Oui... ce serait vraiment bien.

# 26

Cher David Chandler,
Félicitations ! Vous avez été sélectionné pour rejoindre notre prestigieuse Association des Branleurs Professionnels. Vos talents de dragueur invétéré, de baratineur, et plus généralement de goujat font de vous un candidat idéal pour rejoindre notre confrérie. Et cette pauvre Ann-Marie n'en a pas la moindre idée, n'est-ce pas ? Excellent boulot, ce que vous faites là, camarade branleur. Bienvenue parmi nous !
Voici notre fonctionnement. Nous savons que vous êtes un type pudique qui rechigne à se targuer de ses multiples conquêtes, liaison, et - parlons franchement - coups d'un soir. Oui, David, nous le savons ! Mais nul besoin de se cacher d'être un branleur. Hors de question ! Ainsi, nous espérons que vous nous laisserez faire de la lèche - excusez le jeu de mots. Nous allons prendre contact avec vos collègues, votre employeur, et - bien sûr ! - votre épouse, pour les informer de vos performances incomparables de branleur. Oh oui, et

vous voyez cet immense panneau publicitaire face à vos bureaux, en pleine vue sur le rond-point de Old Street ? Comptez sur nous pour y placarder une annonce rien que pour vous – une affiche géante avec votre photo et la liste détaillée de vos exploits de branleur. Après tout, quel meilleur moyen de célébrer nos membres ? (Façon de parler. Nous savons combien vous faites plaisir au vôtre !)
Non seulement ça, David, mais nous avons également effectué quelques recherches dans votre village.
Un agriculteur du coin est prêt à nous louer son champ pour y installer un panneau géant, là aussi, montrant à tous vos voisins quel branleur vous avez été récemment.
Ne nous remerciez pas ! Entre branleurs professionnels, nous devons nous serrer les coudes.
Nous supposons que vous ne voyez pas d'inconvénient à ce que nous procédions ainsi ? Ne faites pas le timide ! À cette fin, vous trouverez en pièce jointe une proposition d'affiche – assez tape-à-l'œil, vous en conviendrez. Nul doute que vos collègues et voisins ne parleront que de ça, une fois vos talents de branleur reconnus !
Cependant, dans un esprit de solidarité confraternelle, si pour une raison quelconque vous ne souhaitiez pas que nous lancions ces festivités au programme de l'Association des Branleurs Professionnels, aucun problème. C'est comme vous voulez, mon pote ! Tout ce que vous avez à faire, c'est de cesser d'être un branleur. C'est si simple ! Vraiment, c'est tout. Arrêtez de tromper votre épouse, de mener une double vie, de coucher avec d'autres femmes et de leur mentir… Vous voyez où nous voulons en venir. Oh, et avec ce troisième bébé en route – félicitations d'ailleurs, mec ! –, vous allez probablement « démissionner » de ce « poste » fictif qui vous oblige à « voyager » si souvent en semaine, n'est-ce pas ?

Histoire de passer un peu plus de temps à la maison avec votre femme et vos enfants. On se comprend.
En attendant, nous allons garder un œil sur vous, David, pour voir quelle décision vous allez prendre.
À plus !
Bien à vous,
Le comité de direction de l'Association des Branleurs.

PS : Au cas où. Puisque vous semblez tant aimer les femmes (ahh, sacré charmeur !), que diriez-vous de sortir votre portefeuille pour le prouver, en faisant un don au projet de Maison des Femmes de Brighton ? Histoire de prouver quel homme vous êtes, hein ? Vous trouverez les détails en cliquant sur ce lien.

— On envoie ? demanda Gareth, un doigt planant au-dessus de la souris.

— Absolument, répondit Rosa avec un grand sourire.

Gareth cliqua sur le bouton d'un geste dramatique. Une phrase apparut en haut de l'écran. « Message envoyé ». Les deux complices se topèrent la main joyeusement, et Rosa éclata de rire en imaginant la tête de son ex quand il lirait le mail accablant. « On te surveille. On sait qui tu es. On te tient à l'œil. »

Ha ! La vengeance était savoureuse. La dignité dans la tristesse, les larmes pour exorciser la douleur… tout ça, c'était surfait. Il n'y avait rien de plus satisfaisant pour se remettre d'une trahison que prendre sa revanche.

— Tu es un génie, dit-elle à son complice.

Il leva son verre en réponse. Elle se carra dans le canapé, et soupira.

— C'est fou comme ça fait du bien.

C'était la seconde « réunion de la Vengeance » – la première ayant eu lieu au Regency Arms, où ils avaient passé en revue une série d'idées avant d'élire celle de l'Association des Branleurs. Puis Gareth était rentré chez lui et avait fait tout le gros du boulot, codant un site dédié avec son propre logo, adresse mail, de sorte que si Max/David ose cliquer sur le lien, il comprenne rapidement que la menace était réelle. Ce soir, Rosa avait cuisiné une plâtrée de spaghetti carbonara, débouché du sauvignon et ils avaient concocté leur mail assassin.

— Ravi de me rendre utile, dit-il en remplissant encore leurs verres.

Quand il se pencha, elle sentit les effluves d'un parfum boisé agréable. Il portait une chemise bordeaux élégante fraîchement repassée. Avait-il prévu d'aller ailleurs ensuite ?

— Trinquons à David et à la frousse de sa vie, ajouta-t-il en glissant un verre dans sa direction.

— Oh oui.

Loin d'être le pire être humain au monde qu'avait décrit Bea, Gareth faisait indubitablement partie du club des types bien. Père et fille s'étaient réconciliés et s'entendaient beaucoup mieux. Bea passait maintenant deux nuits par semaine chez lui, et ils s'échangeaient des recommandations de musique et de films de zombies bizarres avec grand enthousiasme. Ils avaient même prévu d'assister ensemble au concert d'un groupe d'illustres inconnus.

Un silence étrange s'installa. Maintenant qu'ils avaient accompli l'objectif de la soirée, Rosa ne savait plus trop quoi dire.

— Est-ce que je peux te donner un peu d'argent, pour ton temps ? demanda-t-elle d'un coup. Ça a dû te prendre des heures de monter tout un site.

— Non, pas la peine, dit-il, étonné.

Il y avait chez lui une sincérité touchante, et une douceur dans ses yeux marron.

— Tu as cuisiné ce soir, c'est amplement suffisant. D'ailleurs, pour être honnête, je me suis bien amusé. Un type qui te fait une crasse pareille mérite une punition à la hauteur. Ça fait du bien de rendre un peu justice. Les vrais hommes ne traitent pas les gens comme ça.

— Et tu es un « vrai homme », je suppose ?

Elle avait voulu plaisanter, mais une fois prononcés, les mots lui semblèrent surtout niais, comme si elle essayait de le draguer avec lourdeur.

— Oui ! Jamais je ne ferais un coup pareil à une femme. Jamais je ne *te* ferais un coup pareil.

Il commençait à se faire tard et Rosa se sentait flotter d'ivresse, mais il y avait quelque chose dans le ton de Gareth, sa sincérité, qui la sortit brutalement de sa torpeur. Il n'était pas en train de flirter avec elle, si ? La chemise repassée, le parfum… elle balaya aussitôt cette pensée. Non, certainement pas.

— Mhhh. Eh bien, je pense qu'on peut effectivement dire que la plupart des gens ne s'inventent pas une double vie. À moins que je n'aie largement sous-estimé le reste de l'espèce humaine.

— Non, je veux dire…

Il semblait aussi ivre qu'elle, le rouge lui était monté aux joues et sa voix traînait. Il passa une main dans ses cheveux bruns pour dégager son front.

— Non, je veux dire que, moi, je ne te traiterais jamais comme ça. Si on était ensemble.

— Ah. Hypothétiquement. D'accord.

Ce bon vieux « hypothétiquement » et ses avantages de mise à distance – même s'il était relativement difficile de prononcer toutes ses syllabes dans l'ordre, éméchée comme elle l'était.

— Je ne voulais pas dire hypotequ–hypotetement…

Malgré son articulation défectueuse, Gareth ne la laissait pas s'en sortir aussi facilement.

— Je ne voulais pas dire en théorie, dit-il en levant les yeux au ciel. Je voulais dire si. on. était. ensemble.

Ah. Il était vraiment en train de flirter avec elle. Sauf que Rosa ne savait absolument pas quoi en penser. Et Jo ? Et Bea ?

— Écoute, dit-elle en s'efforçant de formuler une pensée cohérente. Peut-être que ce n'est pas une conversation à avoir quand on est tous les deux torch…

Mais avant qu'elle ne puisse finir sa phrase, il l'embrassait avec une maladresse qui devait beaucoup au vin. En fait, malgré la maladresse, c'était un très bon baiser. Il l'enlaçait maintenant, et elle se sentait toute fébrile…

— … torchés, finit-elle quand il la relâcha pour respirer.

— Ça fait longtemps que j'en ai envie, dit-il d'une voix rauque. Torché ou pas.

— Oh.

Elle se sentait à la fois indécise, surprise et gênée. Une partie d'elle voulait voir où les mènerait ce baiser. Il était séduisant, après tout, et elle l'appréciait beaucoup. Mais une autre partie d'elle – la plus sobre des deux – la retenait. Parce que c'était Gareth ! L'ex-mari de sa voisine ! Et ça pourrait s'avérer une idée catastrophique.

— Le truc c'est que…, commença-t-elle et reculant pour chercher ses mots.

Il eut un petit rire triste.

— T'en fais pas. Tu n'as pas besoin de le dire. On reste amis, d'accord ? Désolé. Je n'aurais pas dû faire ça. Je n'ai pas pu m'en empêcher. C'est juste que tu es une femme incroyable. Pardon d'avoir dépassé les bornes.

— Aucun problème.

Elle se sentait mal, maintenant. Le pire, c'était qu'elle avait apprécié ce baiser, mais elle n'avait jamais vu Gareth sous un jour romantique avant ça. Elle avait été prise de court. Sans compter qu'elle n'en était pas à sa première erreur avec le mari d'une autre.

— Hum…

— Je ferais mieux d'y aller, reprit-il en se levant d'un bond sans la regarder.

Elle l'avait mis dans l'embarras. À moins qu'il ne s'y soit mis lui-même. Ou les deux.

— Si tu en es sûr… mais merci pour tout. Pour le plan de vengeance. Il était génial.

— Pas de souci.

Il enfila sa veste, toujours en évitant son regard. L'euphorie de leurs efforts conjugués, les rires, le triomphe : tout avait disparu, refroidi en un instant.

— Il faut absolument que tu viennes au prochain dîner clandestin, si tu es libre, lança-t-elle.

D'un coup, elle ne pouvait plus s'empêcher de bavarder, raconter n'importe quoi pour remplir les silences gênants.

— Je vais faire un thème français cette fois, en hommage à Margot, alors…

— Je crois que je suis déjà pris ce soir-là.

Elle n'avait pas encore précisé la date. Ça lui disait tout ce qu'elle avait besoin de savoir.

***

— Ça va ? Tu es moins bavarde que d'habitude.

Rosa prenait une courte pause-café derrière l'hôtel pendant que Natalya fumait une de ses abominables cigarettes russes.

Rosa posa une main en visière sur son front et grimaça. En ce 1er juin, le soleil était douloureusement aveuglant.

— Migraine, expliqua-t-elle. Gueule de bois. Trop de vin hier soir.

— Ahh. Tu devrais essayer la vodka la prochaine fois. C'est mieux. Ça fait moins mal à la tête.

Rosa sourit faiblement.

— Je garde ça en mémoire pour la prochaine fois.

S'il y avait un jour une prochaine fois avec Gareth, bien sûr. Vu comme il avait pris ses jambes à son cou quand elle l'avait rembarré, elle ne s'y attendait pas trop. Adossée contre le mur en brique, elle se brûla la langue avec une gorgée de café. Elle était fatiguée de penser encore à lui et de rejouer dans sa tête cette conversation gênante.

— Natalya, tu as déjà été amoureuse ?

— Amoureuse ? répéta-t-elle lentement, comme si elle savourait ce mot. Oui, j'ai déjà été amoureuse, confirma-t-elle avec un air enfantin.

Rosa ne savait pas ce qui l'étonnait le plus – le fait que Natalya sourie ou les mots qui sortaient de sa bouche.

— Comment tu t'en es rendu compte ?

La question lui trottait dans la tête depuis que Gareth l'avait embrassée. Elle avait si peur de reproduire son erreur en s'entichant du mauvais homme qu'elle ne se fiait plus à son instinct.

— Je veux dire, tu l'as su tout de suite ou est-ce qu'il t'a fallu un moment pour t'en apercevoir ?

— Il était très beau.

Natalya tira longuement sur sa cigarette, et en souffla un panache nauséabond.

— Très musclé, dit-elle en contractant son propre biceps. Sexy. Visage dur, tu vois ? Je le trouvais bien.

*OK. Du désir, donc*, pensa Rosa. Ce n'était pas la même chose, mais tant pis.

— L'amour, ça vient lentement, poursuivit la jeune femme. Au début, je le trouvais énervant. Et puis, un jour…

D'un coup, tout son visage s'anima et, derrière la grise mine et l'uniforme peu flatteur de la commis de cuisine, Rosa décela une Natalya plus jeune, plus douce, celle qui était tombée amoureuse.

— Un soir, c'était le Jour de la Victoire, en mai l'an dernier, on regardait les feux d'artifice, en Russie. Le ciel était noir, il faisait froid, on était au milieu de tous ces gens et je sentais son corps contre le mien. On avait des gros manteaux, des bonnets. Il se moquait du mien, et on riait, et j'ai senti…

Le sourire pudique revint.

— J'ai senti une chaleur en moi qui n'avait rien à voir avec le manteau ou le bonnet. Je voulais rire pour toujours à côté de lui, sous le ciel noir et les feux d'artifice. C'était le meilleur moment de ma vie.

C'était le plus long discours qu'elle avait jamais tenu devant Rosa, et son expression s'était adoucie au fil de ses souvenirs.

— Là, je me suis dit que je l'aimais. J'étais surprise, c'était si soudain et si clair dans ma tête. Je l'aime. C'est comme ça que j'ai su.

— Oh, Natalya.

Rosa était touchée par son histoire. Elle imaginait la foule rassemblée pour le feu d'artifice, l'odeur de la poudre, les nuées de fumée dans le ciel obscur. Natalya et son prétendant séduisant emmitouflés, ensemble. Elle osa à peine poser la question suivante.

— Qu'est-ce qui s'est passé ?

Natalya tira une dernière fois sur sa cigarette, puis l'écrasa vivement contre le mur. Des étincelles orange tombèrent au sol.

— Il est parti, dit-elle avec indifférence. Il a disparu. Il avait des ennemis – politiques, tu vois le genre. Il a parlé alors qu'il n'aurait pas dû. Et un jour… disparu. Je ne sais pas où. Alors maintenant, je n'aime plus. Je travaille ici. Je l'oublie, conclut-elle d'un air dur.

Rosa regretta d'avoir posé la question. Elle avait l'impression d'avoir soulevé un rocher et découvert toute la douleur et les secrets de Natalya, terrés en dessous. Elle tendit une main pour toucher le bras de la jeune femme, par compassion, mais Natalya rentrait déjà.

— Allez, au boulot, marmonna-t-elle en tapotant sa montre. C'est l'heure.

Le dîner clandestin à thématique française remporta un franc succès et fut suivi d'un menu estival pour le vendredi suivant. Ces repas étaient devenus le moment préféré dans la semaine de Rosa, et depuis que Georgie avait rédigé une critique dithyrambique dans le *Brighton Rocks*, elle affichait complet chaque semaine, avec une liste d'attente sous le coude.

— Tu devrais inviter des blogueuses culinaires, lui conseilla Georgie. Oh, et il y a même une appli pour les restaus clandestins, maintenant – tu devrais t'y mettre. Je parie que Gareth pourrait te filer un coup de main, c'est un geek, non ?

Rosa doutait qu'il se porte volontaire pour quoi que ce soit, après le désastre de leur baiser. Elle lui avait envoyé deux messages pour l'inviter, mais il avait poliment répondu chaque fois qu'il n'était pas libre, et elle en était restée là.

— Je vais peut-être même devoir élargir à deux soirs par semaine, si j'arrive à me débrouiller avec mon planning à l'hôtel.

Elle essayait de ne pas trop s'emballer, mais c'était ainsi qu'on montait une entreprise, non ? Un article inattendu dans un magazine, le bouche-à-oreille, les clients fidèles… ça pourrait vraiment mener à quelque chose. Bea s'était proposée pour imprimer les menus, et Natalya aidait à faire le service, ravie de pouvoir gagner quelques sous sans que personne ne lui balance des ustensiles à la figure. Rosa pensait déjà aux semaines à venir et à ce qu'elle pourrait cuisiner : marocain, mexicain, italien… peut-être même un menu brésilien, pour le lancement des J.O. Et un barbecue pour l'été… les possibilités étaient infinies.

— Tu devrais augmenter tes prix, avait conseillé Ned la semaine passée. Quinze livres par tête… est-ce que tu amortis tes dépenses avec ça ? Tu pourrais clairement te permettre de monter à vingt. J'ai vu des restaus clandestins qui faisaient payer vingt-cinq livres par personne, et ça reste correct pour un repas entrée-plat-dessert fantastique.

Rosa n'aimait pas l'idée d'augmenter ses prix si tôt. Elle espérait d'abord consolider sa clientèle et établir son entreprise, avant de passer en mode businesswoman et de songer à gagner de l'argent. Sans compter que, pour l'instant, c'était un pur plaisir d'avoir du monde à sa table, de cuisiner, de savourer la nouveauté, de voir ses plats dévorés avec appétit… L'argent semblait presque superflu. *Des moments de joie*, pensa-t-elle. La vie en semblait faite, ces jours-ci.

Cette semaine, Ned et Charlotte étaient là, comme toujours, avec Georgie et son amie du Yorkshire, Amelia, ainsi que dix parfaits inconnus. Plutôt timides au début, comme souvent, ces derniers s'étaient animés une fois que le vin avait coulé. Jo n'avait pas pu venir pour cause de rencart, et Bea non plus, qui, pour une fois, dormait chez une copine – deux événements hautement prometteurs.

Il avait fait chaud toute la semaine, aussi Rosa avait-elle concocté un menu léger et estival. Une sélection de salades pour l'entrée (dont une délicieuse au saumon fumé), suivie d'un riz pilaf au safran et au poulet, avec une alternative végane. Pour finir, elle servirait à chacun un soufflé individuel au citron vert et au mascarpone qui lui avait demandé un certain nombre d'essais pour le parfaire, et qui avait un délicieux parfum acidulé de « revenez-y ». Elle comptait se tenir à l'écart de tout verre d'alcool tant qu'elle n'aurait pas nourri ses quinze bouches affamées, après quoi elle se récompenserait d'un très grand verre de vin, et pourrait enfin se poser.

La soirée avait si bien commencé. Deux invités découvrirent qu'ils se connaissaient déjà, et la conversation fusa dès le début, dans une entente générale. C'était aussi un avantage des dîners clandestins – le nombre de personnes qu'elle rencontrait. Rosa ne se sentait plus seule dans la ville, elle s'était intégrée au cœur de la scène sociale – depuis son propre salon. Elle avait l'impression d'être à nouveau quelqu'un, d'avoir trouvé sa place au sein d'une communauté. *Dîner chez Rosa,* imaginait-elle lire sur son site. *Entrez, vous êtes les bienvenus !*

Mais assez de rêvasseries pour aujourd'hui ! Elle avait un riz pilaf à servir, des pistaches à concasser et du persil à émincer, et une carafe d'eau à remplir. Elle était en train de disposer les plats sur la table au son d'un « ohhhh » collectif, quand on frappa sèchement à la porte. Une voix courroucée s'éleva.

— Bonsoir ? Vous m'entendez ?

Perplexe, Rosa s'essuya les mains sur un torchon, et se dépêcha d'aller ouvrir en se demandant si elle n'avait pas oublié de compter un invité. La personne qui toquait avait forcément une clé de l'entrée principale, mais la voix n'était ni celle de Bea ni celle de

Jo, et, à sa connaissance, l'appartement de Margot était toujours vacant.

— ROSA ! insista la voix impatiente alors qu'elle arrivait dans le couloir.

La voix – celle d'une femme, c'était certain à présent – lui était familière, et lui rappelait celle de sa mère qui criait en bas de l'escalier quand, ado, elle mettait sa musique trop fort.

Elle ouvrit la porte pour découvrir sa propriétaire, Angela Morrison-Hulme, en robe moulante noire et talons hauts, les bras croisés, et les lèvres fuchsia tordues dans une moue hostile.

— Oh.

Rosa déglutit, consciente qu'il ne s'agissait pas d'une visite de courtoisie. Consciente également – et bien trop tard – qu'elle aurait peut-être dû soumettre son idée de restaurant clandestin à la propriétaire avant de se lancer.

— Bonsoir, Angela, croassa-t-elle, rouge tomate. Comment allez-vous ?

— Comment vais-je ? Eh bien, naturellement je suis *enchantée* de découvrir que ma locataire a ouvert un restaurant dans ma résidence sans prendre la peine de m'en demander l'autorisation.

Oh non. Elle sifflait quasiment de fureur.

— Comment croyez-vous que je vais, en apprenant que vous entretenez une activité illégale sous mon toit ? Que vous servez de l'alcool sur ma propriété ?

— Je ne sers pas d'alcool, et ce n'est pas un restaurant. Ce n'est pas non plus illégal, protesta Rosa en vain.

— Vous ne pouvez pas continuer, je le crains.

Sa voix ne laissait pas place à la négociation.

— J'ai la générosité de ne pas venir avec un mandat d'expulsion, alors que vous êtes complètement en rupture de contrat. Quand je pense à l'accueil que je vous ai réservé, à tout ce que j'accomplis pour vous, les jeunes femmes de cette résidence. Et regardez ce que vous faites dans mon dos. Vous pensiez vraiment que je ne découvrirais pas le pot aux roses ? Vous me croyez si stupide ?

— Non, bien sûr que non, et ce n'est pas du tout comme ça que ça s'est passé, se défendit faiblement Rosa.

Mais elle aurait aussi bien pu parler toute seule. Derrière elle, les rires de ses invités résonnèrent, et Angela plissa les yeux.

— Ils vont devoir partir, décréta-t-elle. Tous. Dehors.

— Mais…

C'était ridicule, mais Rosa ne pouvait s'empêcher de penser au riz pilaf qu'elle venait de servir et au poulet qu'elle avait fait mariner dans du jus de citron et du yaourt avec tant d'amour, ainsi qu'à sa version végétarienne, parsemée de grains de grenade, comme autant de rubis rutilants. Elle ne savait pas ce qui était le plus insupportable – le gâchis de toute cette nourriture, ou l'humiliation de demander à ses invités de partir.

— Est-ce qu'on peut les laisser terminer de manger ? s'il vous plaît ?

Angela Morrison-Hulme n'aimait clairement pas qu'on lui tienne tête. Elle était d'une humeur massacrante qui ne souffrait pas de revenir sur ses mots ni de lâcher prise.

— Non, rétorqua-t-elle. Dehors. Faites-les partir maintenant, et considérez ceci comme un premier avertissement oral. Sans quoi, vous aussi, vous allez devoir partir. Vous avez de la chance que je ne vous demande pas de faire vos valises ce soir même, croyez-moi.

Natalya avait dû entendre le ton monter, parce qu'elle apparut dans le couloir, les joues roses.

— Qu'est-ce qui se passe ?

Rosa dut serrer très fort ses mains pour se retenir d'exploser en sanglots.

— C'est fini, annonça-t-elle d'une voix étranglée. Le restaurant clandestin. Tout le monde doit partir.

# 27

Charlotte prit appui sur la bêche pour admirer le trou qu'elle venait de creuser.

— Tu crois que c'est assez profond ? demanda-t-elle.

— C'est parfait, répondit son père en posant un seau de compost à ses pieds. Maintenant verse ça au fond. Voilà, c'est bien.

Il ponctua ses encouragements d'une tape dans le dos.

— On croirait que tu as fait ça toute ta vie, ma fille. C'est pas sorcier, tu vois.

Charlotte lui adressa un sourire en coin, tout en secouant le seau pour faire tomber les derniers amas de compost. Après avoir résisté si longtemps au projet de sa mère de planter un arbre sous prétexte qu'il était mièvre et cliché, elle avait finalement changé d'avis. Peut-être était-ce l'habitude nouvelle de sortir pour sa pause déjeuner quand il faisait beau, et de s'asseoir avec un sandwich sous les ormes majestueux des Victoria Gardens. Ou bien cette balade avec Ned et ses filles sur un chemin boisé de Withdean – le doux bruissement des feuillages, la lumière qui perçait à travers les branches, les arbres centenaires. Soudain, elle comprenait ce que sa mère lui avait rabâché. L'arbrisseau survivrait, solide, il évoluerait au fil des saisons et grandirait chaque année, lui apportant satisfaction et réconfort.

Alors, ravalant sa fierté, elle était revenue à Reading pour une journée et elle avait retrouvé ses parents à la jardinerie afin de choisir un arbre en hommage à Kate. Après quelques délibérations, elle s'était décidée pour un petit poirier qui donnerait de magnifiques fleurs blanches au printemps et, avec un peu de chance, une récolte de fruits chaque été, une fois qu'il serait bien enraciné. Reading était la ville qui avait vu naître et mourir Kate, et semblait l'endroit approprié pour y planter son arbre. Et d'un point de vue plus pragmatique, les parents de Charlotte n'avaient pas l'intention de déménager de sitôt. L'arbre serait choyé au jardin familial pour les années à venir, et elle pourrait en admirer la beauté à chaque visite.

— C'est parti, on plante ! décréta son père.

Saisissant le tronc de l'arbrisseau, Charlotte libéra la motte de son pot, déversant au passage une pluie de terre sur ses bottes. Son père lui montra comment détendre les racines avec ses doigts, avant de nicher l'arbre dans sa nouvelle maison. Puis ils le recouvrirent de terreau, tassèrent doucement le tout, et arrosèrent généreusement le jeune pied.

Sa mère passa un bras autour de Charlotte, et ils contemplèrent ensemble l'arbrisseau de Kate au milieu des rosiers, des camélias, des pieds-d'alouette qui s'élevaient non loin, et des premiers coquelicots délicats. Un oiseau gazouillait, perché sur le cerisier derrière eux. Un chat au pelage tiède se prélassait au soleil sur la terrasse. Un petit papillon blanc voletait entre les fleurs. Charlotte reporta son regard sur l'arbrisseau et l'imagina d'abord en fleur, puis les branches alourdies par des poires dorées. Cette pensée la remplit de joie, plus qu'elle ne l'aurait imaginé.

Sa mère lui pressa tendrement les épaules.

— Voilà. Je ne t'avais pas dit que ce serait un joli hommage ?

— Oui, maman. Tu avais raison.

Elle lui rendit son étreinte, prise d'un élan d'affection pour ses parents, et rit.

— Si seulement je t'avais écoutée dès le début, pas vrai ?

— Exactement, répondit sa mère en lui ébouriffant les cheveux comme si elle avait à nouveau huit ans. Allez, viens, on va boire une tasse de thé.

Cet apaisement accompagna Charlotte pour le reste de la journée, et pendant tout le trajet du retour à Brighton. Elle aimait l'idée de l'arbre de Kate déployant lentement ses racines, s'étirant dans la terre pour en absorber l'eau. Était-ce fantaisiste d'avouer qu'il lui évoquait son propre cheminement, ses racines qu'elle avait hésité à déployer, et son retour timide à la lumière du soleil ? Peut-être. Ses nouvelles racines, désormais plantées à Brighton, se renforçaient de jour en jour. Et la nuit aussi, pensa-t-elle avec un sourire en entrant dans la villa.

— Alors c'est sérieux, avec cet homme ? avait demandé sa mère autour d'un thé et de biscuits.

Son ton était léger, mais Charlotte sentait qu'elle dissimulait une inquiétude. Elle ne voulait pas lui confier que Ned avait passé la nuit chez elle pour la première fois la veille mais cela devait déjà être inscrit sur ses joues rouges. Nul besoin de le préciser à voix haute.

— Il me plaît, avait-elle avoué pudiquement.

— Et il a deux petites filles, tu dis ? Et ça va ?

Là encore, les questions de sa mère étaient posées avec nonchalance, néanmoins les trois cuillerées de sucre qu'elle avait ajoutées à son thé au lieu des deux habituelles trahissaient son appréhension.

— Maman, tout va bien. Il est super. Elles sont adorables. Vraiment, tout va bien.

Elle attrapa la pile de courrier sur la console de l'entrée de la villa et gravit l'escalier, mue par un regain d'énergie soudain. Ned et elle, ça allait mieux que « bien ». Il fallait la voir s'élancer sur les marches comme une gazelle ! C'était grâce à lui. Et l'écouter chanter sous la douche le matin, après l'avoir embrassé une dernière fois avant son départ ! Lui, aussi. Et l'étincelle dans ses yeux ? les chansons qu'elle fredonnait ? la joie en ébullition dans ses veines ? Lui, encore lui. Elle osait à peine faire tourner le mot dans sa tête, mais il revenait dans ses pensées toute la journée, lumineux, scintillant, plein de petits cœurs et de fleurs. L'amour. L'AMOUR. *L'amour.*

*Je t'aime*, s'imaginait-elle lui dire. *Je suis amoureuse.* Des mots qu'elle ne pensait pas dire à nouveau un jour, des émotions qu'elle ne s'attendait plus à ressentir et qui la grisaient par leur intensité. Si le deuil était un saut qui la prenait aux tripes, l'amour était le soulagement immédiat du parachute que l'on déplie : la sensation de flottement, l'impression de planer comme un oiseau dans le bleu du ciel, l'adrénaline qui se transformait en euphorie à couper le souffle. Elle ne savait pas si elle voulait un jour remettre les pieds sur terre.

La nuit passée avait été magique. Les filles étaient restées dormir chez leur tante avec leurs cousins, et sachant qu'elle aurait Ned pour elle toute la nuit, Charlotte avait rangé son appartement de fond en comble, changé les draps et placé une boîte de préservatifs dans le tiroir de sa table de chevet. (Scout avertie, elle aimait être toujours prête, même s'il n'existait pas de badge pour récompenser des compétences en matière de contraception.) Puis, après une douche, une épilation et une tartine de crème hydratante, elle avait enfilé ses plus beaux sous-vêtements et parfumé généreusement tout l'appartement. (À la suite de quoi, prise d'une toux, elle avait ouvert grand les fenêtres, de crainte que le pauvre Ned ne s'asphyxie au Red Roses de Jo Malone dès l'instant où il franchirait le seuil.)

Elle avait rejoint Ned au Regency Arms pour un verre juste au coin de la rue, puis ils étaient allés dîner chez Rosa – en tout cas, c'était le programme, jusqu'à ce qu'Angela ne débarque pour gâcher la fête. Pauvre Rosa ! La propriétaire avait quasiment craché du feu pour faire déguerpir les invités pendant que Rosa emballait précipitamment des parts à emporter dans du papier d'alu, remboursait la moitié du ticket d'entrée, et les forçait à reprendre leurs bouteilles entamées, avec force excuses et mains serrées.

— Nous sommes invités par Rosa, et c'est une soirée entre amis. Le bail n'interdit aucune de ces activités, avait protesté Charlotte avec bravoure.

Mais Angela n'avait rien voulu entendre et s'était plantée au beau milieu de la pièce jusqu'au départ de tous les convives. Bien sûr, Charlotte, Ned, Georgie et Amelia avaient attendu à l'étage du dessus comme des enfants après le couvre-feu, et s'étaient précipités chez Rosa pour lui offrir leur soutien une fois Angela partie. À eux cinq, ils avaient englouti les restes (y compris les quinze soufflés au citron vert) tout en descendant la propriétaire en flammes.

Charlotte et Ned avaient fini par remonter chez elle, et elle avait senti son appréhension grandir à chaque marche. Elle avait maladroitement ouvert la porte, et l'avait invité à entrer, le cœur battant. Ils étaient enfin seuls, avec la nuit devant eux. Allaient-ils passer à l'acte ? Se souviendrait-elle de comment l'on faisait ? Allait-il remarquer les vergetures, ou commenter son ventre gonflé par les soufflés au citron vert ? (Oh, pourquoi avait-il fallu que ce soir, de toutes les nuits, elle en mange autant ?) Toutes ces inquiétudes qui se précipitaient dans son esprit. Et il y aurait le matin – serait-elle capable de le regarder dans les yeux, allait-il prendre ses jambes à son cou ?

Mais avant qu'elle ne sombre complètement dans la panique, il l'avait enlacée et avait fait taire toutes ses questions dans un baiser. Tout le corps de Charlotte y avait répondu, telle la Belle au Bois dormant se réveillant d'un long sommeil.

À force d'appréhension, elle n'avait pas envisagé le plaisir que pourrait lui procurer l'expérience, ne se la représentant que comme un marasme d'humiliation. Quelle surprise, dès lors, de s'être elle-même débarrassée de ses vêtements avec abandon ! De découvrir que le désir était encore profondément ancré en elle, comme un printemps oublié qui remontait à la surface alors qu'elle soulevait le T-shirt de Ned et passait ses doigts sur son torse nu. Les sensations qui l'avaient secouée, les gémissements qu'elle avait poussés, la joie étourdissante qu'elle avait ressentie ensuite, nichée au creux de son bras.

*Quelle chaudasse, cette Charlotte,* se dit-elle, tout sourire à l'évocation du moment où elle avait lâché son sac à main et envoyé valser ses escarpins. Qui aurait pu imaginer une scène pareille ? Elle ne rêvait que de recommencer.

Le temps que la bouilloire se mette à siffler, elle parcourut le courrier qu'elle avait récupéré en bas : le nouveau catalogue Lakeland (dont le service client devait paniquer depuis qu'elle s'était calmée avec les achats de produits ménagers), une lettre de sa banque, et une enveloppe épaisse en papier écru qui lui était adressée à la main. Elle ouvrait cette dernière – provenant apparemment d'un cabinet de notaires de Brighton, Tavener, Smith & Lloyd, avec lequel elle n'avait aucun lien – quand son téléphone sonna. C'était Ned.

— Salut, comment tu vas ? répondit-elle d'un ton enjoué en lissant les pages de la lettre.

Peut-être était-ce une proposition de recrutement, songea-t-elle distraitement en regardant l'en-tête du cabinet.

— Ça va plutôt bien. Je suis d'humeur particulièrement excellente aujourd'hui. Je me demande bien pourquoi. Ah oui. Maintenant ça me revient. La nuit dernière.

Elle éclata de rire, et confia timidement :

— Moi aussi. J'y repensais justement. C'était vraiment…

Elle hésita, cherchant un mot assez fort pour traduire les émotions de la nuit. Rester allongée dans ses bras, à contempler le plafond, étourdie, éblouie, encore palpitante. Au réveil sentir son bras lourd autour d'elle, le délice du parfum de sa peau, se retourner pour admirer son visage endormi, et les pâles taches de rousseur sur ses épaules nues. Elle s'était tenue à distance depuis si longtemps, par crainte de cette intimité avec un autre humain, et il se retrouvait là, dans son lit, un miracle de beauté généreusement amené par la Déesse des Femmes Endeuillées. Le plus étonnant, c'était sa joie intense de l'avoir avec elle.

— … super. Vraiment vraiment super.

— Deux « vraiment » ? Ça me plaît. Comment était ta journée, au fait ? La plantation de l'arbre ?

— Étonnamment douce. C'était très réconfortant.

Elle versa l'eau bouillante sur le sachet de thé, se souvenant de la paix qu'elle avait ressentie dans le jardin de sa mère où les oiseaux chantaient sous le soleil.

— Je me demandais si je ne ferais pas quelque chose de similaire pour Margot. Maintenant que j'ai perdu ma virginité en matière de plantation d'arbres.

— On ne t'arrête plus ! C'est une très bonne idée. Quelque chose d'élégant, comme un saule. Ou un de ces magnifiques peupliers qui bordent les routes en France.

— Oui. Enfin, je ne vois pas où je vais pouvoir planter un arbre si grand, fit-elle remarquer en réalisant seulement les limites pratiques de son idée.

Elle voyait d'ici la fureur d'Angela si elle décidait de planter un arbre immense dans la minuscule cour à l'arrière de la villa.

— Je vais peut-être devoir me contenter d'un tournesol en pot, pour le moment.

Son regard tomba sur la lettre, et elle cligna des yeux plusieurs fois, avec une sensation de déjà-vu. Le nom de Margot y était imprimé. Quoi ? Peut-être pas un courrier de recrutement, alors.

— Allô ? Tu es toujours là ?

— Oui, oui, je…

Mais sa concentration était perturbée par chaque mot sur la page.

*Exécuteurs testamentaires…*

*Margot Favager…*

*Je suis dans le devoir de vous informer que…*

— Pardon, Ned, dit-elle en prenant conscience qu'il parlait toujours à son oreille. Je me suis laissé distraire par… oh purée.

— Qu'est-ce qu'il y a ? Tout va bien ?

*Ma cliente vous a fait un legs…*

— J'y crois pas !

— *Quoi* ?

Charlotte cligna des yeux plusieurs fois et relut les mots. Et les chiffres. *Oh, Margot,* pensa-t-elle les larmes aux yeux. *Sérieusement ? Il ne fallait pas !*

— Désolée, dit-elle en faisant de son mieux pour se ressaisir. C'est juste que… C'est incroyable en fait. Je viens d'apprendre que…

Elle hésita, gênée d'admettre qu'elle lisait son courrier en pleine conversation avec lui.

— Mais quoi ? Tu vas me le dire, enfin ?

— Margot m'a légué de l'argent.

Elle avait une boule dans la gorge, si grosse que les mots la franchissaient difficilement.

— Je viens de l'apprendre à l'instant. Elle m'a laissé de l'argent... « pour faire des folies » apparemment.

Un petit bruit lui échappa, à mi-chemin entre le rire et le sanglot.

— C'est à cause de ce que je lui disais toujours, expliqua-t-elle. Que je ferais bon usage des pièces qu'elle me donnait, et je voyais bien qu'elle me trouvait terriblement ennuyeuse, à être toujours raisonnable.

Le bruit revint. Un rire, décida-t-elle. Oui, c'était un rire, avec une pointe de larmes.

— C'est merveilleux de sa part, dit Ned, un sourire perceptible dans sa voix. De l'argent pour faire des folies... du Margot tout craché.

— N'est-ce pas ? Quel amour.

Charlotte n'arrêtait pas de regarder encore, et encore, le montant dont elle venait d'hériter. Dix mille livres sterling. Elle peinait à y croire. Mais déjà son esprit fomentait des manières « folles » de les dépenser – les vacances d'une vie, une razzia dans les boutiques préférées de Margot, une immense œuvre d'art, une paire de rollers juste pour le fun... *Oh, Margot,* songea-t-elle encore, dans un flot d'émotions. Quelle femme fabuleuse, même dans la mort, de lui ouvrir ainsi de nouvelles portes, et de la pousser à en franchir le seuil.

Si seulement elle pouvait la remercier une dernière fois, en personne !

Elle se força à reposer la lettre et reporta son attention sur Ned.

— Comment tu vas, sinon ? Quoi de neuf ?

— Figure-toi que c'est justement pour ça que j'appelais. Enfin, à part le fait que je pense à toi une seconde sur deux…

Elle sentit une chaleur l'envahir.

— *Seulement* une seconde sur deux ? Je suis déçue.

— J'essayais d'avoir l'air détaché, mais bon, O.K., je l'admets, chaque seconde de la journée. Par miracle, j'ai quand même réussi à penser à autre chose en même temps. J'ai eu une idée, en fait, et j'aurais bien aimé avoir ton avis.

— Vas-y, je t'écoute.

— Eh bien, je me disais…

# 28

— C'est génial, s'extasia Amelia, hilare, en faisant défiler la page sur l'écran. Elle va adorer. Je dis oui !

— Tu crois ? demanda Georgie, ravie. Je sais que c'est un peu tendu en ce moment, mais…

— J'en suis certaine. Tu rigoles, elle va être super contente. C'est du lourd, affirma Amelia en lui donna un coup de coude complice. Dis, tu crois que tu pourrais faire la même chose pour moi ? s'il te plaît ?

— Carrément !

Georgie rayonnait. La venue d'Amelia avait été salvatrice. Elles avaient passé le samedi à faire les boutiques en quête de cadeaux de mariage pour Jade et son fiancé – en théorie car, pour être honnêtes, elles s'étaient surtout acheté de nouveaux vêtements dans une boutique de North Laine avant d'engloutir un brunch gargantuesque. Ensuite Amelia avait insisté pour aller voir la jetée et tester tous les manèges.

— Je suis en vacances, fais-moi plaisir, avait-elle décrété en forçant Georgie à se glisser dans la file des montagnes russes.

Le samedi soir, elles étaient parties en quête de cocktails et avaient fini dans une boîte ambiance années soixante-dix, où on leur avait servi toutes sortes de décoctions aux couleurs criardes. Elles avaient ri et dansé comme à leurs dix-sept ans. Georgie s'était tant amusée que pendant un court moment, elle en avait presque oublié toute l'histoire avec Simon. Presque.

— C'est génial ici, avait balbutié Amelia, en chancelant à son bras sur le chemin du retour. Je comprends pourquoi tu aimes tant cette ville. Je suis carrément jalouse que tu vives ici pour de vrai.

— Oui, c'est sûr que c'est cool. Même si, sans Simon, je ne sais pas si…

Amelia avait aussitôt levé une main impérieuse.

— On ne parle pas de lui, tu te souviens ? Celui dont on ne doit pas prononcer le nom.

Georgie s'était appuyée contre un lampadaire, chancelant sur ses hauts talons.

— Je croyais que c'était Voldemort ?

— Lui non plus. Ils sont tous les deux bannis. Point final !

Le dimanche, Georgie s'était réveillée tôt et, à l'instant où elle avait ouvert les yeux, une idée de génie avait jailli comme un toast hors du grille-pain – le cadeau parfait pour le mariage de Jade. Rien que ça ! D'accord, elle avait déjà acheté un abat-jour mignon la veille, en se disant que ça ferait l'affaire, faute de mieux. Mais l'abat-jour, bien que très joli, n'était pas le genre de cadeau qui éblouirait les jeunes mariés. Pas le genre d'objet qu'on emporte en priorité si la maison prend feu – pour le dire en d'autres termes.

Son esprit avait dû faire mûrir le problème pendant qu'elle dormait d'un sommeil plombé par les cocktails parce qu'au réveil, il lui avait proposé une solution – ta-daa ! – alors qu'elle émergeait à peine. Ainsi, alors qu'Amelia dormait encore avec son masque rose de travers, Georgie était sortie de la chambre sur la pointe des pieds et s'était mise au travail. Elle avait ouvert un logiciel de mise en page et créé une maquette pour la *Gazette de Jade et Sam*, avec une grande photo du couple au centre et divers titres d'articles annoncés sur le côté. On n'était pas loin des faux journaux qu'elle fabriquait, enfant – *The Hemlington Road Gazette* et *The Stonefield Times* – avait-elle songé avec un sourire.

*Le mariage de l'année – vous saurez les détails !*

*La boîte de nuit de Ilkey Road – où leur histoire d'amour est née !*

*Qui est Molly ? Découvrez le border terrier adoré du couple !*

— Oui, c'est vraiment une super idée, commenta Amelia en regardant à nouveau l'écran, les cils encore lourds de pâtés de mascara. Jade va adorer. Du génie ! Du coup tu vas l'imprimer et l'encadrer ? Utiliser l'image pour une carte, un poster… ? Tu sais quoi, j'aimerais t'en commander pour mettre sur les tables pour le dîner de mon mariage, continua-t-elle sans attendre de réponse. Ça pourrait être drôle, comme lecture à donner aux invités en attendant les entrées, non ? Tu voudras bien en faire pour moi ? Je te paierais, évidemment.

— Tu es folle, je ne vais pas te faire payer. Bien sûr que je ferai ça pour toi. Mais oui, je pensais qu'un exemplaire encadré pourrait faire un beau cadeau pour Jade et Sam.

Son cerveau fourmillait d'idées. Des mugs. Des calendriers. Des dessous de verre. Il y avait probablement toute une palette de souvenirs de mariage qu'on pouvait décliner ainsi. Peut-être que ça avait un potentiel entrepreneurial !

— Merci, ma biche, dit Amelia avant de pousser un grognement. En attendant, tu n'aurais pas du Nurofen ? J'ai la gueule de bois… Est-ce qu'on a vraiment fait la chenille avec des divas du disco, hier soir ?

Quand les deux amies s'étreignirent une dernière fois avant de se séparer à la gare, Georgie eut sa deuxième idée de génie. Cette fois, c'était pour Simon. Plus de trois semaines avaient passé depuis qu'il avait quitté Brighton et elle n'avait toujours pas de nouvelles. Les messages qu'elle lui avait envoyés avaient commencé par des excuses, étaient devenus de plus en plus secs, pour finir franchement cruels. C'était là qu'elle avait supprimé son numéro, pour arrêter de le harceler sur le coup de la colère. Amelia n'avait rien de nouveau à lui apprendre, ne l'avait pas croisé au village, n'avait glané aucune rumeur au pub, rien. Comme si un mur de silence s'était érigé entre eux, de plus en plus grand et épais chaque jour. Comme s'ils n'avaient jamais formé un couple.

*Oh, et puis zut*, pensa Georgie en faisant signe à son amie qui s'éloignait. Il était temps de faire front, de dire ce qu'elle avait sur le cœur, et d'abattre cet horrible mur de silence. Et si Simon refusait de décrocher ou de répondre à ses SMS, elle tenterait une autre voie.

Pendant tout ce temps consacré à la *Gazette de Jade et Sam*, une petite voix plaintive lui répétait dans un coin de sa tête combien elle aurait aimé faire la même chose pour sa propre relation. Alors elle allait le faire. Ce serait son dernier élan romantique, une tentative ultime de sauver son couple et de se faire pardonner avant d'accepter la défaite et de renoncer à lui pour toujours.

— Le problème, c'est que je l'aime encore, avait-elle balbutié à Amelia alors qu'elles mangeaient des toasts à la confiture, de retour de soirée.

— Je sais, ma chérie, avait soupiré Amelia, le menton plein de beurre. Et je suis certaine qu'il t'aime aussi. Tu sais comment sont les hommes. Incapables de reconnaître qu'ils ont fait une erreur. Je suis sûre qu'il s'en veut.

Georgie, en revanche, n'aurait pas parié sur l'état d'esprit de Simon. Il pouvait tout aussi bien avoir tourné la page. Il pouvait avoir décroché ce poste à Harrogate, être tombé amoureux d'une autre, ou bien avoir décidé de tout plaquer pour recommencer sa vie à Hong Kong. Amelia avait beau dire le contraire, Georgie n'était peut-être plus que le cadet de ses soucis. Alors il était grand temps de se rappeler à lui. Lui montrer que sa passion pour le journalisme pouvait servir à autre chose qu'à nuire à leur relation, voire faire office de rameau d'olivier.

*La revue de Dukes Square*, tapa-t-elle sur la maquette à l'écran, une fois rentrée à l'appartement. Ça passait ? Est-ce que ça allait l'intéresser, ce qui se passait ici à Brighton ? Il n'avait pas vraiment donné l'impression que l'endroit lui manquait, pour l'instant.

*Le Journal de Georgie et Simon !* Mais à peine les mots dactylographiés, elle secoua la tête. Ça n'allait pas ; trop enjoué, trop présomptueux. Elle ne savait même pas s'il y avait encore un « Georgie et Simon ». Effaçant les lettres à nouveau, elle se creusa les méninges pour trouver les bons mots et capturer l'esprit qu'elle voulait insuffler à son initiative. Enfin, l'idée lui vint. Dans l'espace dédié au titre, elle inscrivit un mot unique : *Pardon*.

Les heures passèrent, interrompues par un appel de sa mère, un SMS d'Amelia qui était bien rentrée et la remerciait pour ce week-end génial, ainsi qu'une pause rapide pour des œufs brouillés sur une tranche de pain de mie quand elle se rendit compte qu'elle n'avait pas mangé depuis cinq heures et qu'elle avait l'estomac complètement noué. « Quitte à faire les choses, autant les faire bien », lui répétait souvent sa mère. Georgie était bien décidée à appliquer ce sermon à ses excuses et à y mettre les formes avec tout le soin dont elle était capable. Ainsi, pour le shooting de la photo en une, elle avait enfilé le haut bleu clair préféré de Simon, s'était lavé les cheveux et les avait séchés avec un brushing pour créer des ondulations sur ses épaules. Elle avait ensuite pris environ une centaine de selfies à la moue triste avant d'arrêter son choix sur celui qui lui donnait l'air jolie, mais aussi repentante. En regardant de près – ce qu'elle espérait qu'il ferait –, on pouvait apercevoir le lit en fond, envoyant ainsi un message subliminal porteur du souvenir des temps heureux passés sous la couette (oui, bon, O.K., peut-être que ce n'était pas ce qu'il y avait de plus subtil, mais parfois il fallait pousser assez lourdement les mecs pour qu'ils prennent la bonne direction, d'accord ?).

Elle avait aussi beaucoup réfléchi aux gros titres pour cette édition du magazine *Pardon.* Il fallait avant tout rester optimiste, avait-elle décidé. Optimiste, positive, drôle. Tu me manques, mais pas d'une manière désespérée et geignarde – c'était ça, son message. Pardon, et au fait, si tu veux réessayer, je suis partante. Elle n'allait pas se mettre à le supplier ni le harceler façon ex flippante.

*Témoignage d'une jeune femme à qui son copain manque – J'ai fait n'importe quoi ! admet-elle*

*Le choc de ces locataires lors d'un dîner désastreux – La propriétaire de l'enfer déchaîne sa fureur*

*Le supplice du* speed dating *– la vérité en exclusivité*

*En bonus ! Dix raisons d'accorder à Georgie une seconde chance*

En bas de la une, elle inscrivit en petits caractères : *Le Magazine Pardon est produit en partenariat avec la SARL Petite Amie Désolée.*

Ce n'était qu'un début, bien sûr. Elle n'allait pas s'arrêter là. Avec le credo de sa mère en tête, une fois la une terminée, elle entreprit de créer les pages du magazine : tous les articles qu'elle avait répertoriés dans ses titres, accompagnés de photos d'eux, remontant à l'époque où ils étaient deux ados amoureux en uniforme du lycée, jusqu'aux plus récents selfies de leurs fous rires sur la jetée de Brighton. Elle ajouta même un dessin humoristique d'une blague toc-toc. (*Madame Cheveux qui ? Madame Cheveux te dire que je suis désolée.*)

Quand elle eut enfin terminé, elle regarda l'heure et sursauta en constatant qu'il était presque minuit. Toute personne raisonnable en conclurait qu'il était temps d'aller se coucher et de laisser reposer son projet pour le relire avec les idées claires, le lendemain. Mais maintenant que Georgie avait fini son gage de paix, elle voulait que Simon le voie au plus vite – de toute façon, elle n'avait jamais été raisonnable de nature. Alors elle sauvegarda le document et rédigea un mail rapide d'explications. Puis, après une grande inspiration, elle appuya sur Envoyer.

C'était fait. Il n'y avait pas de retour en arrière possible.

— Simon, à ton tour maintenant.

Elle faisait la grasse matinée ces derniers temps, depuis qu'il n'y avait plus de petit ami pour se lever tôt à côté d'elle. Et après son week-end mouvementé et ses longues heures devant l'ordinateur, elle dormait encore profondément quand la sonnette de l'interphone la réveilla à neuf heures trente. *Oh, mon Dieu,* pensa-t-elle en se levant d'un bond. C'était Simon ! Il avait lu son magazine *Pardon* à minuit, et avait fait toute cette route pour la rejoindre et la prendre dans ses bras et…

— J'ai un colis pour vous, annonça une voix qui n'appartenait clairement pas à Simon, j'ai besoin d'une signature.

Et merde. Avec sa veine, ce n'était probablement pas pour elle, et il allait falloir se traîner en bas en peignoir et faire peur au facteur, tout ça pour rien. En plus, elle était en plein milieu d'un bon rêve.

— J'arrive, marmonna-t-elle avec mauvaise humeur avant de s'assurer qu'elle avait ses clés.

La suite lui démontra qu'il ne fallait pas toujours céder si vite au pessimisme. Bon, d'accord, elle ne s'était pas trompée sur la frayeur du facteur, qui se dépêcha de la faire signer pour prendre ses jambes à son cou. Mais le colis en forme de tube était bel et bien à son nom. D'ailleurs, en examinant l'adresse inscrite sur l'étiquette tout en remontant à l'appartement, elle était à peu près sûre de reconnaître l'écriture de Simon. D'un coup, elle fut totalement éveillée, et courut chez elle pour ouvrir le paquet.

Une fois à l'intérieur, elle retint sous souffle en grattant pour ouvrir le tube. Mais, fidèle à lui-même, Simon avait scotché les embouts si méticuleusement que ses ongles s'avérèrent inutiles, et elle dut fouiller les tiroirs de la cuisine en quête de ciseaux. Qu'avait-il bien pu lui envoyer après trois semaines de silence ? Qu'y avait-il dans ce tube ? Oh, mon Dieu, l'humiliation s'il lui avait envoyé un truc horrible pour lui prouver combien il n'en avait rien à foutre, alors qu'elle venait de lui poster son magazine ! Pourquoi s'était-elle montrée si impulsive ? Pourquoi n'avait-elle pas eu la patience d'attendre aujourd'hui pour l'envoyer ?

Une fois débarrassée des multiples couches de scotch, elle arracha le couvercle en plastique d'un côté, et vida le contenu sur le plan de travail de la cuisine. Un rouleau de papier – un croquis d'architecte, en somme. Pendant un moment horrible, elle se demanda s'il ne s'était pas trompé en lui envoyant par erreur une candidature pour un projet. Puis elle lut le nom en haut de la feuille, clair et net, en capitales : NOTRE MAISON À NOUS, GEORGIE ET SIMON, et son cœur s'emballa.

Elle lissa la feuille et cala chaque coin à l'aide de deux mugs, du paquet de sucre, et de son propre coude, puis elle examina les traits de l'édifice qu'il avait dessiné – une belle maison moderne – et lut la légende qui l'accompagnait :

Notre chambre – orientée à l'est pour avoir le soleil le matin. Assez spacieuse pour accueillir tous tes livres.
Cabinet d'écriture – pour Georgie, avec un vrai bureau pour que tu n'aies pas à te faire mal au dos en travaillant sur le lit, et avec des étagères pour exposer les magazines et les livres que tu vas écrire.
Grande cuisine – pour les dîners et Noël entre amis. Assez grande pour y mettre le panier d'un chien, ou deux.
Le salon – avec une cheminée. Pour faire griller des marrons ? Et même peut-être pour faire l'amour devant. (Pas les deux à la fois.)
Chambres – pour quand les amis resteront dormir. Ou pour des enfants ?

Son écriture soignée devint floue à mesure que les yeux de Georgie se remplissaient de larmes, parce qu'il décrivait sa maison parfaite. La maison de ses rêves à elle, avec tout ce qu'elle avait toujours voulu. Malgré tout, il l'aimait assez pour avoir pris en compte chaque souhait et avoir tout noté dans un coin de sa tête.

Elle s'essuya les yeux et se moucha, puis remarqua une dernière note en bas de la page.

Dernière chose à prendre en considération : le lieu. On m'a proposé un nouveau poste à Reigate, à 65 km de Brighton, ce qui nous permettrait de rester dans le Sud, si tu veux. Autre possibilité : mon ancienne boîte à York est en pleine expansion et ils m'ont proposé de revenir, si tu préfères rentrer dans le Yorkshire. Ou alors, bien sûr, on pourrait recommencer totalement ailleurs, ensemble. Je me fiche de la ville, pour être honnête. Je veux juste être avec toi, Georgie. Sans toi, il n'y a pas de maison. Désolé si je me suis perdu pendant un temps. Tu avais raison - je n'ai pas été un bon copain, mais je veux réessayer, si tu m'en laisses la chance.

PS : Désolé aussi si tu as essayé de m'envoyer des SMS. Je me suis débrouillé pour oublier mon téléphone à la station-service de Trowell, comme un abruti. J'ai un nouveau portable, le numéro est juste en dessous.

Voilà qu'elle déversait des torrents de larmes, de ceux qui auraient fait fuir Simon à toute vitesse s'il avait pu la voir. *Sans elle il n'y avait pas de maison.* Il leur avait dessiné une *maison.* Après tout le foin qu'elle s'était fait de cet entretien à Harrogate, à l'autre bout du Yorkshire, il avait en fait candidaté à Reigate, juste à côté de Brighton. Elle n'arrivait pas à y croire.

Leurs rameaux d'olivier s'étaient croisés. Elle se demanda s'il avait déjà lu son magazine d'excuses. En fait, est-ce que ce n'était pas le principe même d'une relation ? Deux personnes conjuguant leurs efforts pour se retrouver, et se dire « attends, on peut en parler ? J'ai fait n'importe quoi ».

Sentant la joie tourbillonner en elle, Georgie attrapa son téléphone et composa le nouveau numéro. Il répondit à la première sonnerie, la voix hésitante, anxieuse, même.

— Salut, dit-elle gaiement, toujours en pyjama, assise à la table de la cuisine devant les plans déployés. J'ai reçu ta maison.

— J'ai reçu ton magazine. Je suis désolé, Georgie. Je n'ai pas su gérer tout ça.

— C'est pas grave. Moi aussi je suis désolée. Tu me manques.

Elle recula contre le dossier de la chaise, ne sentant plus rien d'autre que le soulagement d'avoir enfin cette conversation, et la certitude nouvelle que tout allait bien se passer.

— On peut tout arranger, dit-elle. Quand est-ce qu'on se voit ?

— Je suis content que tu me le demandes, parce que je me disais… ce soir ?

# 29

*Deux mois plus tard*

— Prête, cheffe ? demanda Natalya.

— C'est parti, dit Rosa en ajoutant un filet d'huile sur la dernière assiette. On envoie les entrées !

Par cette chaude soirée d'août, les portes-fenêtres grandes ouvertes laissaient la brise marine rafraîchir les clients du Restau Éphémère de Rosa. Elle affichait complet, et quarante bouches buvaient et bavardaient en attendant d'être nourries. Il n'y avait rien de tel que l'effervescence d'un dîner clandestin sur le point d'être lancé pour la faire frissonner.

En juin, quand Angela avait brutalement mis fin à ses petits dîners à l'appartement, Rosa était prête à baisser les bras, à faire une croix sur toute cette expérience, résignée à éplucher des carottes pour le restant de ses jours à l'hôtel Zanzibar… jusqu'à ce que Ned et Charlotte viennent frapper à sa porte avec une proposition.

— Ned a une idée, avait déballé Charlotte à toute vitesse, dans son enthousiasme.

— Au sujet du restau clandestin, avait-il précisé. Ça te dirait de l'organiser dans mon café ?

Le tout avait été aussi simple que cette petite question à laquelle il n'y avait qu'une réponse possible : « Oh oui ! » L'arrangement était parfait pour Ned, qui fermait tous les jours à dix-huit heures de toute façon, et ne se plaindrait pas d'un revenu supplémentaire de location. L'idée séduisait tout autant Rosa – le café n'aurait pas pu être plus proche de son appartement, et le lieu était élégant, lumineux, avec vue sur la mer. Assez grand pour accueillir plus de monde, mais assez petit pour conserver un caractère intime – et en bonus, la cuisine du café était bien mieux équipée que la sienne.

Il avait suffi de contacter les clients de sa liste d'attente pour les informer du changement d'adresse. Ainsi, elle avait relancé son business, passant de son salon au café. En réalité, le changement avait été cataclysmique. Ned avait fait la pub de l'événement sur ses tableaux noirs, ce qui avait immédiatement augmenté la demande, au point qu'il avait proposé de recruter Shamira en deuxième serveuse. Cette dernière était partante pour toutes les heures sup' possibles (elle économisait pour acheter un appartement avec son petit ami John). Quand les réservations avaient atteint les trente convives chaque semaine, Rosa avait décidé d'ouvrir le jeudi soir, aussi.

En juillet, le restau clandestin était devenu si populaire que Rosa avait donné sa démission au Zanzibar. L'hôtel lui avait beaucoup appris, mais les services épuisants des mariages estivaux n'allaient certainement pas lui manquer, pas davantage que les beuglements de son patron. À sa grande surprise, Brendan avait très bien pris la nouvelle – sans lui balancer le moindre ustensile – et il était venu dîner au café un soir, accompagné de sa charmante et très belle épouse. Plus étonnant encore, il s'était montré poli, avait parlé à un volume bas pendant tout le repas, et l'avait complimentée à chaque plat. Il avait même laissé un pourboire. (« La seule explication possible, c'est qu'il y a une invasion de doubles maléfiques en ville », avait commenté Natalya, incrédule. Elle avait même mordu une des pièces pour s'assurer qu'il s'agissait d'une vraie.)

Si ce succès était flatteur, Rosa essayait de ne pas s'emballer. Gérer un restaurant était plus facile en été, quand les hôtels et les maisons d'hôtes regorgeaient de nouveaux touristes chaque semaine. L'hiver serait un plus grand défi, quand le café serait exposé au vent glacial du large. Avec cette réserve en tête, elle réfléchissait à un moyen de faire revenir les clients au fil des semaines : une sorte de système de fidélité pour les locaux, conjuguer les dîners à des dégustations de vin, prendre des commandes traiteur… elle allait trouver quelque chose.

En attendant, pour joindre les deux bouts, elle travaillait quelques matinées en cuisine pour Ned, qu'elle fournissait en gâteaux. Tout allait bien, en fait. Mieux que bien. Elle savourait chaque instant.

— Bonsoir, tout le monde, je suis Rosa, votre hôtesse, et voici les entrées, lança-t-elle ce soir-là, les bras chargés d'assiettes, accompagnée de son équipe.

Elle réalisait tout le menu, mais elle aimait aussi sortir de la cuisine pour présenter les plats et rencontrer les clients. La soirée semblait toujours meilleure dans un contexte informel et amical.

— Ce soir, nous avons un ceviche de bar mariné aux pickles de concombre et au citron vert, ainsi qu'une salade de feta et de betterave pour les végétariens. Et encore du pain, alors servez-vous. J'espère que ça vous plaira.

De jour, le café était rempli de petites tables pour deux ou quatre. Le soir, Rosa les réorganisait pour en former trois longues, capables d'accueillir chacune dix personnes. Elle sortait ensuite les nappes blanches impeccables – rachetées en seconde main au Zanzibar – et ajoutait des bougies et des fleurs pour la décoration. Elle suspendait des guirlandes lumineuses aux murs et laissait les baies vitrées ouvertes pour que la brise rafraîchisse les nuits chaudes.

Ce soir, elle connaissait la moitié des convives – il s'agissait soit de ses amis, soit de clients fidèles.

Jo et Bea étaient installées à la première table, accompagnées de la nouvelle petite amie de Jo, Izzy, ainsi que d'une copine de Bea, India, qu'on voyait beaucoup dans les parages ces derniers temps. Tout sourire, joyeuse, détendue, Bea était transformée. Elle avait une nouvelle coupe de cheveux asymétrique qui mettait son visage en valeur, le harcèlement à l'école avait cessé, et elle s'était trouvé une bande de copains sympas.

Jo arborait un nouveau tatouage à la cheville et économisait pour partir en Thaïlande l'hiver suivant. Elle continuait à prêcher son credo du « vivre dans le présent », mais avait ajouté la nuance du « prendre soin de soi pour l'avenir » après son séjour traumatisant à l'hôpital. Dans cette optique, elle avait convaincu Rosa de l'accompagner à son cours de yoga Bikram dans une salle chauffée à quarante degrés tous les lundis soir, pendant que Bea était chez son père. « L'avantage de frôler la mort, c'est que ça donne carrément envie de vivre », répétait-elle. Ainsi, Bea et elle étaient parties faire du camping à l'improviste plusieurs fois dans l'été, et avaient même rendu visite aux grands-parents bigots dans une tentative de réconciliation.

Quant à Gareth, il n'avait pas été mentionné ni par Rosa ni par Jo, depuis le baiser raté en juin. Rosa doutait que Gareth ait tout raconté après son râteau, et elle avait décidé, pour le bien de son amitié avec Jo, qu'il valait probablement mieux ne rien dire non plus, et de changer de sujet les rares fois où son nom apparaissait dans la conversation. Mais un soir après le yoga, les deux femmes étaient allées boire des cocktails dans un petit bar de Western Road, et la conversation avait dévié vers Gareth sans qu'elle puisse l'en empêcher. Elles parlaient de baisers, entre autres, parce que Jo confiait à Rosa que sa nouvelle copine embrassait mieux que personne.

— À égalité avec Gareth, à vrai dire, dont je me suis toujours servie de référence sur l'échelle des galoches, avait-elle précisé en riant. Cet homme a de sacrées lèvres, je te le dis.

C'était presque comme si elle poussait Rosa à la confession. Évidemment, Rosa avait lâché, sans réfléchir :

— Oui, je sais.

Avant de plaquer une main contre sa bouche.

— Oh, merde.

L'air ahuri de Jo aurait été hilarant si Rosa n'avait pas été envahie par la culpabilité à pleine puissance.

— Comment ça, tu sais ? Oh purée. Comment j'ai pu passer à côté de ça ? Vous êtes ensemble ? s'écria Jo avec des gestes si amples qu'elle envoya presque son Sea Breeze prendre le large.

En réalité, elle semblait plus euphorique qu'énervée, mais Rosa n'en était pas moins pétrifiée.

— Euh… ben…

— Quelle coquine ! Cachotière, va. Ça fait combien de temps que ça dure, cette histoire ? Oh non, ne panique pas ! C'est pour ça que tu ne m'as rien dit ? Purée. Et lui aussi ! Je lui ai parlé ce matin et il ne m'en a pas dit un mot ! Impressionnant. Attends que je raconte ça à Bea !

— Jo, non. Il n'y a rien à mentionner, justement. C'était juste un baiser. Une seule fois, et c'était il y a des mois maintenant. On venait de passer une très bonne soirée, on était bourrés, et… c'est arrivé. Mais je l'ai un peu… découragé, alors… c'est tout. Fin de l'histoire. Je n'ai pas de nouvelles depuis.

— Oh, avait dit Jo, l'air déçue. Sérieusement ? Dommage. Je trouvais que vous alliez bien ensemble. Alors… quoi ? Il ne te plaisait pas ou… ?

Rosa s'était mordu la lèvre. Elle avait beaucoup pensé à Gareth depuis la fameuse soirée, se repassant les images dans sa tête des dizaines de fois. « Fonce ! » lui avait dit Catherine quand elle lui avait tout raconté au téléphone. Son second appel avait été pour Meg, qui avait prolongé son supplice en confirmant : « Arrête de te prendre la tête, je l'ai trouvé canon ! » Ce à quoi Rosa n'avait pas su quoi répondre, puisqu'elle ne comprenait pas elle-même ce qui la retenait. Mais elle avait fini par rappeler à ses amies qu'elle sortait tout juste d'une relation soldée par une rupture traumatisante. Elle n'était pas prête à se relancer de sitôt. « Pfff, avait lâché Alexa en entendant son prétexte. Tu réfléchis trop. Lance-toi une bonne fois pour toutes, et tu seras prête. »

— En fait… si, il me plaît, avait-elle fini par avouer à Jo.

Elle se souvenait de la joie qui baignait sa mission vengeresse avec Gareth, combien ils avaient ri ces soirs-là, et comme elle avait apprécié sa compagnie et lui avait accordé sa confiance.

— C'est un type génial. Et ce n'était pas qu'il ne m'intéressait pas, mais ce n'était pas le bon moment pour moi, voilà tout. Je ne m'y attendais pas.

Elle avait vidé son cosmopolitan avec l'impression d'avoir trop bu et trop parlé pour une soirée. Pourquoi ces deux activités allaient-elles toujours de pair ?

— C'est compliqué. Je crois que je l'ai blessé, et je n'en avais pas du tout l'intention. Et aussi, j'avais peur de ce que vous en penseriez, toi et Bea, avait-elle admis en faisant tourner la bague en argent à son doigt, un vieux tic de nervosité. Je ne voulais pas vous contrarier.

— Mais quelle contrariété ? J'aurais été ravie pour vous ! Bea aussi. Honnêtement, regarde à qui tu parles. Ça ne change rien pour moi, Rosa. Je rêve qu'il rencontre quelqu'un depuis des années, pour qu'il soit enfin heureux et qu'il arrête de broyer du noir tout seul. Ça me soulagerait enfin de la culpabilité d'avoir gâché sa vie.

Ses yeux verts avaient rougi avec l'alcool, mais brillaient tout de même d'une lueur sincère.

— Je le pense vraiment, avait-elle ajouté. Fonce !

Quatre jours plus tard, Rosa ne s'était toujours pas décidée. Gareth avait probablement rencontré quelqu'un d'autre depuis le temps, et il était passé à autre chose. Peut-être qu'il avait tout simplement honte de l'avoir embrassée, et qu'il comptait sur elle pour oublier toute cette histoire. Ou alors, il la voyait maintenant comme une vieille prude frigide et rasoir. Et il avait sûrement raison. Oh, et puis zut. Parfois, ce n'était juste pas le bon moment pour deux personnes. Les chemins se croisaient, mais prenaient des directions différentes. De toute façon, avec sa nouvelle carrière qui décollait, elle n'aurait pas le temps pour une relation.

— Merci ! Ravie que vous ayez aimé !

Les entrées étaient terminées et Natalya et Shamira récupéraient les assiettes en salle. Pendant ce temps, en cuisine, Rosa portait la touche finale à une soupe de poisson espagnole dont elle avait adapté la recette fabuleuse issu du livre de cuisine du restaurant Moro, avec de la lotte, du safran et des amandes. Le tout exhalait un arôme fabuleux, et elle entreprit de répartir les portions dans les assiettes creuses.

Si la romance n'était pas au rendez-vous dans la vie de Rosa, elle semblait poindre partout ailleurs. Chez Ann-Marie Chandler, par exemple. Rosa ne prêtait plus vraiment attention à son profil Facebook ces derniers temps, mais du peu qu'elle en avait vu depuis sa manigance avec Gareth et leur mail de l'Association des Branleurs, les choses avaient pris un tournant remarquable.

Super nouvelle ! David a encore été promu !! Mieux encore, à partir de maintenant, il ne sera plus envoyé en déplacement ! Dîner en famille tous les soirs ! Papa à la maison tous les week-ends ! #bonheur #chance #réunis

N'était-ce pas le son très distinct d'une leçon retenue et d'un branleur averti ? En tout cas, elle avait définitivement tiré un trait sur cette période de sa vie. La joie candide d'Ann-Marie et son débordement de hashtags donnaient l'étrange impression à Rosa qu'elle avait sauvé le mariage de la personne qu'elle avait le plus haï au monde – quelle ironie… Quoi qu'il en soit, elle était passée à autre chose. Était-elle envieuse ? Non. Est-ce qu'elle lui en voulait encore ? Non. Est-ce qu'elle savourait sa vengeance ? Oh oui. Ils étaient quittes, avait-elle décidé, et elle en resterait là. *Adieu David, adieu Max, et bonjour au reste de ma vie.*

Natalya, Shamira et Rosa émergèrent de la cuisine pour apporter le plat principal, ainsi que des bols de roquette et de fenouil, et un plat de pommes de terre anya au beurre.

— Et voilà, bon appétit, dit-elle en posant les assiettes devant Georgie et Simon.

Blottis dans un coin, ces deux-là se tenaient la main – oui, oui – entre les plats. Ils étaient inséparables depuis le retour de Simon à Brighton. (D'ailleurs ils avaient montré tant d'enthousiasme dans leur réconciliation au lit que Rosa avait dû acheter des bouchons d'oreille de niveau industriel dans l'espoir de pouvoir dormir. L'amour, chez les autres, c'était surfait.)

— Merci. Ça sent divinement bon, s'extasia Georgie avec un grand sourire.

Sa couronne de tresses blondes lui donnait l'air d'une laitière hollandaise – mais une laitière en minirobe rouge cerise et sandales dorées à brides épaisses et au bras orné d'une collection de joncs clinquants.

— Ça va nous manquer tout ça, pas vrai, Simon ?

— Oui. Mais on reviendra souvent. Soit ça, soit tu vas devoir prendre des cours de cuisine.

— Pardon ? T'as qu'à en prendre, toi, répliqua-t-elle en le bousculant gentiment. Ce n'est pas moi qui ai failli nous refiler la salmonelle avec les œufs pochés crus de l'autre jour, je te signale !

— En effet, vous allez devoir revenir, les taquina Rosa.

Elle riait, mais sentait aussi une boule dans sa gorge. Le couple allait lui manquer. Après moult délibérations, Georgie et Simon avaient décidé de retourner dans le Yorkshire où ils avaient l'intention d'acheter un terrain pour que Simon leur construise une maison. Est-ce qu'on pouvait faire plus romantique ? Mieux encore, un mariage était prévu au printemps, et tous ceux qui avaient fait partie de leur aventure à Brighton étaient invités.

— Et puis, je vais quand même garder un pied à Brighton, même si on déménage, avait dit Georgie à Rosa. Viv a accepté que je continue à m'occuper du courrier du cœur à distance – parce que c'est moi, elle a dit. Et en plus, elle a un pote qui travaille pour le *Yorkshire Post*, avec qui elle va me mettre en contact. À côté de ça, il faut que je monte ma boîte. J'ai décidé de me lancer. Amelia m'a fait un site.

Elle avait baptisé sa nouvelle entreprise *À vous la une !* et Rosa trouvait qu'elle tenait vraiment un bon filon : de fausses unes de journaux et de magazine, avec des titres personnalisés, que l'on pouvait décliner en tirages, cartes de vœux, affiches, pour des anniversaires, ou des cadeaux de mariage.

— Je pense que ça va faire un carton, lui avait-elle dit en parcourant les modèles sur le site. D'ailleurs, les quarante ans de ma sœur arrivent bientôt, je vais te commander quelque chose.

L'autre endroit où Georgie gardait un pied – et y laissait même une empreinte – était la Maison des Femmes, dont l'avenir était maintenant assuré grâce à une campagne de financement participatif – on parlait même d'une aide du gouvernement. Rosa ne pouvait s'empêcher de se demander si une des dotations généreuses et anonymes ne venait pas de son ex – en tout cas elle l'espérait sincèrement. Les militantes avaient trouvé un accord avec le conseil municipal qui leur permettait de conserver le bâtiment, ce dont elles étaient ravies. Georgie y faisait du bénévolat toutes les semaines. Elle y avait fondé un club de lecture. Charlotte y était passée plusieurs fois, pour apporter des conseils juridiques aux femmes dans le besoin, et Rosa avait commencé à y dispenser un cours de cuisine une fois tous les quinze jours. À chaque fois qu'elle enseignait une recette avec pour ingrédient la courge butternut, elle repensait à tout ce qu'elle avait appris cette année et qu'elle pouvait désormais transmettre à d'autres.

— Au fait, dit Georgie en baissant la voix. Est-ce qu'il est arrivé ? Paul l'Apollon ?

— Non, pas à ma connaissance. Il se fait désirer, avec son entrée en scène tardive.

Rosa soupira en jetant un coup d'œil au siège vide à côté d'Angela, qui regardait sa montre d'un air contrarié.

— Il a intérêt à se pointer ! dit Georgie en levant les yeux au ciel. Depuis le temps ! Je veux voir à quoi il ressemble. Imaginez qu'il soit aussi séduisant et fabuleux qu'Angela nous l'a vendu alors que j'ai accepté d'épouser celui-là ?

Elle donna un coup de coude affectueux à Simon, qui le lui rendit.

— Je sais ! Ce serait dramatique ! plaisanta Rosa. Mais bon, moi je suis encore célibataire, alors je serai là pour le récupérer – s'il se ramène un jour.

Filant dans la cuisine pour continuer le service, elle jeta un coup d'œil à Angela qui passait un appel – pour remonter les bretelles de Paul l'Apollon, sans aucun doute. Elle-même avait du mal à croire que cette créature de légende allait enfin faire son apparition, après toutes les tentatives appuyées d'Angela pour le caser avec une de ses locataires. « Il vous plairait, vous savez. Vraiment, il faut que je vous le présente. C'est l'homme idéal, et je ne dis pas ça parce que c'est mon fils. Il est MAGNIFIQUE. Et célibataire avec ça ! Qu'attendent toutes ces femmes, bon sang ? »

Quelques mois plus tôt, Rosa n'aurait pas pu imaginer en rêve recevoir Angela à sa table. C'était incroyable de voir comment une invitation gratuite à un dîner dans ses nouveaux locaux avait arrangé leur relation. D'ailleurs, la propriétaire avait même proposé à Rosa d'emménager à l'étage, dans l'appartement de Margot. « C'est bien plus grand, bien sûr, et vous y serez plus au calme. Et le loyer n'est pas beaucoup plus cher. » (En langage Angela, cela signifiait probablement le double du prix.) Rosa l'avait remerciée pour sa proposition et lui avait dit qu'elle y réfléchirait. Plus d'espace et moins de bruit, c'était tentant, mais elle s'était aussi attachée à son appartement en rez-de-chaussée. Sans vouloir tomber dans les niaiseries de cartes de vœux, c'était le lieu d'un nouveau départ, un cocon où elle s'était réfugiée quand elle était au plus mal, pour renaître, épanouie, des mois plus tard. Ce lieu lui avait rendu sa santé mentale.

— Désolée pour l'attente. Et voilà, dit-elle en déposant les dernières assiettes sur la troisième table.

Ned et Charlotte y étaient installés. Charlotte était magnifique, avec ses cheveux crantés comme une star des années cinquante, sa robe au décolleté plongeant et son rouge à lèvres écarlate. Bien joué, Charlotte ! Elle s'était métamorphosée depuis son retour de vacances. Elle revenait de France avec Ned et ses filles, où elle avait profité des plages au sable fin, des châteaux en ruines et de quelques jours à Paris avec un passage à Disneyland. « Et tout ça grâce à Margot », avait-elle raconté à Rosa en lui montrant les photos. Elle était rentrée bronzée, le regard lumineux et heureuse de ces quinze jours au soleil. Ils étaient même passés à Auray, la jolie petite ville où Margot avait grandi. Avec la permission d'un aumônier obtenue dans un français balbutiant de niveau lycée, elle avait planté un rosier blanc au parfum de thé le long d'un mur ensoleillé de l'église, en hommage à Margot. Après ça, Ned avait emmené les filles manger une glace pour laisser à Charlotte le temps de s'asseoir dans la cour ensoleillée de l'église et de faire ses derniers adieux à son amie. « Et ensuite on est allés boire des gin tonics dans un bar hors de prix que Margot aurait approuvé bien plus que n'importe quelles vieilles fleurs plantées en son honneur. C'était parfait », avait conclu Charlotte.

Après deux semaines en compagnie de Ned et de ses filles – un test implacable pour toute relation –, Charlotte était encore toute pétrie d'amour. Ils avaient rencontré leurs parents respectifs (et remporté l'approbation de tous) et elle passait plusieurs nuits par semaine chez lui, ainsi que l'essentiel des week-ends. Pendant une soirée entre filles, elle s'était confiée aux habitantes de la villa au sujet de la mort de Kate, et leur avait avoué qu'elle commençait déjà à penser au bonheur que ce serait d'avoir un bébé avec Ned. « Je sais que vous pensez probablement que je suis folle de me précipiter comme ça, mais cette idée me fait du bien. C'est ce qui me rend heureuse. En attendant, j'adore mon rôle de belle-mère. Je vous ai raconté que j'emmène les filles faire du roller la semaine prochaine ? Je nous ai acheté des patins assortis ! »

— Merci, Rosa, dit Charlotte en inhalant le fumet de la soupe de poisson, puis elle tendit le cou pour scruter la salle. Il est arrivé, au fait ? Paul ? Ne te vexe pas, Ned, mais je veux au moins voir à quoi ressemble ce type qui, selon Angela, est l'homme idéal à la fois pour moi, Georgie *et* Rosa. C'est forcément un top model.

— Je n'arrive pas à croire qu'on n'ait pas encore entendu parler de lui dans les journaux, renchérit Ned. Toutes ces femmes qui doivent se pâmer et défaillir devant lui à chaque fois qu'il sort faire un tour…

— Précisément ! On devrait nous avertir de ce danger public, approuva Charlotte en s'éventant avec le menu. J'en ai une bouffée de chaleur rien qu'à parler de lui, alors qu'il ne nous a pas encore fait l'honneur de sa présence divine. Je…

— Attends une minute, l'interrompit Rosa alors qu'un nouveau venu franchissait le seuil. Ça pourrait être le beau gosse…

Tous les trois firent de leur mieux pour ne pas dévisager le retardataire qui semblait chercher quelqu'un. Il était grand et – oui, comme promis – extrêmement beau. Une crinière châtain tombait sur ses épaules, et il la secoua avec panache en traversant la salle. Rosa se concentra. Elle l'avait déjà vu quelque part, mais où ?

— J'y crois pas, dit Charlotte en pouffant. C'est lui ! Je te jure que c'est lui. Où est Georgie ?

— Qui ? demanda Rosa.

Intriguée, elle regarda Georgie et Charlotte échanger des signes complices par-dessus les tables. *T'as vu ça ?* traduisaient leurs expressions enthousiastes. *C'est lui, pas vrai ?*

— Paul ! Youhouuu ! Par ici ! s'écria Angela.

— C'est donc bien notre don Juan, dit Ned.

Ils regardèrent Paul défiler avec une démarche de paon. Mais oui, c'était là qu'elle l'avait vu ! songea Rosa. Se pavanant sur la piste de danse du Zanzibar, tout seul, comme un dieu du dance floor. Ainsi c'était donc Paul !

— On l'a vu au roller disco, leur souffla Charlotte, les yeux embués de larmes de rire. Le pervers sur patins ! Le même qui était modèle vivant pour le cours de dessin de Georgie !

Rosa explosa de rire.

— Non ! Tu veux dire, la saucisse de foie ?

— En personne.

Charlotte se réfugia contre l'épaule de Ned, le temps de calmer son fou rire.

— Je pense qu'on a eu de la chance d'échapper à ça, Rosa.

— Oh oui.

Rosa tenta de garder un visage impassible en allant accueillir le nouvel arrivant. De la chance ? pensa-t-elle en filant dans la cuisine pour aller lui chercher son assiette. Oui, elle se sentait chanceuse. Mais la chance, il fallait aussi la provoquer, avec un soupçon de courage, et un gros morceau de persévérance. Il fallait la voir, gérer son propre restaurant. Ou Georgie, qui montait sa boîte et construisait sa maison. Et Charlotte, qui sautait le pas d'une nouvelle relation, et d'une famille. Rosa s'était rendu compte que, comme Georgie, il ne restait plus beaucoup de temps avant que Charlotte ne déménage aussi de SeaView House, pour trouver un plus grand bonheur ailleurs.

Tout avait changé, dans la grande demeure de Dukes Square – « la villa des espoirs et de l'amitié », avait dit Georgie pendant leur premier dîner. La villa des nouveaux départs, aussi. Peut-être que c'était ce qu'elle avait toujours été : une étape dans la vie des résidents, un refuge temporaire où les âmes égarées se ressourçaient avant de poursuivre leur route. En servant à Paul sa soupe, elle pensa à Charlotte, Georgie et elle, qui avaient toutes les trois emménagé avec leurs doutes et leurs failles comme des poissons hors de l'eau. Il leur avait fallu un peu de temps, mais elles avaient toutes replongé dans le grand bain.

— Il y a quelqu'un ?

Bien plus tard ce soir-là, alors que Rosa s'apprêtait à fermer, elle eut l'impression d'entendre une voix. La soirée avait encore été un succès : les convives étaient repartis en la couvrant de compliments et de pourboires tout aussi appréciables, et il restait à peine une miette du festin (ce qui était toujours bon signe). La serpillière était passée, les casseroles lavées et le lave-vaisselle s'occupait des assiettes et des couverts.

— Hé oh ? Il y a quelqu'un ? reprit la voix en tapant à la porte.

— Oui ? lança-t-elle sur un ton hésitant.

Elle attrapa sa veste en jean et son sac, et ses doigts se refermèrent sur son téléphone, au cas où. Il arrivait parfois qu'elle tombe sur un ivrogne au moment de fermer – un type avait déjà uriné sur la porte – et elle avait surpris un couple nu en plein acte du côté des poubelles. Natalya et Shamira pensaient toujours à fermer derrière elles, mais si un pervers rôdait ce soir, elle allait devoir passer par l'arrière du café. *Oh, non.* En parlant de pervers… et si c'était Paul, revenu pour tenter sa chance ?

— Rosa ? C'est moi, Gareth.

Cette annonce était si inattendue qu'elle s'immobilisa.

Après un temps d'hésitation, elle lui ouvrit. Dehors, la nuit était si obscure qu'on distinguait à peine la mer noire et soyeuse dont on entendait les vagues s'écraser. Quelques fêtards titubaient sous les lampadaires. Gareth entra, et avec lui la brise fraîche de la nuit. Ses cheveux étaient un peu plus longs que la dernière fois qu'elle l'avait vu, et il avait un regard timide.

— Salut, dit-elle. J'allais fermer. Comment tu vas ?

— Très bien. Je suis content de te revoir.

Il se tut un instant, puis ajouta :

— En fait, je me demandais si ça te dirait d'aller prendre un verre.

Elle sentit son cœur accélérer.

— Quoi… maintenant ?

C'était probablement un coup de Jo. Elle savait qu'elle n'aurait pas dû se confier à sa voisine pendant cette soirée cocktails.

— Oui, enfin… si ça te dit ? Je passais dans le coin et j'ai eu envie de savoir comment tu allais.

Il secoua la tête, et corrigea :

— Non, en vrai, je ne faisais pas que passer dans le coin. J'essayais juste d'avoir l'air naturel. Ça fait une heure que je suis installé au pub d'en face, en essayant de décider si oui ou non, c'est une bonne idée de venir te voir.

— Ah. Et donc… tu t'es dit que oui ?

— Oui, confirma-t-il d'une voix mal assurée. C'est sympa cet endroit, d'ailleurs. Bea me tient au courant, bien sûr. D'après elle, ton restau marche du tonnerre et tu es en voie de devenir la prochaine Delia Smith et…

— Delia Smith ? Tu n'as pas trouvé mieux qu'une cuisinière de quatre-vingts ans ?

— Bon, O.K., alors Fanny Cradock, je ne sais pas…

— Fanny Craddock ?

Elle éclata de rire d'un rire qui emporta toute la gêne.

— Dis donc, Gareth, ce verre que tu veux me payer est en train de devenir de plus en plus cher.

Il lui sourit.

— Ça me va. Je passerai ça en note de frais de l'Association des Branleurs. Tu peux commander tout ce que tu veux.

Elle enfila sa veste en jean et se détourna, le temps de réfléchir.

— Jo t'a parlé, pas vrai ? C'est du Jo tout craché, je le sens. C'est elle qui t'a dit de venir.

Il ouvrit la bouche, comme pour nier en bloc, puis hocha la tête.

— Eh bien… c'est vrai qu'elle m'a appelé pour me dire de me bouger le cul…, avoua-t-il. Mais elle ne m'a rien dit que je ne savais pas déjà. Je ne suis pas là à cause d'elle. Je suis là parce que… tu me manques. Et parfois, il faut avoir le courage d'essayer encore, tu ne crois pas ? Même au risque de passer pour un gros lourd une deuxième fois.

Ses mots résonnèrent en elle. *Parfois, il faut avoir le courage d'essayer encore.* C'était vrai. Est-ce que ce n'était pas justement ce qu'elle s'était dit un peu plus tôt ?

— Tu n'es pas un gros lourd, dit-elle en enclenchant l'alarme antieffraction et en le poussant dehors pour verrouiller la porte.

Ah non ? Alors… c'est un oui ? Est-ce qu'on va écumer les rues en quête du bar le plus cher de Brighton ?

Elle s'esclaffa et baissa le rideau de fer pour attacher le cadenas.

— C'est un oui.

Elle se tourna vers lui. Parce que, parfois, ça valait le coup d'essayer à nouveau, non ? Parfois, il fallait prendre son courage à deux mains, et s'ouvrir à la joie – c'était une voyante qui le lui avait dit.

— J'accepte ce verre hors de prix avec plaisir.

Au-dessus d'eux, le ciel était parsemé d'étoiles argentées et la lune les baignait d'une lueur douce. Il passa un bras autour du sien. Ensemble, ils se dirigèrent vers le front de mer. C'était le genre de nuit de tous les possibles, pensa-t-elle en coulant un regard vers Gareth et se remémorant la sensation de ses lèvres sur les siennes. Oui, tout pouvait arriver. Et son petit doigt lui disait qu'elle allait en savourer chaque instant.

# La communauté Charleston a aimé !

*Chez Charleston, nous sommes convaincus que loin d'être une aventure solitaire, la lecture est une invitation au partage. Nous échangeons constamment avec nos lecteurs et lectrices, et nous sommes fiers de la belle communauté d'amoureux des livres que nous formons tous ensemble. Chaque année, nous choisissons au sein de cette communauté vingt lectrices et lecteurs qui nous accompagnent tout au long de l'année, et découvrent nos romans en avant-première. Voici leur avis !*

*« J'ai été happée par ce récit rempli d'émotions. La plume de l'autrice est pleine de sensibilité, elle sait retranscrire toutes les facettes de la vie, les hauts et les bas que le destin peut nous réserver. »*

@joanna_in_books_wonderland

*« J'ai eu un gros coup de cœur pour les personnages. J'ai eu l'impression de vivre quelques instants privilégiés à leurs côtés, dans une villa paisible en bord de mer, et c'était merveilleux. »*

@julie_jelis

*« Ce roman est rempli d'espoir, de rêves, de rencontres, d'amitié, d'entraide et d'empathie... Un récit tout doux et léger, qui remonte le moral et ouvre les cœurs ! »*

@entredeuxpages

*« Un roman qui fait du bien au moral et qui donne le sourire. »*

@leslivresdemilie

*« Un vrai bonheur à lire, un bon feel-good comme on les aime. Les personnages, l'ambiance générale du roman : tout est frais, doux et drôle. »*

@lectio.academias

*« Addictive, passionnante et légère, cette comédie est une vraie bouffée d'air frais ! Une lecture parfaite pour l'été. »*

@lecturedepetiteplume

# À PARAÎTRE

Depuis près de 18 ans, Lara Spencer coule des jours paisibles dans une petite maison résidentielle à Scarborough avec sa fille Eliza et Bruce, leur grincheux chat noir. Les mouettes dans le ciel, la vue sur mer depuis la fenêtre de la salle de bains, le son de la musique à plein volume dans la chambre de sa fille sont des constantes rassurantes de leur vie ensemble. Mais les changements qui se profilent viennent bouleverser cette routine bien rodée.

Sur le point de quitter le cocon familial pour l'université, Eliza veut rencontrer son père, un homme que Lara a rencontré à New York... Avec pour seuls indices un nom et une adresse trouvée sur les réseaux sociaux, les deux femmes se lancent dans un voyage qui les emmènera de Cambridge à New York, à la recherche de ce père mystérieux qui ignore tout de l'existence de sa fille.

# VOUS AVEZ AIMÉ CE LIVRE ?

L'univers de Polly s'effondre quand elle est brutalement licenciée de son poste dans une grande compagnie financière de la City de Londres et perd son appartement.

Réfugiée chez sa sœur à Elderchurch, le village de son enfance, elle est contrainte d'affronter les secrets et la distance qui se sont installés entre Clare et elle. L'occasion d'un nouveau départ...

8,90 euros

432 pages

Mouton noir de sa famille si parfaite depuis toujours, Evie Flynn s'est résignée à se construire une vie raisonnable, pour ne pas dire ennuyeuse.

Seulement, lorsque sa tante préférée décède tragiquement, cette âme bohème décide de tout plaquer pour reprendre son petit café installé sur le port de Carrawen Bay, en Cornouailles. En découvrant son héritage, elle va rencontrer son destin...

8,90 euros

528 pages

PEFC PEFC/14-38-00277

Cet ouvrage est composé de matériaux issus de forêts gérées durablement certifiées PEFC™.
Le Programme de reconnaissance des certifications forestières (PEFC™) est le plus grand organisme mondial indépendant de contrôle pour une gestion durable des forêts. Pour en savoir plus, consultez le site www.pefc-france.org

Achevé d'imprimer en mars 2023
par Novoprint
Dépôt légal : avril 2023
*Imprimé en Slovaquie*